**d**

Matthias Matussek
# *Showdown*

*Geschichten aus*
*Amerika*

Diogenes

Nachweis am Schluß des Bandes
Umschlagillustration:
Tomi Ungerer, ›Ice Capades‹,
1965 (Ausschnitt)
Foto: Centre Tomi Ungerer,
Les Musées
de la Ville de Strasbourg,
Cabinet des Estampes

*Für Ulrike,
in Liebe*

# Inhalt

Der vermessene Traum  9

1. Der Aufbruch nach Westen

   Der lange Abschied  41
   *Der Siedlermythos im heutigen Amerika*

2. Das Warten auf den Wechsel

   Die Krönung der Baby-boomer  75
   *Bill Clintons Nominierung*

   Der Konkurs der politischen Kultur  85
   *Washingtons Lobbyisten*

3. Firma USA

   Es war wie ein heiliger Krieg  99
   *Der Unternehmer Jack Stack*

   Moral als Investition  110
   *Ein Ethik-Kurs für amerikanische Wirtschaftsbosse*

   Showdown in Nashville  120
   *Eine Tagung der amerikanischen Waffenlobby*

   Im Canyon der Kristalle  132
   *New Age in Sedona*

   Armee im Schatten  144
   *Die obdachlosen Geisteskranken in New York*

   Die größte Show auf Erden  155
   *Basketball im Ghetto*

   Feldherr im Bilderkrieg  166
   *Der CNN-Gründer und Medienmogul Ted Turner*

## 4. Flammen und Gesänge

Nicht den Frieden, sondern das Schwert 181
*Reverend Calvin Butts, die Stimme Harlems*

Das Recht als Seifenoper 186
*Der zweite Rodney-King-Prozeß in Los Angeles*

Was, wenn der Messias stirbt? 197
*Rabbi Schneerson und
die Lubawitscher Sekte in Brooklyn*

Das Blut und die Demokratie 205
*Der Ätherkrieg der Exilkubaner in Miami*

## 5. Die Mythenfabrik

### Kino

Die Maske des Aufstands 219
*Der Kult um Malcolm X und Spike Lees Film »X«*

Die Spur der Königsmörder 232
*Der Kennedy-Mythos und Oliver Stones Film »JFK«*

Im Zeichen der Fledermaus 244
*Batman in Deutschland*

Aufstand im Kinderzimmer 253
*Batman, der Retter*

Lügen für die Wahrheit 260
*Robert Altmann und sein Kino-Comeback »The Player«*

### Theater

Das Herz der Dinge 269
*Das Comeback des Broadway*

Spiel von Liebe und Erlösung 283
*Das Aids-Stück »Engel in Amerika«*

Wer nicht kämpft, ist tot 292
*Gespräch mit dem Dramatiker Arthur Miller*

Das Ende der Unschuld  308
*Der New Yorker Theaterautor und*
*Schauspieler Wallace Shawn*

Ein Kraftwerk für Verdi  317
*Hinter den Kulissen der New Yorker Met*

## Literatur

Betriebsausflug nach Gagaland  335
*Die amerikanische Buchmesse in Anaheim*

Die Kunst des Verlierens  344
*Leonard Gardner und sein Boxerroman »Fat City«*

Herzschmerz einer Litfaßsäule  358
*Saul Bellow und sein Roman »Mehr noch sterben*
*an gebrochenem Herzen«*

Die Abendröte des Westens  367
*Der Schriftsteller Cormac McCarthy*

Tod in New York  379
*Die Aids-Erkrankung des Schriftstellers*
*Harold Brodkey*

## Kunst

Klarheit der Träume  387
*Der Zeichner Saul Steinberg*

Malerei als Schauprozeß  396
*Die Kultur der »Politischen Korrektheit«*

## Anhang

Nachweis  411
Buchveröffentlichungen  413

# Der vermessene Traum

Wie alle anderen amerikanischen Städte begeht auch der Flecken Guernsey in Wyoming den 4. Juli, den National- feiertag, mit einer Parade. Die Einwohner der 1500-Seelen- Gemeinde tragen Fransenhemden und ihre besten Stetson- Hüte, sie säumen die Hauptstraße und stehen Spalier vor den Fenstern der Bank und der Post, dem Videogeschäft, dem Diner. Sie tragen Fähnchen mit dem Sternenbanner in der Hand, und sie sind stolz, Amerikaner zu sein.

Doch dieser 4. Juli, der erste in der Amtszeit des neuen Präsidenten Bill Clinton, ist anders als der der vergangenen Jahre. Vorwiegend alte Leute stehen mit ihren Wimpeln an der Straße, und ihre Andächtigkeit kann nicht darüber hinwegtäuschen, daß die Parade schwächer besucht ist als früher. Viele haben es an diesem Tag vorgezogen, auf ih- ren Ranches zu arbeiten, und die Teenager sind beim Ro- deo. »Die«, sagt einer der Alten, »feiern den 4. Juli auf ihre Weise.«

Wie immer hier in Guernsey setzt sich der Zug von den Bahngleisen her in Bewegung. Vorweg, auf einem prächtig geschmückten Rappen, reitet in einem Kleid aus Straß und Federn Mrs. Wyoming, die diesen Titel in der Altersklasse der über 40jährigen gewonnen hat, und das ist schon eine Weile her.

Der Bürgermeister und der Sheriff schreiten winkend

vor dem Wagen der Boy-Scouts, die als Siedler kostümiert sind und mit Bonbons werfen. Ihnen folgt eine Droschke mit Frauen in den Trachten von Siedlerinnen, die nähen und flicken unter dem Motto: »Ihre Bedürfnisse sind unsere Hobbies«. Auf einem anderen Wagen krabbeln Kinder in Indianerbemalung, gefolgt von Sombrero-schwenkenden Jugendlichen, den Sprößlingen der mexikanischen Rancharbeiter. Die Ambulanz läßt ihr Blaulicht dreimal kreisen, und die Feuerwehr stößt ins Horn, und am Schluß der Parade fährt die Müllabfuhr.

Es ist die rührende Selbstfeier einer Kleinstadt und gleichzeitig ein Maskenzug der amerikanischen Mythen. Da sind die Schönheitskönigin und der Pionier, der Sheriff, der Indianer und die Einwanderer, ein kleiner Karneval von friedlichen, idyllischen Bildern, und daß er von der Müllabfuhr abgeschlossen wird, ist eine sicherlich nicht beabsichtigte, aber deswegen besonders hinterhältige Pointe – irgendetwas ist zu Ende gekommen.

Jeder der Alten, die den Weg säumen und ihre Familienangehörigen mit den Pocket-Kameras festhalten, fühlt die Veränderung, spürt, daß der Jubel schwerer fällt, und jeder hat eine andere Erklärung dafür. »Wir haben uns schon viel zu sehr an unsere Freiheiten gewöhnt, die unsere Vorfahren erkämpft haben«, sagt eine alte Lehrerin, »wir sind undankbar geworden.« Ein pensionierter Banker wirft ein: »Die Politik hat uns im Stich gelassen.« Und seine Frau: »Viele wissen gar nicht mehr, was genau sie feiern sollen.«

Vielleicht meinen sie alle das gleiche. Die Welt hat sich verändert, und davon ist auch das Städtchen Guernsey betroffen. Das Träumen fällt schwerer.

Von allen Träumen der Neuzeit war der amerikanische wohl der kühnste. Die Unabhängigkeitserklärung vom 4. Juli 1776, die an diesem Tag auch in Guernsey gefeiert wird, verlangte ja nicht einfach den Bruch mit den englischen Kolonialherren, sondern mit aller bisherigen Geschichte überhaupt. Sie klagte das Naturrecht des Menschen ein. Sie forderte nicht nur die Verabschiedung der Tyrannei, sondern das Paradies schlechthin.

Die Unabhängigkeitserklärung war ein morgenfrisches und pathetisches Dokument, das berauscht von der eigenen Kühnheit einen mächtigen Wechsel auf die Zukunft ausstellte und Gott selber als Beurkundungsbeamten vereinnahmte: »Wir halten die folgenden Wahrheiten für selbstverständlich: daß alle Menschen gleich geschaffen sind, daß sie von ihrem Schöpfer mit gewissen unveräußerlichen Rechten ausgestattet sind, daß unter diesen Leben, Freiheit und das Streben nach Glück sind . . .«

Ja, da die Erklärung ein Manifest von Rebellen war, verankerte sie sogar das Recht auf Rebellion. Sicher, das Schriftstück war bereits verraten, bevor die Tinte getrocknet war. Thomas Jefferson etwa, der Autor, der in hinreißender, politischer Rhetorik die Gleichheit aller Menschen postulierte, war selber ein Sklavenhalter. Und da er nicht der einzige war, strichen die Revolutionäre die Abschaffung der Sklaverei als politische Forderung, bevor das Dokument in Druck ging.

Doch die Faszination, die von der »Declaration of Independence« ausging, schmälerten diese Korrekturen keineswegs. Der Traum der Demokratie war fortan ein amerikanischer, und der beherrschte und verhexte die Menschheit

für die kommenden 200 Jahre. Die Aristokratie hatte
Glanz, doch Blut an den Stiefeln. Der neue Mensch war weniger spektakulär, doch er war Gleicher unter Gleichen. In
seinem »Romanzero« schrieb Heinrich Heine:

> *Manchmal kommt mir in den Sinn*
> *nach Amerika zu segeln*
> *Nach dem großen Freiheitsstall*
> *der bewohnt von Gleichheitsflegeln*

Die Essenz des amerikanischen Traumes: Dem von seinen
Fesseln befreiten Menschen ist alles möglich. Das Glück ist
quantifizierbar geworden. Jeder kann nach oben kommen,
jeder kann es schaffen.

Selbst der Marxismus entzündete sich noch an dieser Glut, die die Aufklärung entfacht hat – der Verheißung
nämlich, daß nun endlich über dem Horizont der Geschichte die Sonne der Vernunft aufgegangen sei.

Im zwanzigsten Jahrhundert, das mit Recht als amerikanisches bezeichnet wird, schien die Vision der Unabhängigkeitserklärung zum globalen Postulat zu werden. Kann
es einen attraktiveren Verfassungsgrundsatz geben als das
unveräußerliche Recht auf Glück? Auch wenn es sich in der
weniger heroischen Wirklichkeit nur als das abgepackte
Glück des Konsumenten in der Shopping Mall an der Ecke
übersetzte – es brachte mit seinem Sirenengesang immerhin
die Strafkolonien des Ostens zum Einsturz.

Es waren die Visionen der Unabhängigkeitserklärung,
auf die Präsident Ronald Reagan in den achtziger Jahren zu-
rückgriff, als er den kommunistischen Osten zum Reich

des Bösen erklärte. Gemessen am häßlicheren, schwächeren Gegner ließ sich der eigene mühsame Alltag wie eine Kette von Siegen verkaufen, und die republikanischen Präsidenten machten von dieser Möglichkeit ausgiebig Gebrauch.

Mit dem Zusammenbruch des Kommunismus jedoch war der Lieblingsfeind plötzlich verschwunden. Nun gerieten Probleme in den Gesichtskreis, die die politische Triumphrhetorik bis dahin hatte verdrängen können. Nun war von der amerikanischen Wirtschaftskrise und desolaten Innenstädten die Rede, vom Haushaltsdefizit und davon, daß die Löhne der amerikanischen Arbeiter in den letzten zwei Generationen stagniert hatten.

Nun erschienen Bücher wie das mit dem Titel »Schrumpfendes Glück. Der Zusammenbruch des amerikanischen Traums«. Eine Anthropologin der Columbia University untersucht darin, warum es für die junge Generation unmöglich geworden ist, den Lebensstandard ihrer Eltern überhaupt zu erreichen. Das »Glück« war meßbar zurückgegangen. Sollte mit dem Triumph über den Kommunismus auch das amerikanische Jahrhundert zu Ende sein, mit dem Verlierer auch der Sieger in die Knie gehen?

Jedes Jahr am 4. Juli wird in Guernsey nicht nur die Nation gefeiert, sondern auch die großartige Vision, die mit ihrer Gründung verwoben ist. Und in den Gesichtern der Alten ist zu lesen, daß dieser Tag nicht nur Feiertag ist, sondern auch Bilanz, nicht nur Fahnenglück, sondern auch zweifelndes Selbstgespräch – was ist verwirklicht von den Versprechen der Gründertage, und was ist hehre Propaganda geblieben?

Als ich im Frühjahr 1992 nach New York zog, erlebte

ich eine schizophrene Situation. Noch nie in der Geschichte waren die Vereinigten Staaten so unangefochten führende Weltmacht. Gleichzeitig schienen sie selten ohnmächtiger den eigenen Problemen gegenüber. Es war, als sei eine Party zu Ende gegangen, die zu lange gedauert hat.

Im Jahr zuvor hatte Präsident Bush noch einmal einen gigantischen Propagandasieg erfochten, als es ihm gelang, eine Weltkoalition in den Krieg gegen Saddam Hussein zu führen. Noch einmal hatte der alte amerikanische Traum Konturen angenommen, der eine »Neue Weltordnung« forderte, die Unrecht und Unterdrückung nicht akzeptieren würde. Als die gleiche Koalition kurz darauf tatenlos dem Gemetzel an den Kurden zuschaute, war das Versprechen dieser neuen Ordnung geplatzt, als sei es nie mehr gewesen als ein billiger Bluff. Der Absturz war tief.

Und dann explodierte South Central Los Angeles. Amerika, so sahen es vor allem amerikanische Kommentatoren, war nicht nur nicht in der Lage, die Welt gerechter zu gestalten, es versagte darin offenbar erst recht zu Hause. Die Fernsehanstalten übertrugen Bilder von Schlachten und Schußwechseln auf offener Straße, von Plündereien und Orgien der Gewalt und des Hasses aus Stadtteilen, die aussahen wie Mogadischu.

Die hier versammelten Reportagen sind vorwiegend in dieser Umbruchsphase entstanden, die von der Abwendung von der internationalen Politik und der Hinwendung auf die hausgemachten Probleme gekennzeichnet war. In einer Übergangszeit, dem letzten Jahr der Amtszeit Bushs, mit der die Reagan-Ära ihren Abschluß gefunden hat, und dem ersten Jahr der Präsidentschaft Clintons.

Trotz allen Flitters, mit dem die Imagestrategen diesen Macht- und Generationen-Wechsel begleitet haben, war er doch ungleich nüchterner als jener, mit dem Kennedy einst das Weiße Haus übernommen hatte. Ja, es war gerade das Versprechen einer neuen Nüchternheit und der Wunsch nach Wachheit und Wahrheit, der Bill Clinton ins Weiße Haus gebracht hatte. Die Wähler wollten – zumindest eine Zeit lang – die ungeschminkte Bilanz statt der dröhnenden patriotischen Phrase.

Das heißt nicht, daß das Pathos der Unabhängigkeitserklärung als Referenzpunkt aus dem Alltagsdiskurs verschwunden wäre. Der amerikanische Traum, der in ihr formuliert ist, spielt in nahezu allen in diesem Buch versammelten Reportagen eine Rolle, weil sich die Menschen, die darin auftauchen, mehr oder weniger bewußt auf ihn beziehen. Ob es der Unternehmer ist, der den alten Pioniergeist fordert, oder der Basketball spielende Ghetto-Junge, der auf die große Karriere hofft.

Wie in allen Ländern, so jammert man auch in den Vereinigten Staaten gerne über die inkompetente Regierung und die korrupte Politik. Ja, die Politikverdrossenheit ist vielleicht nirgends so groß wie hier: Nur noch rund die Hälfte aller amerikanischen Stimmberechtigten gehen zur Wahl. Gerade darin aber drückt sich ein uramerikanischer Reflex aus: der der Selbsthilfe. Nicht auf die Regierung warten, sondern selber initiativ werden, heißt die Maxime, die auch brutaler formuliert werden kann: Wer es nicht schafft, hat selber schuld.

Die meisten meiner amerikanischen Freunde arbeiten sechs Tage in der Woche und nehmen allerhöchstens 14 Tage

Urlaub. Ungläubig hören sie den Märchen vom deutschen Sozialstaat zu, von dreizehnten Monatsgehältern, Urlaubsreisen und Krankengeld. Sie schuften, und ihre Arbeit ist ihr Lebensmittelpunkt. Und eines Tages, sagen sie, werden sie »es schaffen«.

Dieser Traum, so zerschlissen und abgetragen der Stoff auch sein mag, aus dem er geschneidert ist, treibt sie alle voran: den Jungen aus der Kleinstadt Hope, Arkansas, der Präsident der Vereinigten Staaten wird, und den ehemaligen Rechtsanwalt, der mit seinen Ethik-Seminaren das moralische Niveau des Landes im Alleingang heben möchte, den Filmregisseur, der mit dem Thriller über den Kennedy-Mord dem Aufbruchsmythos der sechziger Jahre nachspürt, genauso wie den Obdachlosen, der stolz darauf ist, im »freiesten Land der Welt zu leben«.

Außerhalb des kommunistischen und des islamischen Kosmos gibt es wohl nirgends auf der Welt einen derartig geschlossenen und verbindlichen Bezugsrahmen wie den des amerikanischen Traums, den die Unterhaltungsindustrie bis in die entlegensten Winkel des Globus trägt – selbst Teenager in Peking oder Teheran wissen, wer Michael Jordan ist, und hören die Platten von Madonna.

Selbst die Kritiker, Künstler und Außenseiter wie der Schauspieler Wallace Shawn oder der Schriftsteller Cormac McCarthy gehen mit diesem Traummaterial produktiv um, denn der scharfen Ablehnung geht immer auch die intensive Beschäftigung voraus.

Der Zeichner Saul Steinberg, der wie kein zweiter die amerikanischen Mythen verstanden und über vier Jahrzehnte lang porträtiert hat, sieht in der Identitätskrise der

Nation eine Chance. Er sieht darin eine Wachstumsphase, wie sie Tolstoi in seiner Novelle »Der Tod des Iwan Iljitsch« beschrieben hat: Erst im Alter, in der Krankheit werde Iwan Iljitsch zum Menschen.

Am radikalsten ist dieser Stimmungswechsel in New York zu spüren, das ich im vergangenen Jahrzehnt oft besucht habe. Die Neue Nüchternheit hat die Stadt tatsächlich menschlicher gemacht. Die Haute-Cuisine-Tempel und Diskotheken mit ihren Neondekors, die in den achtziger Jahren von jugendlichen Wallstreet-Zockern frequentiert wurden, hatten Pleite gemacht, da ihre Stammkundschaft entweder im Knast oder auf der Straße saß. Nun eröffneten sie wieder, als einfache Diners, in denen es Steak und Bratkartoffeln gibt. Selbst die unvermeidlichen Cocktailparties sind weniger schrill, weniger dröhnend dumm. Man versucht, ins Gespräch zu kommen, statt zu plappern.

Die Kehrseite dieser neuen, skeptischen Bescheidenheit ist das schleichende Gefühl des metropolitanen Zerfalls, und dieses Gefühl gab letztendlich den Ausschlag für die Niederlage des demokratischen Bürgermeisters David Dinkins im Herbst 1992.

Ich traf Dinkins zum ersten Mal bei einem Katastrophen-Einsatz in Harlem. Er stand vor einem zusammengestürzten Haus in der 124. Straße und blinzelte in die Sonne. Er wirkte klein zwischen den Riesenkerlen von Feuerwehr und Ambulanz, und er versuchte unter seinem blankgeputzten Bauhelm so entschlossen in die Kameras zu schauen, als habe er persönlich bei der Bergung geholfen. »Sechs Verletzte, Gottseidank keine Toten«, sagte er wie einer, der den Krisenmanager wenigstens darstellen will.

Vielleicht dachte er in diesem Moment, was viele denken: Daß dieser schöne, grausame Riesenkrake New York gar nicht regierbar sei, und daß es nur darauf ankomme, diesen Wahnsinn aus Glitzerfassaden und Abbruchhäusern, Theaterpalästen und Crack-Galerien, diesen Dschungel aus 178 einander oft bekriegenden Rassen und Stämmen symbolisch zu repräsentieren.

»Was für eine Knalltüte«, murmelte einer der Feuerwehrleute. Dinkins trug Helm und drunter die Krawatte für den nächsten Wahlkampf-Auftritt, und New York stürzte ein, und Dinkins kam sowieso immer zu spät. Das war die verbreitete Stimmung.

Vier Jahre zuvor war er von einer Regenbogenkoalition aus Schwarzen, Latinos und weißem liberalem Westside-Establishment zum ersten schwarzen Bürgermeister New Yorks gewählt worden. Es war auch ein Sieg gegen das zynische Reagan-Jahrzehnt, dem Amtsvorgänger Ed Koch, hemdsärmelig und großschnäuzig, seinen Stempel aufgedrückt hatte, bevor er am Ende in einem Sumpf aus Korruption versank.

Vier Jahre nach seinem Wahlerfolg galt Dinkins zwar immer noch als anständig, aber auch als inkompetenter Zauderer. Verständigung zwischen den Rassen hatte er versprochen, als er angetreten war. Und dann hatte er tagelang tatenlos zugesehen, wie der schwarze Mob das jüdische Viertel in Crown Heights zu Bruchholz verarbeitete. Der Talmud-Schüler Yankel Rosenbaum war dabei erstochen worden. Der Bürgermeister entschuldigte sich lahm dafür, daß er zuwenig Polizisten an den Ort des Aufruhrs geschickt habe: Er sei falsch informiert worden.

Mehr Sicherheit in den Straßen hatte er gewollt, und rein statistisch war die Kriminalitätsrate wohl zurückgegangen, doch nach einer Serie von bestialischen Morden rief die *New York Post* schlagzeilengroß: »David, tu endlich was!«

An diesem Morgen, nur noch ein paar Tage bis zur Wahl, wäre es darauf angekommen, Kampfbereitschaft zu zeigen, doch Dinkins machte auf seinen Wahlkampfstops den Eindruck, als sei er zum Kämpfen zu fein – ein tödlicher Fehler ganz besonders in New York, wo »toughness«, Härte angebetet wird und eine Art zweite Religion ist.

Nach seinem Feuerwehrauftritt setzte sich Dinkins mit seinem Pulk aus Helfern in Bewegung hinüber zu den »Projects«, einer Ansammlung von Wohnsilos in Harlem. Riesige Lautsprecher waren auf dem kleinen trostlosen Innenhof aufgebaut, doch den Bürgermeister erwartete hier keiner. Plakate oder Ankündigungen hingen nicht aus. »Die meisten schlafen wohl noch«, sagte ein Helfer entschuldigend, »es ist Sonntag.« Es war halb zwölf, mittags.

Einer der begleitenden Reporter sagte: »Der führt diesen Wahlkampf genauso chaotisch wie die Stadt.« Und dann seufzte er. »Diesmal haben wir die Wahl zwischen einem Dilettanten und einem skrupellosen Karrieristen.«

Der Karrierist, der republikanische Herausforderer Rudolf Giuliani, sprach kurz darauf im Latino-Viertel von Brooklyn Bushwick von einem LKW herab. Eine Samba-Kapelle spielte, und die Straßen waren mit rot-weiß-blauen Girlanden geschmückt.

Giuliani sprach über die Probleme der Stadt so konzentriert, als habe er tatsächlich Lösungen. Da seien die Straßendealer, die nicht mehr verhaftet würden, weil die

Gefängnisse überquellen. »Wenn ich Bürgermeister bin, werde ich dafür sorgen, daß dieses Gelichter verschwindet und eure Kinder sicher zur Schule kommen.« Das zog. Die Menge jubelte. Wie er mit den 200 000 New Yorker Junkies fertig werden wolle, das verschwieg der Kandidat.

Giuliani, das war der gute Sheriff, der das Städtchen vom Gangster-Alpdruck befreit. Gleichzeitig verstand er, auf einer anderen, dunkleren Klaviatur zu klimpern. Er versprach, daß er »alle New Yorker« vertreten wolle, und nicht nur »einen einzigen Bezirk«. Alle wußten, daß er damit auf Harlem anspielte und das verbreitete Vorurteil, Dinkins kümmere sich nur um die schwarze Klientel.

Vor vier Jahren war Giuliani als republikanischer Finstermann und kalkulierender Karrierist durch die Presse gespukt, ein Gallenfalten-Typ, bei dem selbst das sporadische Grinsen wirkte wie ein gezücktes Messer. Er war der Staatsanwalt, den Tom Wolfe in seinem Gesellschaftsroman »Fegefeuer der Eitelkeiten« porträtiert hatte – ein Gangsterjäger, für den jede Verurteilung nur ein Schlagzeilenauftritt war, ein weiterer Schritt in der politischen Karriere.

Sicher: Als New Yorker Chefankläger hatte Giuliani sowohl prominente Mafiosi zur Strecke gebracht wie auch die »Meister des Universums«, die Wallstreet-Betrüger der achtziger Jahre. Allerdings war er hier von der eigenen Publicity-Sucht aus der Kurve getragen worden – er ließ auch solchen Brokern Handschellen anlegen, die später wegen erwiesener Unschuld freigesprochen wurden.

Doch diesmal schien alles anders. Giuliani hatte gelernt zu lächeln. Er warf sein blondes Töchterchen und seine blonde Frau mit an die Propaganda-Front, und vor allem zeigte er eine Qualität, die das Wahlvolk bei Dinkins so schmerzlich vermißte: »Leadership«, eine starke Hand. Und Abe Hernandez, ein puertoricanischer Möbelhändler, der mit einem Giuliani-Plakat vor seinem Laden stand, rief begeistert: »Der wird mit den Schwarzen aufräumen. Die sind die Pest, die klauen wie die Raben.« Wer behauptet denn, daß der Schmelztiegel New York nicht auch ein rassistisches Irrenhaus ist?

Daß New York City nicht nur Großstadt-Moloch ist, zeigte sich an jenem Tag in Sunset Park, einer Kleine-Leute-Gegend in Brooklyn, wo Marienstatuen in winzigen Vorgärten stehen und Manhattan Lichtjahre entfernt ist. Hier wohnt der weiße Mittelstand, italienische, polnische, deutsche Handwerker und Arbeiter, deren magere Ersparnisse unter der schwersten Rezession seit der großen Depression dahinschmelzen.

Und schon zeigen sich in Sunset Park die ersten tristen Vorboten der großen Stadt: Drogen, Autoknackereien, Vandalismus, Armutsverbrechen. Die ersten Familien sind bereits weggezogen.

Hier klang Giulianis Wirtschaftsevangelium, ein aufgepeppter Reaganismus, der Steuersenkungen versprach, wie ein goldenes Versprechen. Auch sein Sozialprogramm kam an: Nur noch 90 Tage Asyl für jeden Obdachlosen – die sollen sich gefälligst um Arbeit und Wohnung kümmern, statt sich auf Staatskosten durchpäppeln zu lassen. Giuliani bleckte sein makelloses Gebiß, und die Leute liebten ihn.

Rockaway Beach in Queens war von Bürgermeister Dinkins bereits als verloren abgehakt worden. Für Giuliani hatten Helfer die Allee, die zum Strand führt, mit Girlanden geschmückt. Auf dem Parkplatz vor der Texaco-Tankstelle war ein Podium aufgebaut. Eine Dudelsackgruppe von schottischen Einwanderern gab dem Kandidaten Geleit.

Giuliani ließ einen endlosen Ringelreihen von kleinen, ernsten Tanzmäusen mit wippenden Pferdeschwänzen über sich ergehen, und dann schüttelte er Hände und küßte Babys, eine Überdosis Babys an diesem Tage – einmal hatte er sogar Drillinge im Arm.

Als ich am Abend mit den Presseleuten zurückfuhr und jenseits der 59th Street Bridge, die von Queens über den Eastriver führt, Manhattan auftauchte, ein prächtig funkelndes Riesengebirge und gleichzeitig ein Dschungel, durch den zu dieser Stunde mehr Verrückte, Genies und Mörder streiften als irgendwo sonst auf der Welt, schüttelte Carol, eine Fotografin, bewundernd den Kopf. Und sie sprach aus, was alle dachten: »Wer soll mit dieser Stadt fertig werden?«

Mit einem dramatischen, hauchdünnen Sieg gewann Rudolph Giuliani die Wahl. Um Mitternacht schien David Dinkins knapp vorne zu liegen, und in seinen Kampagnenbüros in Harlem wurde bereits gejubelt. Zehn Minuten später stand Giuliani als Gewinner fest. Leichenblaß und wie unter Schock sprachen schwarze Aktivisten und Reverends von einer »zerstörten Hoffnung« und unkten dunkel von »enormen Spannungen«, die auf die Stadt zukommen würden.

Ist New York regierbar? Wenn irgendeine Stadt auf der Welt vorleben kann, wie es mit einem explosiven Vielvölkergemisch trotz aller Widrigkeiten fertig wird, dann ist es diese Megalopolis, die trotz aller periodischen Untergangs-

Mantras eine Energie, eine Problembegeisterung und eine Stärke zeigt wie keine andere.

New York glänzt, selbst wenn es sich bisweilen elend fühlt. Der Broadway etwa blüht, nicht nur mit mäßiger Musical-Meterware, sondern mit Stücken, die von Aids, von politischer Diktatur oder vom Tod handeln. Pavarotti singt im Central Park vor Angestellten aus Queens. Das Apollo-Theater in Harlem ist Schauplatz glanzvoller Kinopremieren. An den Wochenenden werfen sich puertoricanische Ehepaare aus New Jersey in Schale und ziehen in die Salsa-Clubs in Midtown. Und in den Jazzclubs im Village steigen junge Dichter auf die Bühne, als ob die Zeit der Beatpoeten zurückgekehrt sei. Die Sprache wird wieder entdeckt, und siehe, sie kann mehr sein als Slogan und Börsengebell.

Es ist schwer, diese Stadt nicht zu lieben. Die Straße auf der West Side, in der ich wohne, ist wie eine Reise um die Welt. Eine jüdische Synagoge grenzt dort an die Kirche einer christlichen Sekte. Von meinem Fenster aus sehe ich auf ein Hochhausdach, auf dem die bunten Klettergerüste eines Kindergartens stehen. Dort oben, nahe am Himmel, spielen die Kinder, während im Kellergeschoß eines alten Brownstone-Hauses gegenüber eine 93-jährige polnische Emigrantin langsam in die Erde zurückwächst.

Sie führt eine Wäscherei, und sie sitzt dort zwischen staubigen Regalen im Dämmerlicht einer nackten Glühbirne auf einer Wolldecke, umgeben von Schatten und versunken in Erinnerungen, die fast ein Jahrhundert zurückreichen, und Edgar, der schwarze Ladengehilfe, versorgt sie mit Kaffee.

Ein paar Häuser weiter arbeitet ein französischer Geigenbauer, und die braunen, frischlackierten Holzkörper hängen in seiner Werkstatt auf einer Leine wie wundersame Fische. An der Ecke, gegenüber einer Weinhandlung, führt eine koreanische Familie ihren Delikatessenladen, und an der Columbus Avenue, der nächsten Hauptstraße, liegen italienische, französische, burmesische, marokkanische und japanische Restaurants. Zur Met, an der Kurt Masur dirigiert, sind es drei Minuten zu Fuß.

Vielleicht haben sie alle nichts gemeinsam außer diesem einen Traum, der in der Unabhängigkeitserklärung ein unveräußerliches Recht genannt wird, das »Streben nach Glück«. Und natürlich wird meine West-Side-Idylle ständig daran erinnert, daß sie keine ist, sondern daß das Glücksstreben eine Menge Verzweifelte produziert.

Sie wird daran erinnert, daß vielleicht »alle Menschen gleich geschaffen sind«, wie es die Unabhängigkeitserklärung behauptet, aber daß diese Gesellschaft weit davon entfernt ist, alle mit den ebenfalls versprochenen »gleichen Rechten« auszustatten. Vor dem Geschäft des Koreaners liegt ein geistesgestörter Straßencamper mit seinem Plastikbecher und bettelt.

Im Wäschekeller unseres Hauses stieß ich auf eine junge obdachlose Frau, die sich hinter einigen Kartons verbarrikadiert hatte, um dort zu übernachten. Und im Fahrstuhl wurde vor einiger Zeit am hellichten Tag eine Mieterin von einem Unbekannten mit dem Messer bedroht und beraubt.

Das amerikanische Glücksversprechen kann zur Hypnose werden und in Terror umschlagen, und die Happiness-Duschen der Werbung, die das Fernsehprogramm im Fünf-Minuten-Takt unterbrechen, die Marktschreier und »think positive«-Therapeuten und ihre Glücksdiktate verlangen Opfer. Die Beziehung meiner Freunde Gordon und Leigh ist an diesem ideologischen Gift eingegangen, und da ihre Geschichte typisch ist, soll sie hier kurz erzählt werden.

Gordon, ein gutaussehender New Yorker Jude mit schwarzen Locken bis zum Rollkragen, ist freier Journalist. Früher einmal ist er mit Bands durchs Land getingelt und hat Blues gespielt. Er hat als Fremdenführer in New York gearbeitet, hat sich herumgetrieben und sein chaotisches Leben genossen. Doch das liegt lange zurück. Nun ist er vierzig Jahre alt geworden und schon seit einiger Zeit ernsthaft entschlossen, Karriere zu machen.

Allerdings ist er nicht der Typ für eine Medienblitzkarriere nach Art der schnellen, lauten achtziger Jahre. Er arbeitet zu sorgfältig. Und da er auf einem Ohr taub ist und auf dem anderen nur mit Hilfe eines Apparates hört, sind die lauten Achtziger ohnehin an ihm vorbeigerauscht. Er wirkt oft abwesend, in sich gekehrt, ja autistisch. In dieser beneidenswerten Abgeschiedenheit hat er zehn Jahre lang an einer Monographie gearbeitet, die er vor einem Jahr abgeschlossen hatte. Kurz darauf war er Leigh begegnet.

Leigh ist katholisch und stammt aus Maine. Anders als Gordon hat Leigh die achtziger Jahre genutzt, um Karriere zu machen. Das heißt, sie ist noch dabei. Sie produziert Wissenschaftssendungen für eine lokale Fernsehstation. Sie ist zehn Jahre jünger als Gordon und blond und zart und klein, und da in New York nur die Stärksten überleben, wie sie immer sagt, geht sie täglich zum Bodybuilding. Leigh ist stark. Und sie wirkt immer wach.

Wer weiß, ob sie wach war, als sie sich in Gordon verliebte, denn Liebe ist immer ein Zustand der Träumerei. Immerhin: Gordon sah gut aus, er hatte gerade eine Serie von Artikeln für die *Herald Tribune* geschrieben und war dabei, sich einen Namen zu machen. Vor allem aber hatte er nun ein Buch auf dem Markt, ein Sachbuch, eine Biographie, die vermutlich ein Bestseller werden würde. Gordon gab zu den schönsten Hoffnungen Anlaß, und keiner schürte diese Hoffnungen mehr als Gordon selber.

Seine Buch-Promotions-Party ließ er im »Westend« ausrichten, einer leicht überholten düsteren Diskothek im Village. Er hatte Prominenz vorzuweisen: einen Fernsehstar aus den fünfziger Jahren und einen Freund, der Avantgardediskussionen auf einem Pornokanal moderierte.

Die übrigen Gäste sahen nicht so aus, als ob sie je über Bücher diskutieren würden, selbst wenn es die Musik – kompromißloser, lauter Technopop – zugelassen hätte. Die Party war ein Desaster, von dem Gordon nichts bemerkte, weil er seinen Hörapparat abgestellt hatte und sich darauf beschränkte zu lächeln.

Auch Leigh lächelte sich durch den Abend, ein katholisches, blondes, guterzogenes Panzerlächeln, doch dahinter rasselte eine Rechenmaschine. Gordon war lieb. Aber vielleicht war er doch ein Versager? Seine Freunde zumindest sahen danach aus. Gordons Bestseller sollte das Fundament für ihre Ehe werden, und nun sah er nach einem Bluff aus. Glück hat in New York, wo die Mieten hoch sind, viel mit Geld zu tun.

Als sie erfuhr, daß mit dieser Party bereits der gesamte Werbeetat ausgegeben war, wurde sie nachdenklich. War der Verlag wirklich davon überzeugt, wie Gordon versicherte, daß er einen Bestseller im Programm habe?

Gordon zerstreute Leighs Zweifel, so gut er konnte, und er kratzte sein letztes Geld zusammen und pumpte sich welches und begab sich auf Promotiontour. Er tingelte durchs Land und ließ sich von örtlichen Fernsehstationen zu seinem Buch befragen. Die Kritiken waren durchweg positiv.

Gordon telefonierte täglich mit Leigh. Doch mit zunehmender Entfernung von New York wurde auch Leighs Verhalten kühler. Als Gordon die Westküste erreicht hatte, war die Beziehung so gut wie tot. Was war passiert? Leigh hatte die Zeit genutzt, um endlich über die drängenden Fragen ihres Therapeuten nachzudenken. Die Kardinalfragen der modernen Persönlichkeitsstrategen, die Kernfragen jeder aufgeklärten Großstädterbeziehung, vor allem in einer glücksbesessenen Gesellschaft wie der amerikanischen, lauten: »Was sind *Deine* Bedürfnisse? Werden sie in dieser Beziehung befriedigt?«

Leigh war mittlerweile 30 und ahnte, daß es mit ihrer eigenen, großen Karriere nichts mehr werden würde. Sie träumte von einer Familie, träumte davon, Kinder zu haben. Das allerdings kostet viel Geld in Manhattan. Auf absehbare Zeit würde Gordon nicht die 100 000 Dollar im Jahr verdienen, die sie als das Minimum errechnet hatte. »Also«, fragte ihr Therapeut, »was folgt daraus?«

Als Gordon zurückkehrte aus Los Angeles, setzte sie sich mit ihm zusammen. Sie hatte sich den Entschluß nicht leicht gemacht. Doch da war nicht nur ihr Therapeut. Sie hatte daneben eine ganze Menge der gerade gängigen Lebenshilfebücher gelesen, und in allen war die gleiche Kosten-Nutzen-Rechnung aufgemacht worden, und Gordon stand in allen sozusagen in den roten Zahlen. »Gordon«, sagte sie schließlich, »ich liebe dich, aber wir müssen uns trennen. Unsere Reisen gehen in unterschiedliche Richtungen.« Sie hatte diese Wendung aus einem Partnerschaftsbuch mit dem Titel: »Vermiß die Landkarte deiner Gefühle«.

Gordon litt. Er litt um so mehr, als er Leigh insgeheim recht gab. Er war ein Versager. Er paßte nicht in die Erfolgsgesellschaft der glücklich-unglücklichen New Yorker »Egoismus-Idioten«, wie er sie nannte. Er hatte zehn Jahre auf ein Buch verschwendet. Nach den Standards der urbanen neurotischen Leistungsehen wäre es absolut unverantwortlich gewesen, ihn zum Vater zu machen. Er hätte nichts zu bieten außer seiner Liebe, seinen Träumen und seiner Hoffnung auf eine glänzende Zukunft. Keine Frau, die bei Sinnen war, würde sich hier darauf einlassen. Und das Verrückte war: Er liebte Leigh doch genau aus dem Grunde, daß sie so smart und so wach war.

Gordon warf Leigh nicht etwa vor, daß sie ihre Liebe in Dollars und Cents kalkulierte, sondern daß ihr dabei Rechenfehler unterliefen. »Sie hätte mehr Geduld haben müssen«, sagte er seufzend, »so ein Buch ist eine Investition, die Zeit braucht, bis sie Rendite abwirft.«

Er sollte recht behalten. Er wurde schließlich in die populäre »Today«-Show eingeladen, das Buch wurde neu aufgelegt, und er bekam einen lukrativen Vertrag für ein neues. Leigh hatte sich in der Zwischenzeit in einen Schauspieler verliebt, der am Beginn einer hoffnungsvollen TV-Karriere stand. Allerdings wußte keiner, wann dieser Startschuß in eine goldene Zukunft fallen würde.

Der amerikanische Traum ist im doppelten Sinne vermessen. Er ist kühn und er ist meßbar geworden, zu Ende gerechnet. Daß das Lebensglück in der amerikanischen Gesellschaft käuflich ist und daher exakt quantifizierbar, ist die Botschaft jeder Konsumgesellschaft, doch kein Land auf Erden hat sich diese Monster-Prämisse so ungeniert und ehrlich zu eigen gemacht wie die amerikanische. Selbst einsichtige, sensible Intellektuelle wie Gordon unterschreiben diese Regel ohne alle Beanstandungen.

Geld ist Macht ist Freiheit ist Lebensglück, das ist die einfache Rechnung, die die amerikanische Gesellschaft ihren Mitgliedern aufmacht. Selbst für die Bürgerrechtsbewegung, die mit Martin Luther Kings »I had a dream« begann, gilt heute die Einsicht, daß politischer Erfolg über wirtschaftliche Macht erstritten werden muß – die wahren Revolutionäre sind heute milliardenschwere schwarze Entertainer wie Bill Cosby oder Oprah Winfrey, die das System für sich nutzen und gleichzeitig die Sache der Schwarzen propagieren.

Daß sich das »Streben nach Glück« 200 Jahre nach der Unabhängigkeitserklärung mit »shopping« übersetzen läßt, hat etwa der schwarze Basketballstar Charles Barkley erkannt, der sagt: »Die Amerikaner können drei Sachen wirklich gut: Basketball spielen, Krieg führen und Zeug kaufen.« Die Stadtlandschaften des amerikanischen Westens erzählen davon: In der Endlosigkeit von Highways und Tankstellen sind es die Shopping Malls und ihre Kunstparadiese, die Menschen zusammenbringen und so etwas wie Gemeinschaft stiften in der gemeinsamen melancholischen Suche nach dem Sonderangebot.

Es ist schon eine sonderbare Kulturleistung, alles Leben für den Konsum aufzubereiten. Ob es der intime Kummer ist, der als Tränenbekenntnis für die Talkshow inszeniert wird, oder die Zurichtung der Natur auf Videohäppchen, wie es der Prospekt annoncierte, der eines Tages in meinem Briefkasten lag. Er war grellrot und knallgelb, und er versprach Aufregung: »Ungeschnittene und unzensierte Aufnahmen«, Bilder, die »zeigen, was Sie noch nie zuvor gesehen haben«.

Der Prospekt warb nicht etwa für Pornos, sondern für Aufnahmen von wilden Tieren. »Die Killer der Natur!« hieß der Prospekt. Eine Wildlife-Peep-Show für den Städter aus dem Hause *Time-Life*.

Zunächst liefert der Prospekt die Daten der Darsteller, wie in einer Art Autoquartett des Todes: Da ist der Etosha-Löwe. Angriffsgeschwindigkeit: 60 Stundenkilometer. Nicht schlecht, denkt sich da der Toyota-Fahrer. Doch auch die Geländegängigkeit etwa des Leopards »Cheetah« ist nicht zu verachten. Der liebt hohes Gras, und die Waffen der Killermaschine bestehen aus »scharfen, einziehbaren Krallen« und Kiefern, die »kräftig genug sind, um Wirbelsäulen durchzubeißen«. Die Tötungsmethode: Nahkampf.

Über den weißen Hai konnten die Naturtechnologen berichten, daß er über seine »feinabgestimmten Nervensensoren Bewegungen aus über 100 Metern Entfernung wahrnimmt.« Erregend zu wissen in einem Alltag, in dem der Jagdinstinkt zum Kampf um das Sonderangebot aus der Tiefkühltruhe verkümmert ist.

Der Grizzlybär und der weiße Hai und der afrikanische Leopard – sie werden im Prospekt eingeführt wie die Arnold Schwarzeneggers der freien Wildbahn, wie cinemascope-farbige Bodybuilding-Ausgaben der Natur. Gebisse, Rachen, Muskeln.

Im amerikanischen Kollektivbewußtsein kommt das Tier in zwei Versionen vor: als Moby Dick oder als Donald Duck. Als satanische wilde Natur oder als komischer Tölpel. Die grenzenlose Verniedlichung des Tieres durch Walt Disney ist nur die Kehrseite seiner grenzenlosen Verteufelung durch Herman Melville, der mit Moby Dick den großen amerikanischen Mythos beschrieben hat.

Der weiße Wal ist die Verkörperung des Bösen, der stets lockenden und stets neu zu bezwingenden Welt der Triebe. Er siegt über Käpt'n Ahab, dem er zuvor die Seele vergiftet hat, und er zieht ihn, der sich mit seinen Harpunen an ihn gekettet hat, mit sich hinab in die Tiefen. Moby Dick ist das Andere, er ist die Gefahr, die metaphysische Herausforderung, die bestanden werden muß. Er ist die böse Triebnatur, die sich nicht bändigen läßt.

Die Amerikaner sind ein Siedlervolk unter Waffen, in einer Umwelt, die besiedelt und einer Natur, die leergeschossen ist. Deshalb bebildern die Prospekte auch einen Verlust – den Verlust der Gefahr.

Die Gefahr, die von der Natur droht, ist nur noch als Fiktion zu haben. So muß *Time-Life* für die auf Highlights zusammengeschnittene Dokumentation die Suggestivsprache von Thrillern bemühen: »Du bewegst dich langsam über die Todesfelder der Serengeti. Die Luft um dich flimmert vor Gefahr. Plötzlich ein betäubender Ausbruch aus Goldgelb aus den Büschen, und wie das Gewicht des Todes selber ist der Räuber über dir.«

Natürlich liegt in diesen Prospekten eine perverse erotische Todessehnsucht. Es ist der Kitzel einer Welt der »Basic instincts«, der elementaren Triebe, ein Spektakel für Sodomisten und für Masochisten, das zu besichtigen *Time-Life* einlädt, und zwar »...aus der Sicherheit Ihrer eigenen Wohnung« – ein Gewaltporno der Natur als Delikatesse für Voyeure, die bereits alles haben. Es ist mittlerweile eine psychologische Binsenweisheit, daß Voyeurismus ein Zeichen der Kontakt- und Bezugsschwäche ist – und nirgends wird er so gekonnt bedient wie in der amerikanischen Gesellschaft.

Der Prospekt zeigt natürlich einen Verlust: daß die Natur, das Andere, nur noch vermessen und quantifiziert zu haben ist und durchkartographiert wie die Gefühle der Menschen und ihre Bedürfnisse, die in der Marketingsprache »Nachfrage« genannt werden, auf die mit maßgeschneiderten »Angeboten« geantwortet wird.

Die Traurigkeit des in den abfedernden Konsum wie in eine Gummizelle gesperrten Städters schafft sich Ventile. Eines davon ist der Besitz von Waffen. Es ist die Urgroßvätergeneration, die noch den Wilden Westen erobert hat, und die Liebe der Amerikaner zu Waffen hat eher mit der irrationalen nostalgischen Sehnsucht nach dem einfachen, gefährlichen Leben der Gründergeschichte zu tun als mit Vernunftsgründen.

Daniel, mit dem ich öfter zum Baseball gehe, wo die Yankees leider immer die entscheidenden Spiele verlieren, arbeitet in einer Galerie in Soho, und er ist das Gegenteil von einem Reaktionär. Trotzdem ist er ein Waffenfan, der regelmäßig einen Schießstand im Wallstreetviertel besucht, um dort mit Börsenbrokern in der Mittagspause seinen 36er Revolver leerzuballern.

Wir saßen vor dem Fernseher und sahen uns die Nachrichten an, die in New York zur Hälfte aus Morden bestehen. Bei einer Schießerei zwischen Teenagern in der Bronx wurden sechs Menschen getötet. Da es hier um Liebe ging und die Abschußzahl außergewöhnlich hoch lag, erhielt die Katastrophe ihren eigenen Namen: das Valentins-Massaker der Bronx.

In einer anderen Meldung wurde von Virginia-Gouvernor Douglas Wilder berichtet, der den Verkauf von Waffen wenigstens auf eine pro Kopf und Monat beschränken möchte.

»Was?« rief Daniel. »Nur eine Waffe pro Monat? Und wie soll ich in der Zwischenzeit meine Blockhütte gegen die Indianer verteidigen?« Er sah, daß ich auf seine Bemerkung humorlos reagierte, und wurde ernst. »Das Recht, eine Waffe zu tragen, ist ein Stützpfeiler unserer Demokratie.«

»Aber der Wilde Westen ist nicht mehr. Ihr habt gewonnen. Das Land ist verteilt. Für die Schmutzarbeit gibt es heutzutage Anwälte!«

Wir saßen immer noch vor dem Fernseher. Die nächste Meldung berichtete von einem Amokläufer, der in einem Krankenhaus drei Menschen angeschossen hatte, bevor er sich selber richtete.

»Siehst du«, sagte Daniel nach einem weiteren Seitenblick auf mich, »ein Schritt in die richtige Richtung. Eine Schießerei direkt in der Klinik. Das erspart die Anfahrtswege.« Ich muß aufklärungsbedürftig ausgesehen haben. Er gab mir nun ernsthaften Geschichtsunterricht. Er ging weit zurück. In der Unabhängigkeitserklärung war nicht nur das Recht auf Glück, sondern auch das Recht auf Waffen festgeschrieben worden, mit dem Hintergedanken, daß ein bewaffnetes Volk, sozusagen eine permanente Bürgerwehr, die Rückkehr der Kolonialmacht verhindern würde.

»Kein Mensch hat seitdem eine Invasion bei uns riskiert«, sagt Daniel.

»Aber wer hätte euch denn angreifen sollen? Kanada?«

Daniel lachte. Dann sagte er: »Eine totalitäre Type wie Hitler hätte bei uns keine Chance gehabt. Er wäre längst abgeknallt worden. Es ist gefährlich, wenn der Staat das Monopol an Waffen hat.«

»Der Staat ist relativ selten in drive-by-shootings verwickelt«, sagte ich.

»Man muß sich verteidigen können«, entgegnete Daniel. »Die Juden waren höflich und gesetzestreu – und vor allem unbewaffnet.« Natürlich hat er recht und gleichzeitig nicht – aber als Deutscher ist es manchmal schwer zu argumentieren, besonders in Daniels Fall.

Daniels Vater war als deutscher Jude in die Vereinigten Staaten geflüchtet. Als Leutnant der amerikanischen Armee kehrte er 1945 nach Deutschland zurück, um diejenigen zu vernehmen, die seine Verwandten in die Gaskammern geschickt hatten.

Seinem Sohn schenkte er später eine Mauser-Pistole, die er einem deutschen Soldaten abgenommen hatte. Er schärfte ihm zwei Dinge ein: Erstens: Liebe dein Land, liebe Amerika, die größte Nation unter der Sonne. Zweitens: Wenn dich einer schlägt – schlage zurück.

Daniel liebte seinen Vater. Er verehrte ihn, er sah zu ihm auf – sein Vater hatte Hitler besiegt. Doch in den sechziger Jahren kam es notwendigerweise zum Zerwürfnis zwischen den beiden, denn sein Vater, der Soldat, unterstützte den Krieg in Vietnam, während Daniel als Schüler auf Anti-Vietnam-Demonstrationen mitrannte. Er nahm LSD. Er trug die Haare lang. Er war wild. Doch eines Tages schnallte sich Daniel, der Pazifist, seine Mauser um und trug sie offen auf dem Weg zur Schule, und sie war durchgeladen.

»Alle dachten, es sei eine Attrappe«, sagt Daniel, »aber ich wußte, daß sie echt war. Ein unbeschreibliches Gefühl.« Das zumindest verband ihn immer noch mit seinem Vater: der Wunsch, sich nie wieder ohnmächtig zu fühlen.

Mit besonderem Interesse verfolgt Daniel die Meldungen über antisemitische Ausschreitungen in Deutschland nach der Wiedervereinigung. Natürlich ist er nicht der einzige, besonders nicht in New York, wo viele jüdische Emigranten leben. Die Medien berichten darüber mit einer Art düsterer Faszination. Der Fernsehsender ABC filmte eine ganze Serie. In den knalligen Hinweisen auf die Sendungen waren Wochenschauaufnahmen mit Hitler-Reden, KZ-Filme und Demonstrationen jugendlicher Rostocker Skinheads zusammengeschnitten unter dem Titel: »Die Mauer des Hasses«.

Von allen Zeitungen schlägt die *New York Times* wohl die bittersten und unversöhnlichsten Töne an. Ihr Leitartikler Abe Rosenthal sieht die Nazihalbstarken als Beweis dafür, daß Deutschland immer noch von den Dämonen der Vergangenheit beherrscht werde, und schlägt allen Ernstes vor, das Land unter internationale Aufsicht zu stellen. Für Rosenthal ist selbst die Hochzinspolitik der Bundesbank ein Beweis seiner These, daß das Deutsche Reich in Gestalt der Bundesrepublik nach wie vor versuche, seine Nachbarn in die Knie zu zwingen. Leserbriefe, die Deutschland als nach wir vor »unzivilisierte Nation« bezeichnen, sind keine Seltenheit.

Weder Daniel noch die Studenten an der Columbia University, vor denen ich manchmal spreche, nehmen Rosenthals extreme Leitartikel ernst. Dennoch verstehen wenige, warum die politische Kaste in Deutschland so spät und nachlässig auf die Schlägerbanden reagiert hat. Für ihre Generation ist es eher ein Problem der Polizei als eines der Geschichte. »Nazischläger und Rassisten haben die USA mehr als genug«, sagt Daniel.

»Ich weiß gar nicht, was ein typischer Deutscher ist«, sagte ich ihm einmal, nachdem Abe Rosenthal wieder einmal über »den Deutschen« philosophiert hatte. »Ich war als Heranwachsender wie viele meiner Freunde stark von der amerikanischen Popkultur beeinflußt. Ich habe mich nie mit Deutschland identifiziert.«

»Und genau das ist typisch deutsch«, sagte Daniel.

Obwohl Daniel der amerikanischen Politik gegenüber äußerst kritisch eingestellt ist, steht er im Stadion mit all den anderen auf, wenn die obligatorische Nationalhymne gespielt wird. Er nimmt sogar die Mütze ab. Und in seinem Gesicht liegt dann der gleiche, andächtige Ausdruck, den ich in den Mienen der Alten bei der Parade zum 4. Juli in dem Nest Guernsey gesehen habe. Und ich erwische mich dabei, daß ich ihn dafür beneide.

Über den vermessenen amerikanischen Traum zu schreiben bedeutet immer auch, über die eigenen Träume schreiben. Und da jeder mit der amerikanischen Kultur aufgewachsen ist, die über Fernsehen und Werbung und Hollywood und Popmusik global präsent ist, hat jeder sein eigenes Amerikabild im Kopf. Die in diesem Band versammelten Geschichten bilden meines.

Danken möchte ich meiner Frau für ihre intelligenten Anregungen beim Redigieren; dem *Spiegel*, der mich nach New York geschickt hat; Angelika und Utta und meinen amerikanischen Freunden, besonders Gordon, Sean, Molly und Daniel, nicht zuletzt für ihre Geduld.

# 1. Der Aufbruch nach Westen

# Der lange Abschied

*Der Siedlermythos im heutigen Amerika*

Die ersehnte Brise kommt kühl und feucht vom Platte River her. Sie kämmt das Präriegras und fährt durch die narbigen Speichen der Planwagen, sie streichelt die zitternden Flanken der Pferde, über denen Moskitos tanzen, und sie bauscht das Banner, das über den Deckel eines grob gezimmerten Sarges gespannt ist. Der Sarg ist zwei Meter lang und einen Meter breit und mit Stricken an den Planken einer alten Colony-Kutsche festgezurrt.

Es ist still im Lager. Alle sind sie hügelan gestiegen, hinauf zum Chimney Rock, dem Kaminfelsen, der prächtig leuchtet in der Abendsonne. Die Frauen tragen Bonnet-Hauben und lange Röcke, und die Männer haben die Hemden gewechselt, und sie feiern, daß sie es bis hierher, in den Westen Nebraskas, geschafft haben.

Gemeinsam mit dem Country-Star Michael Murphy feiern sie den mächtigsten aller amerikanischen Mythen: den des Neubeginns. Sie feiern sich und ihre Vorfahren, die vor 150 Jahren den gleichen Weg gegangen sind, auf dem mörderischen »Oregon Trail«, der von Missouri aus 2000 Meilen westwärts führte, immer der Abendröte nach, die auf den Bildern des Malers Harry Jackson wie ein Himmelsversprechen wirkte auf eine neue Zukunft.

Gerade mal fünf Generationen ist es her, als die Jagd auf die gewaltige Immobilie westlich des Missisippi begann.

Der gesamte mittlere Westen war den Franzosen abgekauft worden. Nun sollte die Pazifikküste dazu kommen – Oregon, darauf hatten sich die britische und die amerikanische Regierung geeinigt, sollte dem zufallen, der es besiedelte.

Propagandisten an der Ostküste heizten mit Pamphleten und Abenteuer-Broschüren den Westwärtsdrang an, der bald zur höheren Sendung, zu »Manifest Destiny« wurde, zur Schicksalsfrage der Nation.

Den Abenteurern und Spekulanten schlossen sich die Farmer an, die den Kampf gegen Dürrekatastrophen und Cholera-Epidemien in Missouri aufgegeben hatten. Ausgepowerte Immigranten aus Europa folgten dem Ruf und religiöse Schwärmer, die das neue Jerusalem suchten.

Rund 1000 Siedler verließen im Frühjahr 1843 das Städtchen Independence in Missouri. In den kommenden 25 Jahren sollten ihnen 350 000 folgen. Land, Gold, Silber – ein ganzer Kontinent lag da als Angebot im Sommerschlußverkauf.

Noch heute lassen sich die Spuren lesen, die die Räder der Planwagen hinterlassen haben, auch hier am Chimney Rock: grobe Rillen in Sandsteinpassagen oder Vertiefungen, in denen das Gras nicht nachwächst. *Das* sind die Denkmäler des Westens, die Monumente eines Kontinents: keine Kathedralen, sondern Spuren in der Prärie.

Doch die unscheinbaren Spuren prägen die Psyche des Westens bis heute, die nicht nur eine der Neuanfänge ist, sondern zunächst eine der Fluchten. All die Fertighäuser, die auch auf Nebraskas Straßen von Ort zu Ort rollen, künden davon: Raus hier, anderswo ist das Glück in dieser Highwaylandschaft.

Es ist die Bewegung, der Vorstoß über die Grenze ins Unbekannte, der nach der legendären Definition des Historikers Frederick Jackson Turner aus europäischen Immigranten Amerikaner macht. Kein neuvereidigter Präsident läßt in seiner Antrittsrede die Grenzmetapher als Sinnsymbol ungenutzt.

Das Problem: Bereits als Turner seinen berühmten Essay über den »Frontier man«, den Grenzer, schrieb, kurz vor der Jahrhundertwende, meldete das United States Census Bureau, daß der Prozeß der Besiedlung abgeschlossen sei. Das Land war verteilt, umzäunt, parzelliert. Was macht man, wenn man angekommen ist?

Wie feiert man den Aufbruch, wenn die Fluchtmöglichkeiten erschöpft sind? Wie den Neubeginn, wenn er, an der Schwelle zum nächsten Jahrtausend, nur noch als galvanische Zuckung in Wahlkampfzeiten zu haben ist, als stets neu enttäuschtes Versprechen? Wenn »Freiheit« und »Besitz«, diese Grale der Westernmythologie, nur noch ihre Nachtseiten zeigen – Verbrechen und Naturzerstörung?

Die Antwort der Trail-Organisatoren: mit Bildern. Wie zufällig taucht während des Western-Konzerts über die Bergflanke ein Reiter auf, schwarz gegen den roten Himmel. Er läßt sein Pferd steigen, und nach einer Weile verschwindet er wieder hinter dem Kamm, als wende er sich ab nach diesem letzten Gruß hinüber an eine Nation, die irritiert nach ihren Wurzeln sucht, und kehre zurück in seine Schattenwelt.

Unten im Tal brüllt die Lokomotive der Union Pacific durch die hereinbrechende Nacht, und dort unten, im Lager, steht der Sarg. Vielleicht müssen die Geister der Vergangenheit ein letztes Mal beschworen werden, bevor sie Ruhe finden. Das 150-Jahre-Jubiläum des Oregon Trail ist gleichzeitig eine Feier und ein Leichenzug, eine Beschwörung des Westens und ein langer Abschied. Und natürlich ist er ein Geschäft, das theatralisch Kapital schlägt aus einer theatralischen Geschichte.

Unter den vielen deutschen Pionieren des vorigen Jahrhunderts – ein Viertel aller Amerikaner sind deutscher Abstammung – war Wilhelm Keil, ein lutherischer Prediger aus Erfurt, der für seine 100köpfige Kommune ein neues Eden suchte. Keil hatte seinem Sohn versprochen, daß er den Treck anführen könne, doch Willie starb kurz vor Reisebeginn an der weit verbreiteten Malaria. Keil löste sein Versprechen dennoch ein: Er barg den Leichnam in einen mit Kupferplatten ausgeschlagenen Sarg, goß sechs Gallonen Wiskey als Konservierungsmittel hinzu und spannte die Ochsen an.

Ungehindert schaffte der bizarre Trauerzug die 2000 Meilen in den Nordwesten, wo Willie beigesetzt wurde. Einige Wochen später setzte Keils Gruppe ihre Reise fort, hinunter ins Williamette-Tal bei Portland, wo sie sich niederließ und die erste sozialutopische Kommune am Pazifik gründete. Sie nannten ihren Ort »Aurora«, Morgenröte.

Und nun sitzt dort oben am Felsen ein Aufgebot aus Aurora, das Willie, der es nie in ihren Flecken schaffte, mit einem Sargwagen symbolisch »nach Hause bringen« will. Da ist Laurel Cookman, eine schwärmerische Rothaarige mit blauen Augen. Ihr 80jähriger Onkel ist dabei und Earl Leggett, ein pensionierter Navy-Soldat, der das Muli-Gespann des Sargwagens führt.

Sie wissen, daß sie mit diesem bizarren Maskenzug ins Guiness-Buch der Rekorde kommen. Und ganz nebenbei kurbeln sie den Fremdenverkehr an – der Sarg enthält nicht nur eine Schaufensterpuppe, sondern Prospektmaterial über das »Eden am Ende des Trails«. Laurel plant eine Pension in Aurora, und Earl hat dort einen Antiquitätenladen.

Ihnen gegenüber sitzen die Carters aus Wyoming, Morris und seine vier Töchter. Auch sie gehen die ganze, sechsmonatige Strecke. Anfang Mai sind sie von mehreren tausend Menschen in Independence, Missouri, verabschiedet worden.

Sie haben sich mit ihren Planwagen durch den Stoßverkehr auf den Freeways gequält. Sie haben sich mit ihren Pferdegespannen gegen die Regengüsse in Kansas gestemmt, die später den Mississippi über die Ufer treten lassen sollten, und gegen den Hagel, der einen guten Teil der Ernte Nebraskas vernichtete.

Hier, in Nebraska, haben sie sich einem lokalen Wagenzug angeschlossen, und Morris mußte das Kommando abtreten an diese »Zuckerrüben-Bauern«, obwohl er, wie jeder Wyoming-Cowboy, viel mehr Ahnung von Pferden hat.

Bis zu acht Stunden täglich führen die Carter-Töchter ihre Wagengespanne – selbst Bodybuildern fallen da die Arme ab. Doch für die Teenager ist es ein Abenteuer. Sie lieben ihr Land, sagen sie, und das klingt wundersam leicht und schön in einer Zeit, in der solche Bekenntnisse oft nicht ohne Gegröle, nationalistische Besoffenheit und Baseballschläger auskommen. Nun wollen sie es kennenlernen.

Sie tragen grobe Hemden und lange Röcke wie die Pioniersfrauen. Sie schleppen Eimer und bauen Zelte und kochen, schuften wie Kerle, und so werden sie auch behandelt von ihrem Vater, der sie im wesentlichen allein erzogen hat. Er weiß, sie wollen sich beweisen.

Als ihre Mutter davongelaufen war, hatte sie die beiden älteren mitgenommen. Doch sie konnte kaum auf sich selber aufpassen in diesem heruntergekommenen Wohnsilo in Denver, und Morris prozessierte so lange, bis die Töchter zu ihm zurückkehren konnten. Sie verehren ihn abgöttisch. Nun schuften sie für ihn.

Morris Carter ist ein Schinder mit Charme, ein Frauentyp mit seinen stahlblauen Augen und dem blonden Schnurrbart. Vor drei Jahren hatte er sein Western-Business aufgezogen, nachdem mit Ölbohrungen und als LKW-Fahrer nichts mehr zu verdienen war. Carter – ein Glücksritter. Fünf stilechte Conastoga-Planwagen hat er für diesen Trip ausgerüstet.

Er könnte mit den Touristen, die für einen Tag oder eine Woche buchen, das Geschäft seines Lebens machen, wenn nur die Nebraska-Leute nicht wären, die Dumpingpreise anbieten. Ihre Touristenwagen werden vom Staat subventioniert. Sie haben Gummireifen und sehen aus wie Bierdroschken zum Vatertag. Darüber hinaus muß Carter Futtergeld für seine Tiere bezahlen – er kocht in stiller Wut, seit Tagen.

Nach einem Frühgottesdienst am Fuße des Felsens, der der Predigt des Reverend die allerschönsten Metaphern zuspielt – der Chimney Rock ist der Finger Gottes, der Punkt der Entscheidung, der Tempel des auserwählten Volkes –, wird die »Battle Hymn of the Republic« gesungen. Glory, glory halleluja! Dann setzt sich der Zug in Bewegung, und Earl Leggett, der den Leichenwagen aus Aurora fährt, schiebt sich seinen Red-Lion-Tabak in die Backe und treibt die Mulis an. Auf in den Westen!

Am Horizont liegt der Robinaux-Paß wie ein scharfer Axthieb in den grauen Wildkatzen-Bergen. Das Büffelgras trägt flammend rote Spitzen, und schon morgens um acht steht die Sonne hoch in einem endlosen Himmel. Earl, ein gemütlicher bärtiger Bär, schwitzt die Whiskey-Ration vom Vorabend aus. Er trägt einen schwarzen Cowboy-Hut mit einem Band aus Silberdollars. Auf dem Wagen rumpelt der Sarg, und Earl hängt mit hochrotem Kopf auf dem Kutscherbock und philosophiert über die Seele seiner Mulis, denen er mehr traue als jedem Menschen. »In Wahrheit hat er Schiß vor den Viechern«, sagt eine der Carter-Töchter kichernd. »Eins der Tiere hat ihn kürzlich getreten.«

Eine Kavalkade von schweren Harley-Davidsons schiebt sich auf der Landstraße langsam an Earl vorbei. Die schwarzen Lederrocker mit den Totenkopf-T-Shirts grüßen den Sargwagen mit Kennerblicken, und Earl nickt ernst zurück, wie einer, der eine Mission hat.

Das nächste Etappenziel ist knapp 20 Kilometer voraus, etwa die durchschnittliche Tagesstrecke auch für die Siedler von damals, die in wochenlanger Monotonie über Sand und Büffelgras zogen und lernten: Die Great Plains sind nichts als Plackerei und Langeweile. Selbst Flüsse scheinen hier schlapp zu machen – der Platte River sieht aus wie hundert seichte Rinnsale, die sich darauf geeinigt haben, für ein paar hundert Kilometer in die gleiche Richtung zu fließen.

Die Männer trieben die Ochsen und stemmten die Wagen durch Furten, die Frauen gebaren Kinder auf der Strecke, und sie begruben welche, und viele führten Tagebuch, als wüßten sie, daß sie Geschichte machten – sie waren ausgezogen, das Land zu verändern.

Ihre Journale erzählen vom schieren Überleben. »Einer kam uns entgegen«, wird da etwa notiert, »der hat seine Frau beerdigt. Er hat aufgegeben. Wir haben heute zehn Meilen geschafft. Wir kampieren an einem kleinen Fluß und haben genug Wasser.«

Die Western-Kolonne mit der fahrbaren Küche und den transportablen Klos, die 150 Jahre später an Rübenfeldern und Bahngleisen vorbeirollt, wird von fünfzig Reitern flankiert, und einer von ihnen ist Michael Kennedy, der mit seinem Walkie-talkie Sicherheitsaufgaben auf der Straße übernimmt.

Er war es, der am Abend vorher sein Pferd auf dem Hügelkamm hat steigen lassen. Die Leute von Nostalgia TV haben ihn dafür bezahlt. Daß die Bilder und Mythen vom freien Cowboy hergestellt werden müssen, heißt nicht, daß sie für ihn nicht stimmen: Er ist bereits seit einem Jahr zu Pferde unterwegs, eine zusammengerollte Decke hinter dem Sattel, ein paar Dollar im Gürtel und im Herzen einen Traum.

Er weiß, daß er nicht der einzige ist, der träumt. Von South Carolina aus ist er aufgebrochen und über die Dörfer geritten, und irgendwo, hinter Hecken hervor, hat ihm einer zugerufen und gefragt, wo er hinreite. »An den Pazifik«, rief Kennedy. »Willst Du mitkommen?« »Dafür bin ich zu alt«, sagte die Stimme, und sie klang neidisch und voller Sehnsucht. »Wahrscheinlich will jeder dahin, wo er nicht ist«, sagt Kennedy und gibt seiner Stute die Sporen.

Hinten bei den Touristen fährt der Mittelstand, schaukeln rezessionsgeplagte kleine Leute auf den Holzbänken, Rentner, ratlose Patrioten mit Westernhemden und Videokameras. Sie sind hierhergekommen, um die Härte der Alten zu feiern, und dabei von einer merkwürdigen Neuen Weinerlichkeit erfaßt. Sie bewundern die Opferbereitschaft ihrer Vorfahren und jammern über die geplante Steuererhöhung. Sie heroisieren die Mühen der Ebene und tadeln den Präsidenten, weil der schnelle Erfolg ausbleibt. Washington ist an allem Elend schuld.

Doch im Grunde war das nie anders: Schon die Siedler hingen an den Rockzipfeln der Mammutbehörden in Washington. Die Regierung schickte Truppen gegen die Indianer, sie verteilte das Land, sie sorgte für Bewässerungssysteme. Und die »county agents« der Regierung berieten die Farmer in Fragen der Saat. Heute treiben die Cowboys subventioniertes Vieh auf staatliche Weiden.

Jim, ein bärtiger Ingenieur aus Minnesota, läuft hinter dem Planwagen her. »Auch die Siedler sind gelaufen«, ruft er. »Die Wagen waren fürs Gepäck und für schwangere Frauen.« Er wirft einen verächtlichen Blick ins Wageninnere. Sein Sohn sitzt schmollend über einem Computerspiel. Er kennt die Predigten seines Vaters auswendig: Amerika, eine schlappe Großmacht, die von korrupten Politikern an die Japaner verkauft werde.

Jim hat nie die Euphorie des »Wechsels« geteilt, die diesen Demokraten ins Weiße Haus gebracht hat. Allerdings hat Clinton bei ihm Pluspunkte gesammelt – am Abend zuvor hatte der Präsident, am anderen Ende der Welt, die Zentrale des irakischen Nachrichtendienstes bombardieren lassen.

Ist es nicht das, was die Welt jetzt von Amerika erwartet? Wer sonst tritt für Prinzipien ein? Jim ist zwar irritiert, als er hört, daß Bosnien nicht die Hauptstadt von Somalia ist, aber eines weiß er sicher: Amerika hat eine Mission dort draußen.

»Redneck«, murmelt seine Frau Debbie, eine ätherische Blondine, und es klingt nach müder Routine. Der Trip war ihre Idee. Sie wollte an die Natur, die für sie nicht Körperertüchtigung ist wie für ihren Mann, sondern Schwärmerei, Seelenspiegel. Und nun schaut sie auf Rübenfelder.

Wie grau und endgültig alles geworden ist! Mit all den anderen, die sich auf diesem Treck in historische Trachten, in Rüschenhäubchen und Uniformröcke geworfen haben, sucht Debbie nach einem einfachen Gestern, nach einem goldenen Traum, der den Diskurs der Nation bis heute bestimmt: nach dem Gnadenstand der Unschuld.

Aber natürlich war schon an der Eroberung des Westens nichts unschuldig. Der Oregon Trail war ein Monument der Gier, der Verzweiflung kleiner Leute, und er war der Beginn eines ökologischen Desasters. Auf der Strecke wurde jeder der spärlichen Bäume abgeholzt. Verendetes Vieh verseuchte die Flüsse. 13 Millionen Bisons wurden abgeknallt. Später wurden die Plains bewässert und zum Getreideanbau überdüngt.

Gleichzeitig besiegelte der Treck der Siedler in knapp drei Jahrzehnten das Schicksal der Ureinwohner. Armeeposten wie Fort Laramie oder Fort Hall sicherten die Landnahme gegen die Indianer ab. Daß im Jahr der letzten großen Vernichtungsschlacht gegen die Sioux der erste Nationalpark für die verbliebenen Bisons eingeweiht wurde, ist eine Pointe, die nur dem enthemmten Geschäftssinn einfallen kann, der sich sentimentale Nischen zu schaffen weiß auf seinem Weg in den Fortschritt.

Wann immer auf diesem Treck über die Vernichtung der Ureinwohner gesprochen wird – da ist kein nachhallendes Schuldtrauma, kein Bohren, sondern ein eher rührselig nostalgisches Verhältnis zu jenen, die »im Einklang mit der Natur lebten«.

Statt eines Holocaust-Museums für Indianer gibt es Hollywood, das dafür sorgt, daß die Ermordeten von Zeit zu Zeit mit wohlmeinenden grotesken New-Age-Schnulzen wie »Der mit dem Wolf tanzt« beleidigt werden.

Doch in diesen Tagen überfällt Jim, der noch einmal den Pionier spielt, eine tiefe Ratlosigkeit, ein Dilemma, das er nicht lösen kann: Er fühlt sich nähmlich gleichzeitig als Siedler und als Indianer: »Wir sind eine Minderheit geworden in unserm Land«, sagt er düster, »wir sind zum Untergang verurteilt«, und er meint sich damit, den weißen Mann. In seiner Firma, erzählt Jim, sind Asiaten und Hispanos mittlerweile in der Mehrheit.

Der ewig frische Mythos vom Neubeginn gilt nur für die bereits Angekommenen. Wenn er illegale chinesische Boatpeople ins Land lockt, wird er zur bedrohlichen Schlagzeile – mit drei Vierteln seiner Landsleute ist Jim dafür, den Immigrantenzuzug zu drosseln oder ganz zu stoppen.

Jim läuft sich an diesem Tag Blasen in den neuen Westernstiefeln, und Debbie leidet im schaukelnden Planwagen mit dampfrotem Gesicht vor sich hin, doch größere Katastrophen bleiben aus. Kein choleraverseuchtes Wasser, kein Wagenbruch, keine Indianer-Attacke. Alle kommen durch. Eine gute Quote, denn der Oregon Trail war der längste Friedhof der Welt – jeder zehnte büßte sein Leben ein.

Dennoch wartet auf dem Lagerplatz eine Bewährungsprobe. »Nur über meine Leiche«, ruft da eine Jane in Silberperücke, Hawaiibluse und Steghosen, und sie stellt sich mit ausgebreiteten Armen vor Vogels Gespann. »Ihr macht die Sprinkleranlage kaputt.«

Tatsächlich: Das zarte Grün zwischen den in Beton gegossenen Campingstellplätzen sieht ruhebedürftig aus. Doch Vogel zeigt Führungsqualitäten. Mit stählerner Stimme klärt er Jane über seine historische Sendung auf. Und als diese bockig bleibt, führt er sein Gespann um sie herum.

So kann am Abend, als die Pferde versorgt und die Zelte aufgeschlagen sind, doch noch die Friedenspfeife geraucht werden. Rätselhafterweise nicht mit Jane, sondern mit einer Abordnung von kostümierten Lacotah-Sioux-Indianern. Und dann ist alles wie immer: Die Aurora-Leute verteilen ihre Prospekte, und auf dem Campingplatz tanzen die Hobbysiedler mit den Einwohnern des Städtchens, und die Carters zählen die Stunden, bis sie die Vogels los sind und die Grenze zu Wyoming erreicht ist.

Drei Wochen später liegen die Planwagen wie gekenterte Schiffe in der unendlichen blaugrünen Prärie, weiß und klein, gestrandet vor den kupferroten Felsen des Split Rock im Westen Wyomings. Die Gesichter der Carter-Töchter ähneln denen der Pioniere auf frühen Fotos: Die Haare kleben am Schädel, die Augen liegen tief in den Höhlen, die Lippen sind zusammengepreßt. Die Party ist aus – nun treibt sie nur noch Trotz voran.

Vor ihnen liegt der South Pass, die Schneise durch die Rocky Mountains, die für die Siedler die Hälfte des Weges markierte. Die Carter-Töchter sitzen im Verpflegungszelt und starren zu Boden wie Gefangene dieses Unternehmens, und die zarte Airian blättert wehmütig in einem Schulbuch – wäre sie doch zuhause!

Wie hatten sie gefeiert, als die Grenze zu Wyoming erreicht war! Sie waren von ihren Wagen gesprungen und hatten den Heimat-Boden geküßt. Auf einem Festakt zwischen Heuballen sprach Wyomings Gouverneur vom »Geist, der dieses Land großgemacht hat«, und verteilte Urkunden. Der schwankende Earl rief ins Mikrophon: »Wir bringen Willie nach Hause«, und dann konnte er nicht weiter, weil ihn die Rührung und der Whiskey übermannte.

Die Nebraska-Leute waren endlich verschwunden. Nun bestimmten die Carters die Show. Wie Helden waren sie in Fort Laramie empfangen worden. Oneta, die älteste, traf ihren Schulfreund Chet bei einem Rodeo, und die kleine Airian verbrachte den Tag mit ihrer Mutter, die aus Denver zu Besuch gekommen war.

Sie mußte sich dafür vor ihren Schwestern rechtfertigen, die der überforderten Frau noch nicht verziehen haben. Es war bei der Mutter in Denver, als Oneta in die Drogenszene rutschte. »Sie hat mir mal ein Fahrrad geschenkt«, brachte Airian zu ihrer Verteidigung vor, und dann setzte sie hinzu: »Es ist mir am nächsten Tag geklaut worden«. Alle lachten, und Airian lachte und weinte gleichzeitig, weil sie Mitleid hatte, mit sich selbst und mit ihrer Mutter und allen Pechvögeln dieser Welt.

Morris Carters Geschäft brummte. Er setzte zusätzliche Wagen ein und verlangte Hilton-Preise – 450 Mark pro Tag etwa für zwei Westernfans aus Kassel, die stilecht eingekleidet hierher nach Winnetou-Land gekommen waren und den Trip auf ihre Weise genossen: »Die sind hier alle wahnsinnig unpünktlich. Also wenn das Deutsche organisiert hätten, würde das anders ablaufen.«

Nun sind sie nicht mehr dabei, und auch einige der Helfer sind abgesprungen, weil sie Carter nicht mehr ertragen haben. Ihr »Outlaw«-Wagen liegt eine Tagesreise voraus, was die Stimmung im Camp weiter drückt. Earl lehnt am Sargwagen und trinkt sich düster durch den Abend.

Laurel aus Aurora leidet. Ihre Freundin ist bei den Abtrünnigen. Mit wem soll sie nun reden in dieser gottverlassenen Gegend? Sie ist nachdenklich geworden. Noch nie war sie in ihrer 33jährigen Ehe so lange von ihrem Mann getrennt, doch sie vermißt ihn überhaupt nicht. Und das macht sie stutzig.

Im Camp helfen Nationalgardisten in Kampfdrillich mit der Wasserversorgung. Die Rückeroberung des Westens durch die Cowboy-Romantiker ist ein Notruf-Unternehmen geworden. Ein älterer Mitreisender ist mit Herzbeschwerden zusammengebrochen und mußte mit dem Helikopter ausgeflogen werden. Morris Carter ist bei ihm.

Der unbestrittene Lagerkommandant ist nun seine Mutter, Edna Carter, die Sippenchefin, die von allen mit »Boss« angeredet wird. Sie ist es, die den Treck jetzt zusammenhält. Sie ist daran gewöhnt – eigentlich hat sie nie etwas anderes gemacht.

Edna sitzt vornübergebeugt auf ihrem Campingstuhl, ein alter Colonel bei der Lagebesprechung. Sie hat graue kurze Haare und ein Gesicht wie Sattelleder. Sie flucht, weil der Kameramann sich mit der Ausrüstung abgesetzt hat.

War es nicht toll, daß der Gouverneur höchstpersönlich eine Nacht in ihren Zelten verbracht hat? »Das will ich diesem Hurensohn auch geraten haben – sonst wird er nicht wiedergewählt.« Natürlich hat sie recht: Wyoming hat mehr Hirsche und Elche als Einwohner. Da kommt es für einen Politiker auch auf die Stimmen der Carters und deren Gäste an.

Sie spuckt aus und zermalmt eine Zigarette mit der Stiefelspitze. Politiker, pah! Sie ist unter fünf Brüdern auf einer kleinen Homestead-Ranch in der Depressionszeit der 30er Jahre aufgewachsen. Sie erinnert an Ma Joad aus Steinbecks »Früchte des Zorns«, wenn sie über ihren Clan spricht, den sie mit eiserner Hand zusammenhält. Härte ist ihr Credo. Sie gibt die Härte an ihre Kinder und Enkel weiter. »Airian wird untergehen, wenn sie nicht lernt, hart zu werden.«

Die Alte ist von sympathischer Direktheit. Sie raucht Kette, und sie verachtet das »Getue um Religion, das für die meisten doch nur eine Show ist«. Nein, ein Jenseits gibt es für sie nicht. Man hat nur eine Chance.

Auch Ednas Vorfahren sind auf dem Oregon Trail nach Westen marschiert, ohne ihr Glück zu machen. Doch diesmal, im zweiten Anlauf, werden die Carters mit dem Trail den goldenen Schnitt schaffen. Er wird sie aus den Baracken befreien, die sie bewohnen. Ob die kleine Airian durchhalten wird? »Worauf Sie sich verlassen können«, sagt sie, »bei uns desertiert keiner!«

In der Psychopathologie des Westens sind die Carters Treibgut am Wegrand, Unglückliche, die es nicht geschafft haben, ganz unten, wo sonst nur die Indianer zu finden sind. Zu einer gespenstischen Mimikry kam es einige Tage zuvor, als Morris Carter, der seinen Nostalgie-Fahrern Abwechslung bieten wollte, Shoshonen in der Nähe bat, Kriegsbemalung anzulegen und einen Angriff auf seinen Treck zu simulieren.

Die Shoshonen lehnten ab. Da malten sich die Carters selber rot an und verwandelten sich in Indianer, in die Opfer der Geschichte, und sie spielten Krieg gegen all die Zahnärzte aus Denver und Architekten aus Kalifornien, die in ihren Planwagen saßen und von denen sie im normalen Leben Welten trennen.

Die Carters wissen nicht, daß sie bereits erwartet werden. Nur einige Kilometer nordwestlich liegt das Wind-River-Reservat, eine in sanften Wellen ausgedehnte Prärie mit Feldern und Bächen und mit Weiden, auf denen Pferde grasen. Und hier, auf einer Wiese, steht Snowball, und schaut dem Aufbau von Zelten zu. Die Arapahoes bereiten sich auf den Sonnentanz vor.

Snowball, ein Maler, dessen Bilder von glühenden, magischen Phantasielandschaften erzählen, hat von diesem Treck aus Verrückten gehört, der langsam näherrückt. Er plant eine Attacke mit Farbbeuteln und faulen Tomaten. »Sollen wir etwa feiern, was uns umgebracht hat?« Keine Verbrüderungen! Dieses Mal will der Arapahoe auf der richtigen Seite stehen.

In der Vergangenheit setzten die Arapahoes notorisch auf die falsche Karte. Sie waren unter den Opfern des Sand-Creek-Massakers, das eigentlich den Cheyenne galt – eines der vielen My Lais der Siedlergeschichte, als ein weißes Bataillon Frauen und Kinder abschlachtete.

Später verdingten sich Arapahoes als Späher ausgerechnet an den unglückseligen General Custer, in jener Schlacht am Little Bighorn 1876, die für die Weißen mit einem Desaster endete. Im gleichen Jahr wies ihnen die Regierung in Washington ein gemeinsames Reservat mit den Shoshonen an, ihren Erbfeinden. Seitdem führen sie, wie alle anderen Stämme, ein deprimierendes Ghettoleben auf Bezugschein.

Obwohl sich Snowball mit seinen Bildern allmählich etabliert hat, fällt es ihm schwer, sich jeden Tag neu gegen die Tristesse anzustemmen. Jeder hier trinkt. Kaum einer hat Arbeit. Snowball erinnert sich noch gut an die rätselhafte Epidemie von Teenager-Selbstmorden vor zehn Jahren. Keiner hatte eine Erklärung. »Aber natürlich gab es tausende.« In ihrer Verzweiflung belebten die Ältesten des Stammes eine Zeremonie, die seit Generationen nicht mehr gefeiert wurde. Sie ahnten: Die alten Riten sind zwar kein Ersatz für vernünftige Schulen und Karriereaussichten, aber sie bieten eine Identität, die eine andere ist als die von Unterlegenen.

Auch für den Sonnentanz, die älteste und heiligste Zeremonie der Arapahoes, interessieren sich die Jungen des Stammes wieder. In ihren Madonna-T-Shirts und verspiegelten Sonnenbrillen helfen sie beim Aufbau des Zeremonienhauses. Und wenn sie von weißen Touristen danach gefragt werden, verschließen sie sich und zeigen einen finsteren Stolz. Sie wissen: Da ist ein letzter kostbarer Besitz, der ihnen noch nicht geraubt wurde. Eine letzte Wahrheit, die sie versiegeln müssen, um sie zu schützen. »Die denken, Indianer sein bedeutet Visionen zu haben«, sagt einer. »Lächerlich!«

Ein Pfiff ertönt. Alle halten inne. Sie nehmen die Hüte ab und schauen schweigend auf die Gruppe von Reitern, die auf das Feld galoppiert und einen Stamm hinter sich herzieht. Der Baumstamm dient als Trägermast des Festhauses, das mit jungen Zedern und Weiden seitlich abgedeckt wird.

Nur die Alten wissen noch im einzelnen, welche Bedeutung die Körperbemalungen haben, die Pfeifen aus Adlerknochen, die Federfetische, die an- und abschwellenden Gesänge des Tanz- und Festrituals. Es soll Krankheiten heilen, und eine heilt es ganz sicher: die der Isolation, der Einsamkeit, der seelischen Kapitulation – aus allen Teilen des Landes strömen die versprengten Sippen zusammen, um sich hier als Gemeinschaft zu erleben.

Drei Nächte tanzen die jungen Arapahoes. Drei Nächte trommeln die Alten. Drei Nächte singen die Frauen des Stammes. Und über den jungen Birken, die das Festgeviert gegen den Wind schützen, liegt der gleiche klare Sternenhimmel, zu dem ihre Ahnen aufgeschaut haben vor tausend Jahren, als es zwar Niederlagen gab, aber keine dauerhafte Demütigung, die mit ein paar unscheinbaren Spuren in der Prärie begann.

Irgendwann sind die beiden Jungen einfach losgefahren, mit dem nächsten Truck, der sie mitgenommen hat, sie wußten gar nicht genau, wohin. Nur raus aus der Siedlung, über den Highway in die Wüste, die gewaltig ist und schön und ohne prügelnde Eltern. Monate sind sie durch den Nordwesten getrampt, am Schlangenfluß entlang, durch die Lavaebene, über die Blauen Berge. Sie haben Kojoten gehört und unter freiem Himmel geschlafen. Ihre Gesichter sind verbrannt, und die Augen strahlen.

Was für ein Trip. Eine Landschaft wie ein guter Rocksong. Eine Landschaft, in der du dich verlierst, weit und endlos. Chris und Stefan, die beiden Teenager aus Salt Lake City, haben auf diesem Trip ein dutzendmal die Spuren gekreuzt, die ihre Vorfahren vor 150 Jahren gezogen haben. Und sie sind aus den gleichen Gründen aufgebrochen: Da, wo sie waren, konnten sie es nicht mehr aushalten. Ihr Aufbruch war ein Ausbruch.

Sie wollten noch Monate »draußen« bleiben, doch nun müssen sie zurück. Stefans Backenzahn eitert. Er ist nicht krankenversichert, aber er kennt einen Arzt, der ihn kostenlos behandeln wird. Stefan hält sich ein Taschentuch vor die Backe. Auf seinem T-Shirt steht »wrong!« – knapper kann man Verweigerung nicht formulieren.

Beide haben sie von dem Zug aus Planwagen gehört, der hier in der Nähe, 50 Kilometer vor Boise, Idaho, Quartier gemacht hat. Ein Treck mit Westernfans, der auf den Spuren der Pioniere von einst durch die Landschaft fährt? »Lächerlich. Was feiern die? Daß sie nur 150 Jahre gebraucht haben, um dieses Land in eine Müllhalde zu verwandeln?«

Die beiden stehen an einer Highway-Tankstelle zwischen den chromglitzernden Mammut-Trucks in der Wüstensonne, ernst und unschuldig und begeistert von ihrer eigenen Abgebrühtheit und Welterfahrung.

Sie ernähren sich von Reis. Fleisch essen sie aus politischen Gründen nicht. »Fleisch kommt von Rindern, und Rinderzucht ist Naturzerstörung«, sagt Stefan und kaut auf einer Nelke herum, um seine Zahnschmerzen zu betäuben. Sie bezeichnen sich selber sarkastisch als »white trash«, als »weißen Müll«. Das Land, sagen sie, ist zur Konsumwüste geworden, und da sie in dieser Wüste aufgewachsen sind, sind sie selber Müll.

Aber eines weiß Stefan schon jetzt: Er möchte, wenn es soweit ist, in der richtigen Wüste sterben. Irgendwo zwischen den roten Felsen, über sich nur den Himmel. Er hält das Taschentuch an seinen pochenden Zahn und scheint einen Moment lang begeistert zu sein von der Idee zu sterben.

Die Besiedlung, sagt Chris, war der Anfang vom Ende. »Das war nicht die Suche nach Freiheit, sondern die Jagd auf Immobilien.« Er weiß, wovon er spricht. Sein Vater, vor dessen Tobsuchtsanfällen er geflüchtet ist, ist Immobilienhändler. »Und er ist Mormone«, setzt er hinzu, als sei das strafverschärfend.

Er schüttelt den Kopf. Lange blonde Haare fallen ihm ins Gesicht. Er spricht von seiner strengen mormonischen »Kindheit«, als sei er ihr schon entwachsen. Ihm sei die Religion die Kehle hinuntergestoßen worden, sagt er. »Ich war voll damit beschäftigt, nicht durchzudrehen.«

Sie haben sich ihre eigene Religion ausgedacht, die sie

»Zia« nennen, eine Abkürzung für »Zychiatrie«. Ihre Religion hat einen eigenen Gott und eine Genesis, eine eigene Kosmologie und eine Vielzahl von Geboten. Das Wichtigste aber: »Sie ist völliger Unsinn. Es ist eine Dada-Religion. Wir haben sie uns nur entworfen, weil ja jeder an etwas glauben muß.«

Wahrscheinlich wissen sie, daß ihre Spielerei eine tödliche Provokation ist, ein Göttermord, ein Vatermord. Sie haben mit ihrer Nonsens-Erfindung eines der dramatischsten Ereignisse der frühen Siedlergeschichte parodiert – die Gründung der Mormonen-Kirche durch den Farmerjungen Joseph Smith.

Ihm sei ein Engel erschienen, behauptete Joseph Smith aus New York, als er so alt war wie die beiden Tramper. Der Engel habe ihm das in goldene Tafeln geprägte Buch Mormon gebracht, das die Indianer als abgefallenen Stamm Israels beschreibe. Nun stünde die Rückkehr Gottes bevor, und das Ende sei nahe.

Diese naive, uramerikanische Mischung aus Goldfund und Apokalypse-Furcht, aus Westernmythologie und alttestamentlicher Offenbarung fand in den dreißiger Jahren des vorigen Jahrhunderts schnell Zulauf – und stieß auf ebenso große Ablehnung.

Die Siedler in Missouri haßten die glühend Gläubigen, die sich als auserwähltes Volk bezeichneten. Nach wiederholten Pogromen und der Ermordung Joseph Smiths durch den Mob beschlossen die Mormonenführer 1846, mit ihrer Kommune in den Westen zu ziehen.

Nun waren zwei Gruppen unterwegs, und beide sollten den Westen nachhaltig prägen: die autonomen Glücksritter und die organisierten Frommen, oft nur eine Flußbreite voneinander entfernt. Die Siedler suchten nach fruchtbaren Äckern, die Mormonen das gelobte Land – ihren Zug verstanden sie als Neuinszenierung des alttestamentlichen Exodus.

Nicht weit von der Tankstelle, an der die beiden Teenager auf einen Truck nach Süden warten, verlaufen die Spuren, die die Planwagen der Pioniere durch die trockene Hochebene gezogen haben. Und hier, auf einem Camp in der struppigen Steppe, hält der Mormone Burt Silcock eine Einsatzbesprechung ab. Er ist ein Gentleman mit sanfter Stimme, groß und weißbärtig und würdevoll, und er stützt sich auf einen Stock, während er zu den dreißig Männern spricht, die um ihn herumsitzen.

Burt Silcock leitet eine Einsatzbesprechung des offiziellen Idaho-Wagenzugs. Hier ist das Unternehmen Oregon Trail eine üppig gesponserte Freizeittournee mit fahrbaren Duschen und abendlichem Unterhaltungsprogramm – Idaho hat prozentual die meisten Millionäre der Vereinigten Staaten, und offenbar auch die spendabelsten.

Silcocks Unternehmen rollt über die Dörfer und räumt ab. Für den Carter-Treck aus Wyoming, der drei Wochen zurückliegt, ist damit die Show gelaufen – kein Mensch hier interessiert sich für den zweiten Aufguß, selbst wenn es um die eigene Geschichte geht. So bleiben die Carters auf ihren Souvenirs sitzen, und Laurel meldet nach Hause, daß die Spendenbüchse auf dem Sargwagen leer bleibt.

Burt Silcock kennt im Westen so gut wie jeden Busch: Fast 40 Jahre lang arbeitete er für das »Bureau of Land Management«, das seit der Erwerbung des Louisiana-Territoriums Millionen von Hektar an öffentlichem Land verwaltet. Am Schluß war er der Chef der Super-Behörde. Vor drei Jahren ließ er sich pensionieren.

Hier, zwischen den Wohnwagen, bespricht Silcock nun Futterrationen und Streckenmarkierungen. Am Abend zuvor sei ein Indianer im Lager aufgetaucht, berichtet einer aus der Runde. »Offenbar ein Radikaler.« Er habe Flugblätter verteilt und in einem unverständlichen Kauderwelsch geredet. Und dann habe er gebrüllt: »Ihr versteht wohl die Landessprache nicht – die Sprache der Ureinwohner.«

Die Männer in der Runde schütteln den Kopf. Der Wagon-master räuspert sich und sagt, mit einer Stimme, mit der John Wayne schon manche Krise am Schlangenfluß gemeistert hat: »Laßt euch nicht provozieren.« Die Männer stemmen die Daumen in die Gürtel und schauen finster. Einer spuckt Tabak. »Ich weiß, es ist hart«, sagt der Wagonmaster, »aber das wollen die doch nur – den Skandal.«

Die Gruppe zerstreut sich, und Silcock humpelt zu seinem Jeep. Er sieht müde aus – die Strapazen sind ihm anzumerken. »Es ist ein hartes Gelände«, sagt er. Trockene Hochebene, Lavageröll und Salbeibüsche bis zum Horizont. Doch es ist nicht nur die körperliche Anstrengung, die Silcock zu schaffen macht. Für ihn ist dieser Trip eine Form von privater Andacht, ein Leidensweg.

Seine Vorfahren gingen den Mormon Trail. Sie waren so arm, daß sie sich Ochsengespanne nicht leisten konnten. So wurden Handwagen gebaut, auf die die Männer ihren Proviant packten. Und dann marschierten sie mit ihren Familien einige tausend Kilometer zu Fuß ins gelobte Land.

Am South Pass in Wyoming wurden sie von frühem Schnee überrascht. Die Vorräte waren knapp. Die Hilfsaktion, von Salt Lake City aus organisiert, kam zu spät – von 500 Menschen starben 66. Einige von Silcocks Vorfahren waren unter den Toten.

Der alte Mann sitzt in der Kabine seines Range Rovers, und er spricht so leise über die Katastrophe, als säßen die Verstorbenen neben ihm. Und dann füllen sich seine blauen Augen mit Tränen, und er weint, ichverloren und überwältigt vom Gefühl religiöser Entgrenzung. »Ich bin erschöpft«, sagt er.

Seit vierzig Jahren kartographiert Silcock den historischen Trail. Er steckt Gedenkpfähle in den Boden. Er kämpft gegen Investoren wie den Milliardär Simplot, gegen Spekulanten oder Behörden, die Trail-Boden bebauen wollen. Silcocks Spurensuche ist nicht patriotisch, sondern mystisch.

Einer Gruppe von Tagestouristen will er die Spuren an diesem Nachmittag zeigen. Er fährt mit seinem Jeep über die Prärie, die schwer und herb duftet von Salbeibüschen, und dann hält er an und klettert vom Fahrersitz.

Mit seinem Stock humpelt er ein paar Meter, und dann richtet er sich auf und zeigt hinüber zu den Felsen. »Seht ihr – da drüben?« Kopfschütteln in der Gruppe. »Dort hinten, die Vertiefung! Und hier! Und hier!« Ratlosigkeit bei den Touristen. Sie sehen nur blaugrüne Ebene mit ein paar gelben Klecksen wilder Blumen, über denen Falter tanzen. Sie sehen nicht, was Silcock sieht. »Spuren«, sagt der wie zu sich selbst, »lauter Spuren.«

Der Alte läuft über das Brachland am Stadtrand von Boise und brüllt: »Ich werde euch die verdammten Spuren zeigen.« In grauem Straßenanzug mit breiter, schriller Krawatte stürmt er voran. »Nicht aufgeben, Jungs, ich find' die Dinger.« Seit mindestens einer halben Stunde irrt er so über das Riesengelände, das ihm gehört – ach was, der halbe Westen gehört ihm.

Ein kahler Schädel auf bulligem Rumpf, klare, kalte Augen und Handflächen wie Baumrinden. Eine Stimme, die ans Befehlen gewöhnt ist: J. R. Simplot, der Kartoffel-Milliardär. Er ist gerade 83 Jahre alt geworden, und er stapft durch das Unkraut, als sei er im Ernteeinsatz.

Mit einem Acker und ein paar Schweinen hat er angefangen. Im Zweiten Weltkrieg machte er seine erste Million als Armeelieferant. In den 50er Jahren zog er McDonald's an Land und liefert seitdem gefriergetrocknete Kartoffelschnitze nach Maß bis nach China. Das war dann die erste Milliarde. Die zweite brachten ihm die Phosphatgruben im Reservat. »Gab nie Probleme mit den Indianern. Ordentliche Kerle.« Simplot-Phosphat düngt die Äcker im Westen und den Rest der Welt.

Einer wie Simplot schaut nicht nach innen, nicht zurück. Religion? Abergläubischer Weiberkram. Die harte entbehrungsreiche Gründergeschichte des Westens? Kann ihm gestohlen bleiben. Simplot ist Geschäftsmann! Jeder soll auf seine Façon selig werden, und der Staat soll sich raushalten. Natürlich ist er für das Recht auf Abtreibung, für Freiheit jeder Art. »Freiheit hat dieses Land groß gemacht.« Daß im Stadtzentrum gerade die Stripperinnen demonstrieren, findet er erfrischend.

Die Stripperinnen protestieren gegen eine Einschränkung ihrer »künstlerischen Ausdrucksfreiheit« – eine neue Verordnung will, daß die Mädchen statt der knappen Tangas nun Bikinihöschen mit breiterem Steg tragen. In der prüden Mormonenstadt Boise ist Simplot auf der Seite der Stripperinnen: »Was mischt sich der Staat da ein?!«

Simplot lebt den Traum des Westens in der Bilderbuchversion, immer aus dem vollen und immer nach vorne. Er hält sich fit. Er fährt Ski auf Bergen, die ihm gehören. Er reitet und jagt Wild in Wäldern, die ihm gehören. Er fliegt in eigenen Flugzeugen und landet auf eigenen Landebahnen. Simplot ist ganz oben. Und damit es niemand vergißt, thront sein Haus auf dem höchsten Hügel der Stadt.

Natürlich ist Simplot Patriot. Ein 60 mal 30 Meter großes Sternenbanner weht über seinem Haus. Als sich die Anwohner im Tal über die im Wind knatternde Fahne beschwerten, löste er das Problem auf die Simplot-Weise: Er verlängerte den Mast.

Zu Simplots natürlichen Feinden gehören Steuerfahnder, Ökologen und die Japaner. Die Finanzbehörde hatte ihn wegen einer Steuerhinterziehung am Haken und brummte ihm Strafen auf, die er aus der Portokasse bezahlen konnte. Die Ökologen erzwangen die Stillegung einer seiner Fabriken am Rhein – seither fährt er kein deutsches Auto mehr.

Aber die Japaner, sagt Simplot, sind die Schicksalsfrage. Für einen Moment hält er in seiner Jagd inne, um sein Jakkett auszuziehen und die Ärmel hochzukrempeln. »Nachdem die Russen fertig sind, sind wir die Nummer eins.« Er schaut über die verbrannte Steppe, als mustere er die geostrategische Lage. Dann stürmt er wieder. »Wir müssen die Welt führen«, brüllt er, »wir müssen den Wirtschaftskrieg gewinnen.« Er selber geht mit gutem Beispiel voran. »Wir entwickeln gerade einen Computerchip, mit dem wir die Japse aus dem Feld schlagen werden.« Wirtschaft, Jobs, Know-how – das ist die neue Grenze!

Auf dem Brachland will Simplot eine Stadt errichten, mit Häusern und Parkanlagen und Tennisplätzen. Eine wunderbare Idee, denn in Boise explodieren die Immobilienpreise. Die Kunden kommen aus Kalifornien, von der Küste – der Zug nach Westen kehrt zurück, dahin, wo das Leben noch einfach ist und die Landschaft unzerstört. »Die Leute haben die Nase voll vom Smog, vom Verbrechen.«

Doch jetzt haben die Museumsleute einen Baustop verlangt. Sie wollen die Spuren retten, die über das Gelände führen. Die Spuren des Trails sind mittlerweile das geographische Äquivalent zur gefleckten Eule, einer bedrohten Spezies.

Am Anfang hatte Simplot die Proteste nicht ernst genommen. Doch dann spürte er, daß die Gegenseite gute Verbindungen und mächtige Fürsprecher hatte, etwa den Mormonen Burt Silcock, der von den Spuren regelrecht besessen ist.

Simplot ahnt, daß er Kompromisse schließen muß. Nun will er den Historikern vorschlagen, einen Teil der Spuren mit Glashauben zu überdecken. »Man könnte ja einen Erlebnispark draus machen«, murmelt er. Tatsächlich: Simplot scheint nachzugeben!

Er hat sich sogar als Kunstfreund etabliert und ein Buch über den Oregon Trail finanziert, das abenteuerlich kit-

schige Gemälde von reißenden Flüssen und Ochsenge-
spannen und Cowboys in bunten Hemden enthält, und vor
allem eine Widmung: »Für Jack Simplot«, steht da, »dessen
Courage, neue Wege zu riskieren, dem Mut der Immigranten gleicht, die den Oregon Trail gegangen sind.« Na bitte!
Römische Feldherren haben sich in Marmor meißeln lassen, aber so ein Buch ist auch nicht schlecht.

Plötzlich bleibt der Alte stehen. Ein Ruf. Er steht knie-
hoch im rotbraunen Rabbit-Gras und zeigt auf eine kleine,
kahle Stelle. »Da ist die idiotische Spur. Ich hab' doch gewußt, daß ich sie finde.« Er grinst, als wolle er sagen: Was ist
schon die Spur gegen den Mann, dessen Schatten über sie
fällt.


Die Blicke der Ratsmitglieder von Aurora, Oregon, ruhen
freundlich auf dem hochgewachsenen Mann im braunen
Anzug, der sich da als neuer Sheriff vorstellt. Er wirkt seelisch ausgeglichen, und vor allem ist er schlank.

Der letzte Sheriff war fett. Am Schluß war er so fett, daß
er nicht mehr ins Polizeiauto paßte. Gleichzeitig aber war
er empfindlich wie ein zartes Kind – wenn immer ihn jemand auf sein Gewicht ansprach, fing er an zu weinen. Für
den Rat von Aurora entstand dringender Handlungsbe-
darf. Nun ist das Problem gelöst: ein dünner Sheriff.

Aber wozu braucht Aurora überhaupt einen Sheriff? Das
Städtchen sieht aus, als sei es von zwei nervösen, stadtmü-
den New Yorkern am Autotelefon ausgedacht worden – als
sicherster Ort der Welt. Mit seinen Holzhäuschen in strah-
lendweiß oder blaßblau, den Geranienkübeln und Blumen-
rabatten auf den Bürgersteigen liegt der Flecken eingebettet

zwischen Pfirsichplantagen und Willamette-Fluß. Am Ortseingang das Schild: »Das Eden am Ende des Oregon Trail.«

Während die Bürgermeisterin Sue Engels mit ihren Ratsmitgliedern die Einzelheiten einer zu veranstaltenden »viktorianischen Teeparty« bespricht, telefoniert die Antiquitätenhändlerin Karen zwei Häuser weiter in ihrem nostalgischen Trödelladen mit Laurel, der Aurora-Botschafterin auf dem Trail. Der Sargwagen hatte für Aufsehen gesorgt und den Ort mit den vielen Antiquitätenläden bekannt gemacht. Doch plötzlich, berichtet Laurel am Telefon deprimiert, interessiert sich kaum noch jemand für sie. Und seit einigen Tagen wollen die Katastrophen nicht abreißen. Die kleine Airian ist bei einer Flußüberquerung abgetrieben worden. Sie konnte gerade noch rausgefischt werden. Laurels Onkel hat sein Gebiß verloren. Earl ist betrunken von der Bank gerutscht, aber er weigert sich, einen anderen fahren zu lassen.

Als Karen aufgelegt hat, geht sie zur großen Karte und klebt einen weiteren roten Punkt auf den Streckenverlauf, diesmal irgendwo in Idaho. »Eine verrückte Idee«, sagt sie und läßt keinen Zweifel daran, daß sie verrückte Ideen im Prinzip liebt.

War nicht auch Keil, der die Kolonie gründete, ein Verrückter? »Na ja, und die Bürgermeisterin ist ja auch ein bißchen seltsam... aber sie macht ihren Job ordentlich«, sagt sie schnell. Vor allem tut sie, worauf sonst keiner Lust hat. Für den Bürgermeister-Job gibt es in Flecken wie Aurora kein Geld.

Tatsächlich sind über Sue Engels, die die Ratsbesprechung zu Ende geführt hat, die tollsten Gerüchte im Umlauf. Sie soll mit ihren Freunden auf der Farm da draußen heidnische Rituale feiern – da werden Hunde geschlachtet! Sue Engels lacht, als sie davon hört. Sie trägt eine türkisfarbene Batikbluse und türkisfarbene Ohrringe und geht in Birkenstocksandalen, die aussehen, als wären sie gerne türkisfarben.

Sie arbeitete mit ihrem Mann für Umweltschützer in Alaska, bevor sie nach Aurora kam, um in der Nähe mit Freunden die Two Rivers Farm aufzubauen. Es sind Feierabend-Aussteiger, Lehrer, Ärzte, KFZ-Mechaniker, die dort biologisches Gemüse anbauen und eigenes Vieh halten.

Schwerer Sommerregen geht rauschend zwischen den Apfelbäumen nieder, als Sue ihren Jeep auf das Farmgelände steuert. Vor einem weinbewachsenen Holzhaus schaltet sie den Motor aus. Sie streichelt Billy, ihren Golden Retriever, und sagt grinsend: »Heute abend wirst du geschlachtet.«

Für Westernromantiker ist Aurora als Endpunkt des Oregon Trail die Apotheose des Pioniers, und die Antiquitätenhändler des Ortes verdienen gut daran. Doch hier, auf der Farm, ist es der Fluchtpunkt eines anderen, inoffiziellen Trails, ein Magnet für Aussteiger, für all jene, die im Wachstumsmythos des Westens nur noch eine bedrohliche Selbstvernichtungsspirale sehen können.

Dieses andere, heimliche Aurora dementiert, was in all den offiziellen Museen an der Strecke so stolz vorgeführt wird. Dieses Aurora sagt: Die Eroberung des Westens war der Beginn einer bösen Hypnose, die jeden Tag größere Opfer fordert.

Die Bewohner der Two Rivers Farm sehen dem Verhängnis von außen zu. Sie unterrichten ihre Kinder nach eigenen Stundenplänen: Handwerk und Theater, Weben und Kochen. »Sie führen die Shakespeare-Komödien auf, die sie lesen«, sagt Sue. »Sie lassen sich ihre Phantasien nicht vom Fernsehen erschlagen. Sie leben. Solange sie leben.«

Keiner hier glaubt, daß es noch lange so weitergeht. Sie erleben in Aurora, der »Morgenröte« am Ende des Trail, die Abenddämmerung der Menschheit, in einer milden, weltabgewandten Melodie, und die klingt wie ein Refrain der Geschichte, mit der der Ort begann.

Als der Erfurter Wilhelm Keil mit seinen Getreuen hierher ins Willamette-Tal kam, war das Fieber des »Großen Erwachens« gerade erst abgeklungen, das mit seinen Untergangsprognosen den jungen Kontinent erfaßt hatte wie eine religiöse Feuersbrunst. Für Keils Kommunarden war die Vorstellung der Apokalypse so selbstverständlich wie der Wunsch nach einem ganz neuen, anderen Leben.

Wie die Alternativen der Two Rivers Farm etablierte Keil im Willamette-Tal ein utopisches Experiment: Hier sollte jeder nach seinen Fähigkeiten arbeiten und jeder nach seinen Bedürfnissen entlohnt werden, streng nach Marx und der Bibel, die sagt: »...und hatten alle Dinge gemeinsam.«

Keil, ein großer, stämmiger Patriarchentyp mit weißem Bart, verankerte das Gebet ebenso in der Kommunenverfassung wie kostenlose Krankenhilfe, freie Kleidung, Nahrung und Unterkunft für alle. Er legte Wert auf die musische Ausbildung der Kinder. Er lehrte die Heilkraft von Kräutern. Der Stundenplan der Keil-Erzieher liest sich wie ein Auszug aus der Waldorf-Schule. Oder der Jünger von Two Rivers Farm.

Keils Kommune prosperierte. Auroras Singfeste waren berühmt, denn die deutschen Bauern und Handwerker hatten nicht nur ihre Bibeln dabei, sondern auch ihre Instrumente. Sie wurden zu einer der großen Attraktionen des Westens, als eine Bahnstation 1870 den Flecken ein für allemal mit der Nation verband, gegen den Willen Keils, der ahnte, daß er seine Frommen an die Welt verlieren würde.

Der Patriarch organisierte das Glück seiner Kommune bis in die Kleiderordnung, bis zur Ehestiftung. Keil war das Gesetz. Doch schon in den Jahren vor seinem Tode 1877 regte sich Widerstand gegen das Regime des »King«, wie man den Alten hinter seinem Rücken nannte. Keil resignierte. Müde und enttäuscht wie Shakespeares greiser König Lear ließ er Aurora aufteilen unter den Getreuen.

Keil und seine Familie sind jenseits des Willamette-Flüßchens begraben, und dort soll der Sarg der Aurora-Kaufleute, der im Oktober eintreffen soll, beigesetzt werden.

Die Wolken hängen tief über den Pappeln, die die Gräber säumen. Die Grabsteine sind verwittert. Das Gras steht hoch. Ein Bauer sieht mißtrauisch auf die Fremden, die das Grundstück betreten. »Macht das Gitter zu«, brüllt er, »sonst laufen die Kühe davon.« Die Kühe scheinen den Friedhof zu mögen – die Gräber sind mit dicken Fladen vollgeschissen.

Auf einer Gedenktafel steht: »Remember not, that they are dead, but that they have lived« – Erinnert euch nicht daran, daß sie tot sind, sondern daß sie gelebt haben.

# 2. Das Warten auf den Wechsel

# Die Krönung der Baby-Boomer

*Bill Clintons Nominierung*

Nun gehört ihm die Show allein. Zu seinen Füßen das Parteivolk, weichgekocht in einem viertägigen Marathon, und hinter ihm die wahrscheinlich verrücktesten 24 Stunden seines Lebens. Am Abend zuvor der Triumphmarsch in den Madison Square Garden, als die Ohio-Delegierten seine Nominierung besiegelt hatten, die Konfettiwolken, silbern flirrend in der Luft, und vor allem die Sprechchöre: »We want Bill!«

Noch vor einigen Wochen war er der Notkandidat, der windige Aufsteiger mit dem gewaltigen »Charakterproblem«. Und nun steht er dort oben. Er ist Bill Clinton, das strahlende Comeback Kid, und hält die wichtigste Rede seines Lebens. Eine Rede, die ihn neu erfinden und auf griffige Formeln bringen soll, für die Presse, fürs Publikum: Bill Clinton, der zukünftige Präsident.

Eine Rede, an der er noch am Nachmittag ändern mußte. Ross Perot, der unabhängige Texaner, hatte seinen Ausstieg aus dem Präsidentschaftsrennen erklärt und Clinton ein Abschiedsgeschenk gemacht. »Die Demokratische Partei hat sich revitalisiert«, begründete er seinen Rückzug. Eine vage Empfehlung seine Millionen-Gefolgschaft: Eure neue Heimat sind die Demokraten. Hier ist die Partei, die den Wechsel bringt. Und nun kann er, Clinton, die Ernte einbringen. Wenn er kann.

Die letzte Rede, die er vor den Delegierten einer demokratischen Convention hielt – die Nominierungsrede für
den Kandidaten Michael Dukakis 1988 –, war ein Flop.
Gähnende Langeweile. Die Delegierten riefen »Aufhören«.
Das darf ihm diesmal nicht passieren. Diesmal redet er in
eigener Sache.

Er hat die ganzen letzten Tage an dieser Rede gearbeitet.
Nur selten verläßt er seine Suite im 14. Stock des Interconti
zu Kurzauftritten. Dann testet er Versatzstücke seiner
Rede, etwa als er im Hilton Hotel vor weiblichen Delegierten spricht.

Doch schon hier spürt er, daß der Wind sich gedreht
hat. Keiner nimmt etwa noch Notiz von der Handvoll De-
monstranten, die vor dem Hotel ihre Flugblätter verteilen.
Noch vor wenigen Wochen wären sie ihnen, hier in New
York, aus den Händen gerissen worden: »Meine Affäre mit
Bill Clinton – Eine Schönheitskönigin packt aus.«

Noch vor wenigen Wochen galt so etwas für eine an der
Schwachsinnsgrenze operierende Presse als Nachricht.
Denn da war Bill Clinton noch »Slick Willie«. Da hatte er
sich noch, müde und fett um die Hüften wie der späte Elvis,
von Vorwahlsieg zu Vorwahlsieg geschleppt, und er war
tot. Tot, tot, tot.

Doch nun, drinnen im Hotelsaal, probiert sich ein Sieger
aus. Groß, federnd, lächelnd tritt er auf. Er trifft den Ton,
und man hört tatsächlich zu. Er spricht vom Recht der
Frauen auf Abtreibung und verspricht neue Gesichter im
Supreme Court. Er beschwört den Machtwechsel in der
Politik und meint die Frauen. Er spricht vom Generations-
wechsel und meint sich.

Der neue Clinton hatte bereits einige Tage vor der Convention in einem merkwürdigen Verfahren Konturen gewonnen: Er hatte sich geklont. Mit seiner Entscheidung, Al Gore zum Vizepräsidentschaftskandidaten zu machen, hatte er eine Art Ideal-Clinton projiziert, ein skandalfreies politisches Duplikat aus den Südstaaten, das ankam, bei Presse und Publikum und vor allem beim Parteivolk.

Im Tandem mit Gore wurde das neue Clinton-Image grundiert. Aus einem Verlierer wurde ein Siegerduo: zwei dynamische, moderate Demokraten und Baby-Boomer mit Wirkung auf die in den Reagan-Jahren zu den Republikanern übergelaufenen jungen Mittelständler.

Bisher war Clinton der Yuppie, der das Politspiel probiert. Nun schält sich ein Kandidat heraus, der Armut kennengelernt hat, der Rückschläge eingesteckt hat und der das alles überstand, weil er an die eigene Mission glaubt: das Land zum Besseren ändern. Tatsächlich scheint für ihn nun alles einen Sinn zu bekommen. Der Schritt ins Weiße Haus – darauf hat er hingearbeitet, bewußt und unbewußt, ein Leben lang:

Er wurde 45 Jahre zuvor im Arkansas-Provinznest Hope geboren. Der Vater war noch vor Bills Geburt tödlich verunglückt, der Stiefvater ein Alkoholiker. So wird Bill Clinton früh erwachsen, weil er Verantwortung übernehmen muß und die Mutter vor den Tobsuchtsanfällen ihres Mannes zu schützen hat. Er begreift zwei Dinge. Erstens: Es kann lebenswichtig sein, für Harmonie zu sorgen. Zweitens: Raus hier, und besser machen.

So einer schlägt die Musterknaben-Laufbahn ein: beliebt sein, helfen, als Klassenbester, als Pfadfinderführer. Sein

Stiefbruder nimmt die andere Richtung. Er gerät an Drogen und landet im Gefängnis. »Wir waren zwei Archetypen von Kindern aus Alkoholiker-Familien«, sagt Bill Clinton später, »und ich mußte lernen, meine Sucht nach Harmonie, die ich als Kind entwickelte, unter Kontrolle zu halten.«

Er bewundert seinen Onkel, einen eingefleischten Demokraten, für den er Flugblätter verteilt, und er lernt, daß es ihm Spaß macht, Menschen anzusprechen, zu überzeugen. Seine politische Initiation erlebt er als 16jähriger. Da wird er, als Delegierter der »Boys Nation«, ins Weiße Haus eingeladen: John F. Kennedy drückt ihm die Hand.

Als College-Schüler, als Student in Georgetown, als Rhodes-Stipendiat im englischen Oxford, beim Jurastudium in Yale: Bill Clinton ist der typische Verantwortungs-Junkie, von Ämtern besessen, ehrgeizig, imponierend und dennoch bei vielen beliebt. Er bleibt, als Student in den unruhigen sechziger Jahren, moderat. Er agitiert gegen den Vietnamkrieg, ohne in den linken Untergrund abzutauchen. Er kritisiert das Establishment, aber er glaubt an das System.

Er erinnert sich, 20 Jahre später, nahezu wörtlich an die Schlußvorlesung seines Professors aus Georgetown: »Carroll Quigley sprach über die Ursachen des Erfolges der westlichen Zivilisation. Über den Glauben an ein besseres Morgen als Triebkraft. Und über die Verantwortung, die moralische Verpflichtung jedes einzelnen, für dieses bessere Morgen zu sorgen.«

Er will Verantwortung wahrnehmen, das steht längst für ihn fest. Er organisiert McGoverns Anti-Kriegs-Wahlkampf 1972 für Texas. Zwei Jahre später, mit 27, betritt er zum erstenmal als Kandidat die politische Arena. Gegen einen langjährigen republikanischen Amtsinhaber bewirbt er sich um einen Kongreßsitz. Außer ihm selber glaubt kein Mensch an seine Chance.

Clinton verliert knapp, und es ist ein Achtungserfolg, der ihn schlagartig auf die politische Landkarte setzt. 1979 ist er, mit 32 Jahren, Gouverneur von Arkansas, der jüngste der Vereinigten Staaten.

Zwei Jahre später ist er der jüngste Ex-Governor der Geschichte. Er hatte sich unverwundbar geglaubt. Er war arrogant geworden. Seine Wähler hatten ihm einen Denkzettel verpaßt, den er nie vergessen wird. Clinton, der Wunderknabe, war gestolpert. Nun ist Clinton, das Comeback Kid, an der Reihe. In einem bizarren Canossa-Gang zieht er von Haustür zu Haustür und leistet Abbitte bei seinen Wählern. Die nächste, und alle weiteren Gouverneurswahlen seither, gewinnt er haushoch.

Es ist diese Eigenschaft, die ihn wahrscheinlich ins Weiße Haus führen wird. Nicht Bill Clinton, der Senkrechtstarter, sondern Bill Clinton, der Durchhalter. Mit Schaudern erinnert man sich im Clinton-Hauptquartier im New Yorker Interconti-Hotel an die dunklen Tage von New Hampshire.

Überlegen führt Clinton das Bewerberfeld für die Vorwahlen an, bis dieser »blödsinnige Skandal platzte«, die Bettgeschichte mit Gennifer Flowers, die die Schlagzeilen beherrscht und alles überdröhnt, was Clinton in der Folgezeit an durchaus vernünftigen Drei-Punkte-Programmen etwa zur Belebung der Wirtschaft oder zur Verbesserung des Erziehungssystems zur Diskussion stellt.

Der Kandidat schrumpft zur Ehebrecherkarikatur, und diese Karikatur legt sich wie ein böser Fluch über die Kampagne. Clinton, verkrampft, begeht einen Fehler nach dem anderen. Neben den Bettgeschichten ist in der amerikanischen Politik die Frage nach dem Marihuana-Rauchen die Gretchenfrage. Jeder, der ins Rennen steigt, legt sich darauf eine Antwort zurecht. Und ein »Ja«, so hat sich gezeigt, hat nie geschadet.

Bill Clinton dagegen weicht aus, verängstigt wie nur je ein Musterschüler, der etwas getan hat, was er für einen Fehler hält. Schließlich ringt er sich ein »Ja« ab, mit dem Zusatz: »Aber ich habe nicht inhaliert.« Daß ausgerechnet diese Antwort beweisen soll, daß Bill Clinton »slick« ist, also gerissen, bleibt eines der großen Rätsel der US-Presse – eine dämlichere Antwort nämlich kann es nicht geben.

Doch selbst in diesen Zeiten hält Clinton Kurs. Er spricht über seine Regierungsarbeit als Gouverneur von Arkansas, über seine Vorstellungen zu einer Neuordnung des Gesundheitssystems, kurz: Er spricht über alles, was die »politikverdrossenen« Fernsehkonsumenten nicht interessiert. Doch ein Wort, so erinnert sich Virginia, die den Botendienst von Clintons Hauptquartier zum Madison Square Garden organisiert, sei nie gefallen: Aufgeben.

Das imponiert selbst seinen Feinden. »Und jetzt schauen Sie sich an, wo wir stehen.« Auf dem Fernsehmonitor räuspert sich ein weiterer Abtrünniger zu einer Ergebenheitsadresse durch: Jesse Jackson, mit dem Kandidaten noch vor wenigen Wochen über Kreuz, erweist »Präsident Clinton« zähneknirschend seine Reverenz.

Die Convention wird als Kongreß der Einheit in Erinnerung bleiben. Sie kann es sich sogar leisten, den Widersacher Jerry Brown reden zu lassen, der Clinton während der New Yorker Vorwahl in einer beispiellosen, bigotten Schlammschlacht zur Strecke zu bringen versuchte.

Sehnig, glühend, jesuitisch steht der Populist Jerry Brown auf dem Podium. Seine Rede: eine Revue schwülstiger Entrechteten-Phrasen und paranoider Verschwörungstheorien aus den sechziger Jahren. Eine diffuse Attacke auf das »große Geld«. Seine Anhänger johlen. Doch weiter hinten wachsen Schilder in die Höhe. Auf ihnen steht: »Laßt Jerry reden.« Die Zeichnung daneben zeigt Jerry Lewis, den Komiker.

Browns Auftritt ist ein Echo der Demokratischen Partei als Minderheitenverein. Kaum einer schenkt ihm Beachtung. Die lässige, effektsichere Regie des neuen Partei-Establishments macht klar, was sich geändert hat bei den Demokraten. Diesmal will die Partei wählbar sein. Ihre gemäßigte Plattform – eine Art Godesberger Programm für die neunziger Jahre.

Mitgestaltet hat es der Mann, der in seinem Hotelzimmer sitzt und an seiner Rede schreibt. Auch wenn Clinton sich in den Tagen der Convention vorwiegend in seinem Hotel aufhält – seine Präsenz ist spürbar im Madison Square Garden, als Choreograph.

Zell Miller, der Gouverneur von Georgia, spricht. Prompt wächst ein vorfabrizierter Schilderwald in die Höhe, auf dem steht: »Give 'em hell, Zell«. Heiz ihnen ein, Zell. So schön kann ein Pfadfinderlager sein, wenn die Organisation hinhaut.

Lächerlich? Na sicher. Erfolgreich? Unbedingt! Die

5000 stampfenden, schwitzenden Delegierten dort unten in der Arena werden von 15 000 Journalisten ins Visier genommen. Auf jeden Delegierten kommen drei Medienleute – gewaltige Verstärker für ein landesweit ausgestrahltes Spektakel.

Die Delegierten zeigen sich dankbar. Im Laufe der Tage wachsen immer mehr Schilder in die Höhe, auf denen die Summe gezogen wird, ein Mutat aus Clinton und CNN: »CliNTON«. Lückenlos berichtet CNN vom Parteitag und sorgt dafür, daß der Kandidat und die Fernsehanstalt zu einem Superimage verschmelzen – die Berichterstattung als elektronischer Durchlauferhitzer.

Und die Kameras zaubern. Obwohl die Einschaltquoten eher dürftig sind, sorgt ihr tagelanges Bilderbombardement für Sympathieschübe in der Öffentlichkeit.

Lag der Kandidat schon vor der Eröffnungsveranstaltung mit 31 Prozent überraschend gut, knapp hinter George Bush, so schießen die elektronischen Verstärker seine Werte in den Himmel. Am dritten Tag der Convention liegt Bill Clinton mit 45 Prozent 17 Punkte vor dem Präsidenten.

Clinton, vor seiner Rede: eine gigantische elektronische Hohlform, eine Projektionsfläche, über die die Parteitagsstrategen populäre Legenden legen, etwa mit einem sentimentalen Robert-Kennedy-Special. Dessen Sohn spricht. Ein Film über Kennedy wird gezeigt. Kennedy, der Präsidentschaftskandidat, auf ewig jung und idealistisch – einer wie Clinton.

Die Botschaft ist klar. Die alten zynischen Politbroker haben abgedankt, das Land zerfällt. Nun ist die neue Generation gefordert. Der Wechsel aber hat einen Namen: Bill Clinton. Am Schlußtag der Convention ermitteln Meinungsforscher einen neuen Popularitätsrekord: Nun sind 56 Prozent für Clinton.

Sein junger Vize, Al Gore, hat das Parteivolk in einer zündenden Rede auf Clintons Auftritt eingestimmt. Doch jetzt steht dort oben Bill Clinton allein. In einer einzigen Rede muß er klarmachen, daß der Scheck, der in den letzten Tagen in seinem Namen ausgeschrieben worden ist, gedeckt ist. Er muß vor allem eines beweisen: seine Glaubwürdigkeit.

Bill Clinton spricht. Von den Arbeitslosen des Landes, von der zerrütteten Wirtschaft, und, immer wieder, vom gebrochenen Selbstwertgefühl Amerikas. »Wir haben die Welt verändert«, ruft er aus, »nun ist es Zeit, das eigene Land zu verändern.« Er zitiert seinen Mentor Carroll Quigley und dessen Satz von der persönlichen Verantwortung.

Er wird von Sprechchören unterbrochen: »We want Bill.« Er spricht, absichtlich an Kennedy erinnernd, von einem »neuen Vertrag« zwischen den Klassen und Rassen und Generationen Amerikas. Vom Kampf gegen die Armut.

Und immer wieder sucht er das persönliche Erlebnis, das erklärende biographische Detail. Er spricht von seiner Kindheit in Arkansas, vom Kampf seiner Mutter gegen ihre Krankheit, von der Geburt seiner Tochter. Bill Clinton, der Mann, zeigt sich in dieser Rede, und er sagt, was sein Programm als Präsident sein wird.

Es ist ein moderates, ein pragmatisches Wiederaufbauprogramm. Clinton überzeugt seine Zuhörer, und er bewegt sie. Er zeigt Konturen und Entschlußkraft. Am Ende seiner knapp einstündigen Rede hat er sie gewonnen. Die Partei feiert ihn als ihren Mann, weil sie in ihm einen Sieger sieht.

Er hat gewonnen und gleichzeitig, als Redner, verloren. Denn noch anrührender als alles, was er an diesem Abend beschwört, predigt, erbittet, ist ein zehnminütiger Clinton-Film, der vor seiner Rede über die riesige Monitorwand des Madison Square Garden flimmert. Der junge Bill Clinton, die Kleinstadt Hope, die Erinnerungen der Mutter, sein Händedruck mit Kennedy, seine Liebe zu Hillary, ihr erstes Haus, die Tochter im Gegenlicht im weißen Kleidchen – Tränen schimmern da in den Augen der Delegierten.

Politik im Fernsehzeitalter – was sind schon Worte gegen Bilder wie diese!

# Der Konkurs der politischen Kultur

*Washingtons Lobbyisten*

Auf der Besuchergalerie des Kongreßsaals sitzen Touristen aus Des Moines (Iowa), dem schönsten Flecken der Erde. Das zumindest steht auf ihren T-Shirts. Ihre Gesichter sind ernst, sie sitzen kerzengrade und kauen andächtig auf ihren Kaugummis herum, denn sie sitzen im Kapitol in Washington, dem Tempel der Demokratie, dem Allerheiligsten der amerikanischen Verfassung.

Unten spricht ein Abgeordneter aus Nebraska. Er redet über die Verschwendung öffentlicher Gelder. Er beugt sich beschwörend übers Mikrophon. Er zitiert Zeitungsartikel, attackiert die politischen Gegner, hantiert mit Zahlen und schmiedet Argumente aus ihnen – eine anrührende Szene, denn der Abgeordnete spricht vor leeren Bänken. Da unten ist keiner, der ihm zuhört.

Es ist Geisterstunde im Kongreß. Der Volksvertreter ist allein mit sich und seiner Rede. Ab und zu schaut er auf, in die Kamera des Privatsenders C-Span, die seine Rede aufzeichnet. Die Besucher auf der Galerie schauen hinab auf den Abgeordneten wie in ein Museum. Sie starren verständnislos und zunehmend mißtrauisch auf eine Vorführung alter, kaum erinnerter, sinnloser Rituale.

Politik, wie sie sie kennen, läuft anders. Das ist der Zehn-Sekunden-Spot in einer »News Show« genannten Nachrichtensendung. Das ist die Seifenreklame, die keine Seife verkauft, sondern ein Gesicht. Das ist der flüchtige Abdruck auf der Netzhaut, der Kitzel des schnellen Slogans, die Affäre, der Skandal, eine kurzfristige Reizung der Nerven, so etwas Ähnliches wie das Sonderangebot eines Autohändlers – und genauso glaubwürdig.

Der offiziellen Lesart zufolge gehört die Familie aus Des Moines zu den Siegern des Kalten Krieges, der auch ein Krieg zwischen zwei mächtigen Systemen politischer Sinnstiftung war: Kommunismus und Demokratie. Die kommunistische Seite ist krachend zusammengestürzt. Nun, so scheint es, geht die eigene Seite lautlos in die Knie.

Die Touristen aus Des Moines gehören zu jenen etwa zwei Dritteln der Amerikaner, für die Washingtons Capitol Hill nur noch ein marmornes Mausoleum ist. Nur gut ein Drittel der wahlfähigen US-Bürger geht zur Urne, um Volksvertreter ins Repräsentantenhaus oder in den Senat zu entsenden. Selbst bei den Präsidentschaftswahlen mit all ihrem Hoopla ist die Beteiligung seit 1960 dramatisch gefallen – kaum die Hälfte aller Amerikaner interessiert es noch, wer ins Weiße Haus einzieht.

»Dieses Jahr werden noch weniger wählen – wir stecken in einer der größten Krisen, die unser System je gehabt hat«, sagt William Greider. »Und es braucht mehr als einen neuen Präsidenten, um diese Krise zu beheben.«

William Greider sitzt in einem Büro in Washingtons K Street, dort, wo die politischen PR-Firmen und Anwaltskanzleien residieren, die alteingesessenen Lobbyisten und die dynamischen Newcomer, die durch die hohen Korridore aus grauem Marmor hasten und vor allem eines verströmen: Hunger auf Macht.

Greider erinnert an einen alten Dompteur, dem die Löwen eingegangen sind. Früher war er ein einflußreicher Kolumnist der *Washington Post* – heute ist er Politikchef des *Rolling Stone*, des größten Rockmagazins der USA, und schreibt für eine »verlorene Generation« – die Video-Clip-Jugend, die Anfang der achtziger Jahre zu Reagan übergelaufen war. »Politische Bildungsarbeit«, nennt er es: »Reagan hat nicht nur die Ökonomie zerstört, sondern auch die politische Kultur des Landes.«

Jetzt hat Greider in einem Buch die Leichenrede auf ein System geschrieben: »Wer wird es den Leuten sagen?« heißt es, und im Untertitel: »Der Verrat amerikanischer Demokratie«*.

Greiders Diagnose: Washingtons Politik hat den Kontakt zu den Menschen im Land verloren. Sie ist im Würgegriff der Lobbyisten, sie verfährt nach Rezepten aus den Zeiten des Kalten Kriegs, und sie erlebt eine Strukturkrise, deren Behebung »Generationen dauern wird«.

Thesen einer linksliberalen Kassandra, das schrille Pamphlet eines Außenseiters? Nicht die Spur. Greiders Buch hielt sich 18 Wochen lang in den Bestsellerlisten, diente als Vorlage für einen Dokumentarfilm und wurde von den großen, meinungsführenden Zeitungen des Landes gepriesen.

Das Ende der Demokratie scheint eine Diagnose zu sein, die mit resignativer Selbstverständlichkeit hingenommen wird. Greiders Buch ist ein recherchierter Krimi aus dem

---

* William Greider: »Who Will Tell the People – The Betrayal of American Democracy«. Simon & Schuster, New York: 464 Seiten; 25 Dollar.

Treibhaus der Macht. Es berichtet von den Durchstechereien des Sparbanken-Skandals, vom Versagen der Presse und von den Image-Strategen der großen Konzerne, die die Aktionsformen der Basisbewegungen enteignet haben. Es erzählt von der gegenseitigen Verachtung, die das Verhältnis zwischen Volksvertretern und Volk bestimmt.

Das Telefon unterbricht ihn. »Freut mich«, sagt er nach einer kurzen Pause in den Hörer, »herzlichen Glückwunsch«, und legt auf. »Mike Synar«, sagt er. »Ein Kongreßabgeordneter aus Oklahoma. Er hat seine Vorwahlen gewonnen.« Und er murmelt: »Manchmal gewinnen auch die Guten.«

Sie gewinnen zu selten, den Umfragen zufolge, die Greiders Buch zitiert. Auf die Behauptung »Die Politik wird von großen Interessengruppen manipuliert« haben 28 Prozent der Befragten 1960 mit Ja geantwortet. Heute sind es zwei Drittel – zwölf Jahre Republikaner haben die Reichen reicher und viele ärmer gemacht. Greider fühlt sich an die Krise zu Anfang des Jahrhunderts erinnert, die schließlich zum »New Deal« geführt hat.

Clinton – ein neuer Roosevelt? Greider bezweifelt es. Doch er unterstützt Clinton, denn: »Den Leuten dämmert allmählich, daß vier weitere Jahre Bush in die Katastrophe führen würden.«

Für wesentlicher jedoch hält Greider eine Wiederbelebung des politischen Diskurses, einen neuen Aktivismus. Eine milde Anarchie des Desinteresses und des politischen Ekels hat sich über Amerika gelegt. Und, so Greider, die politischen Strukturen fehlen, um die Bevölkerung zu binden. »Die beiden großen Parteien sind zu Briefkastenfirmen verkommen, die lediglich alle vier Jahre, zur Wahlzeit, ihr Spektakel inszenieren.«

Die Demokratische Partei, die älteste der Welt, hat lediglich rund 100 000 zahlende Mitglieder. Ihr Durchschnittsalter: 70 Jahre. Im Vergleich dazu: Die »National Rifle Organization«, die Waffenlobby, hat 2,5 Millionen Mitglieder – weit mehr als beide politischen Parteien zusammen.

Ins Gericht geht Greider vor allem mit der eigenen Kaste. Die journalistische Kultur des Landes sei in den achtziger Jahren von jungen Aufsteigern überrannt worden, die »sich zwar für Fakten interessieren, aber nicht mehr für die Wahrheit«. Ein zusammenhangloser Schlüsselreizjournalismus ist entstanden, der die »Dan-Rather-Regel« befolgt, benannt nach einem prominenten Fernsehmoderator – eine Meldung, deren Erläuterung länger als zehn Sekunden dauert, bleibt nicht haften und ist daher wertlos.

Die Ironie, so Greider, bestehe darin, daß die amerikanische Demokratie in jenen Jahren verfiel, als sich die Länder Osteuropas demokratische Freiheiten erkämpften. Am Schluß seines Buches zitiert er Václav Havel: »Die Menschen müssen sich von den offensichtlichen und verborgenen Mechanismen des Totalitarismus frei machen, von Unterdrückung ebenso wie von der Werbung und der Manipulation durch das Fernsehen.«

Vielleicht ist es an der Zeit, so schließt Greider, daß die Amerikaner von ihren eigenen Glaubensgrundsätzen, denen der »Selbstverwirklichung« und der »Demokratie«, neu überzeugt werden müssen – von außen, von jenen Bürgerrechtlern, die für diese Ideale ihr Leben riskiert haben.

Einer der politischen Freunde William Greiders aus alten Tagen, Frank Mankiewicz, hat sein Büro am Ende der K Street, im mondänen Washington-Harbour-Komplex. Von seinem Bürofenster aus kann Mankiewicz die Stromlinienrundung des Watergate-Komplexes sehen. »Ich hatte Nixon viel zugetraut. Aber ich war dann doch überrascht, wie weit es ging.« Frank Mankiewicz, ehemals Pressesprecher Robert Kennedys, war politischer Direktor im Wahlkampfteam des demokratischen Kandidaten George McGovern, als ein vom Weißen Haus angeheuertes Team 1972 in das Watergate-Gebäude einbrach, um Material gegen die demokratische Konkurrenz zu sammeln.

Heute ist Mankiewicz als Vizepräsident der Firma Hill and Knowlton (H & K) einer der einflußreichsten Lobbyisten Washingtons. »Lobbyismus ist nichts Ehrenrühriges«, sagt er. »Es ist der Versuch, Einfluß auf Gesetzgebungen und die öffentliche Meinung zu gewinnen. Lobbyisten gibt es, seit es die Demokratie gibt.«

Die Kunst, die öffentliche Meinung zu gewinnen, demonstrierte seine Firma besonders eindrucksvoll nach der irakischen Besetzung Kuweits. Eine Organisation »Bürger für ein freies Kuweit« hatte sich an H & K gewandt und um PR-Arbeit gebeten. Auftragsvolumen: 11,5 Millionen Dollar. Später erst wurde bekannt, daß das Geld fast ausschließlich von der kuweitischen Regierung zur Verfügung gestellt worden war.

Hill and Knowlton inszenierte jenes berüchtigte Hearing, in dem das 15jährige kuweitische Mädchen Nayirah unter Tränen von den Grausamkeiten der irakischen Besatzer berichtete – neugeborene Babys seien zu Dutzenden

»aus Brutkästen gerissen und zu Boden geschmissen worden«.

Hill and Knowlton stellte nicht nur die Zeugin zur Verfügung, sondern sorgte auch mit einem eigenen Kamerateam dafür, daß ihre Aussage von 700 Fernsehstationen des Landes gesendet wurde: Allein 53 Millionen Amerikaner sahen den Film am 10. Oktober 1990 in ABCs »Nightline«.

Nayirahs erschütternde Aussage, ein wesentlicher Faktor in der öffentlichen Unterstützung des Krieges gegen den Irak und von Präsident Bush oft zitiert, mußte später in großen Teilen dementiert werden. Überdies stellte sich heraus, daß Nayirah nicht irgendeine Kuweiterin war – sie war Tochter des kuweitischen Botschafters in Washington.

Mankiewicz versichert glaubwürdig, er sei stets gegen den Golfkrieg gewesen: »Ein Embargo hätte es auch getan.« Aber hat nicht Nayirahs Tränenappell die Bereitschaft zum Krieg mobilisiert? »Die Kriegsentscheidung«, sagt Mankiewicz, »habe nicht ich getroffen, sondern Präsident Bush.« Natürlich ist Mankiewicz zu intelligent, um den Zusammenhang nicht zu sehen. Aber er ist mit den Jahren zu pragmatisch geworden, um darunter wirklich zu leiden. Demokratie ist ein Geschäft, in dem es um Millionen geht. »Nein«, sagt er, »Kuweit war eindeutig ein Erfolg der Firma.«

Welche Gründe er, Mankiewicz, dafür sehe, daß die meisten Amerikaner der Politik den Rücken gekehrt hätten? »Weil unser System kaputt ist«, sagt er ungerührt. »Die Wähler haben aufgegeben. Das Land ist zu groß, die Themen sind zu komplex, und die Leute glauben nicht, daß die Regierung wirklich nützt.«

Sind denn nicht auch die Hunderte von Lobbyisten-firmen Washingtons Teil der Glaubwürdigkeitskrise des Systems? »Aber ich bitte Sie«, sagt er, »ohne uns kommen auch Umweltschutzorganisationen und Bürgerrechtsbewegungen nicht mehr aus.«

Ob es einen Auftrag gebe, dessen Annahme er später bereut habe? Mankiewicz zögert. »Wir haben eine Zeitlang die Sache der Bischofskonferenz in der Abtreibungsfrage vertreten. Das hätten wir nicht tun sollen.« Warum? »Weil die Mehrheit des Landes eindeutig für das Recht auf Abtreibung ist«, sagt er mit entwaffnender Offenheit. »Man sollte nur aussichtsreiche Kandidaten vertreten.«

Wie so viele andere Firmen des Landes ist auch Hill and Knowlton von der Rezession betroffen; rund die Hälfte der Mitarbeiter mußten in den letzten zwei Jahren entlassen werden. Einige sind für Clintons Wahlkampf freigesetzt worden – Mankiewicz ist bereit, auf einen Macht-wechsel zu wetten.

Er ist für Clinton, schon weil der die Geschäfte beleben wird: »Demokraten glauben an Verordnungen. Sie werden Gesetze verabschieden, gegen die Bush sein Veto eingelegt hat. Gesetze in den Bereichen Umweltschutz, Gesundheit, Steuern. Die großen Firmen werden Informationen darüber benötigen. Und dann werden sie wollen, daß das eine oder andere geändert wird, weil es ihren Interessen widerspricht. Also kommen sie zu uns.«

Was getan werden müsse, um das politische System Washingtons wieder arbeitsfähig zu machen? »Vielleicht brauchen wir ein Parlament nach europäischem Vorbild«, sagt Mankiewicz. »Das wäre sicher eine radikale Lösung.«

Er schaut versonnen hinaus auf den Potomac. »Bill Clinton ist wahrscheinlich der richtige Mann für eine völlig veränderte Welt«, sagt er. Man könne nur hoffen, daß er im Moment aus rein taktischen Gründen keine allzu präzisen Programme vorlege, um die Wähler nicht abzuschrecken. Und daß er nach der Wahl wirklich handle. »Ähnlich wie Franklin D. Roosevelt«, sagt er. »Ich weiß es nicht.« Und setzt leise hinzu: »Eigentlich glaube ich nicht dran.«

Der »Almanach der amerikanischen Politik« beschreibt Mike Synar als »aggressiv und unabhängig bis zum Verhängnis«. Bereits 1978, mit 28 Jahren, war Synar, gleich nach dem Jura-Studium, in den Kongreß gewählt worden. Sein damaliger Gegner hatte sich gerade scheiden lassen, und es hatte sich herumgesprochen, daß er ein herzförmig geschnittenes Wasserbett habe.

Der Demokrat Mike Synar gehört zur Generation der Clintons, der jungen, gewieften Politprofis, die sich schnell emporgearbeitet und nie etwas anderes gemacht haben als Politik. Außerdem ist er einer der liberalsten Kongreßabgeordneten des Landes. Er legte sich mit der Tabakindustrie an, votierte gegen den Golfkrieg und finanziert seine Wahlkämpfe ausschließlich aus Kleinspenden.

Nun steht Synar im vierten Stock eines Abgeordnetenhauses, er trägt Cowboystiefel und ist in Siegerlaune. Am Morgen hat er in einem Laufmarathon gewonnen. Und am Tag zuvor die Vorwahlen im hart umkämpften zweiten Distrikt von Oklahoma. Den Ausschlag haben ganze 6000 Stimmen gegeben.

Er sieht gut aus, und er weiß es, und heute liegt ihm die

Welt zu Füßen. Sein Büro ist mit Girlanden geschmückt. Wahlkampfhelfer aus Oklahoma schütteln ihm die Hände. »Was Sie hier sehen«, sagt Mike Synar, »ist der Ausgang des kostspieligsten Wahlkampfs der Kongreßgeschichte.« Er sprudelt, als stecke ihm der Schreck noch in den Knochen.

Er ist einer der wenigen Überlebenden – überall im Lande wurden Amtsinhaber von ihren Posten verjagt. Amerikanische Politik, sagt Synar, sei auf die Fähigkeit geschrumpft, Geld zu sammeln. Geld für Fernsehzeit, für Anzeigen, für Organisation. »Eine durchschnittliche Senatswahl kostet heutzutage vier bis fünf Millionen. Für das Repräsentantenhaus braucht man rund 500 000 Dollar, und das alle zwei Jahre.« Diesmal verpulverten er und sein Gegner je eine Million.

Und da er gerade so schön in Fahrt ist, stellt er sich die Fragen selbst: »Heißt das, daß man Kongreßabgeordnete in diesem Land kaufen kann? Nein. Heißt es, daß man sich und seinen Problemen mit Geld Gehör verschafft? Sicher!«

Der erste Schritt, um das Vertrauen der Wähler zurückzugewinnen, müsse eine grundlegende Reform der Wahlkampffinanzierung sein. »Dafür kämpfe ich, seit ich im Kongreß bin. Seit 14 Jahren. Der Kongreß hatte meinen Vorschlag verabschiedet, doch der Präsident hat ihn seither mit einem Veto blockiert.«

Sein Gegner, sagt er, hatte alles, was benötigt wird, um zu gewinnen. Einen guten Namen, die richtigen Beziehungen und großzügige Sponsoren – allein 250 000 Dollar flossen ihm von der Waffenlobby zu. Synar hatte sich für ein Gesetz stark gemacht, das den Kauf von Waffen erschwert – keine populäre Position in Oklahoma, dem Cowboyland.

Das Dilemma eines Abgeordneten, so Synar, bestehe heutzutage darin, daß oft einander widerstreitende Interessengruppen in ein und denselben Mann investieren. Für diesen sei es dann das Sicherste, gar nichts zu tun. »Das System ist damit lahmgelegt.«

Mit einem demokratischen Präsidenten, so Synar, werde es dem Kongreß gelingen, die wichtigen Gesetze zu verabschieden. »Zwölf Jahre lang ist so gut wie nichts passiert. Die Leute wollen den Wechsel.« Die Zukunft der ganzen Welt hänge davon ab, ob Politiker in der Lage sein werden, schmerzliche, aber notwendige Entscheidungen zu treffen. »Und von der Fähigkeit, die Unterstützung der Menschen dafür wiederzugewinnen.«

Er habe in seinem Wahlkampf erlebt, wie Tausende von Menschen ihre Freizeit opferten, um für ihre Ziele zu kämpfen. »Und es hat ihnen Spaß gemacht. Das Apathie-Jahrzehnt ist vorbei. Die Menschen merken wieder, wie wichtig Politik geworden ist – und daß sie Spaß machen kann.«

Dann schnappt er seine Ordner und stampft, flankiert von zwei Assistenten, zum Fahrstuhl. Im Kellergeschoß besteigt er die Untergrund-Hausbahn, die ihn zum Kapitol bringt. Ein wenig später wird er den Kongreßsaal betreten, um eine Vorlage zur Giftmüll-Deponierung einzubringen.

Sicher werden auch dann einige Touristen, aus Des Moines oder anderswo, von der Besuchergalerie herabschauen. Mike Synars Hoffnung: Das Mißtrauen in ihren Gesichtern möge eines Tages wieder verschwinden.

# 3. Firma USA

# Es war wie ein heiliger Krieg

*Der Unternehmer Jack Stack*

Die Manager aus New Orleans und Kansas City und Chicago, die sich an diesem Morgen in einer Konferenzbaracke in Springfield (Missouri) zu einem Seminar zusammengefunden haben, sehen aus, als kämen sie von einer Party, die zu lange gedauert hat. Graue Gesichter, verkatert, introvertiert.

Seit geraumer Zeit schleppen sie sich durch die hoffnungslosen, frustrierenden neunziger Jahre. Sie sprechen an diesem Morgen von ihren Problemen, und sie sprechen darüber wie in einer Selbsthilfegruppe: Der eine hat in den Boom-Jahren zu schnell vergrößert und mit Schulden finanziert, der andere muß Leute entlassen, beim dritten ist die Produktivität am Boden, die Motivation der Belegschaft auf Null.

Früher hatten sie in Chicago oder Dallas getagt, in mondänen Hotels mit künstlichen Wasserfällen und französischen Speisefolgen und Showprogramm. Hier, im Verwaltungsgebäude der Springfield ReManufacturing Corp. (SRC), gibt es eine rollende Küche mit Salaten und Spaghetti und viel Kaffee aus der Thermoskanne.

Das Showprogramm abends? Wie wär's mit dem Hotelfernseher? Allerdings müssen sie sich absprechen – sie sind zu dritt in einem Zimmer untergebracht, auf Liegen, weil das Hotel die Buchungen vermasselt hat. Für jeden dieser

Topleute ist Springfield ein Ort, an den sie, in den achtziger Jahren, allenfalls zum Angeln gefahren wären.

Hier, im Hillbillyland, scheint die Welt noch in Ordnung. Hier werden Gesetzeseingaben gegen den Krach von Autoradios diskutiert, und die Fernsehanstalten übertragen Angelwettbewerbe, über Stunden hinweg. Hier, in Springfield, plätschert das Leben im Rhythmus aus Arbeit, Kirchgang und Poolbillard. Springfield im Herzen Amerikas – keine Gegend für Revolutionen.

Genau das aber erwarten sich die Manager, die hierher gepilgert sind, eine Revolution. Oder, da das Wort in ihren Kreisen immer noch einen gewissen Hautgout hat, zumindest ein Wunder.

Vor ihnen steht ein Mann, der ihnen das Wunder verspricht, eines, das sie mit dem Taschenrechner überprüfen können. Vor ihnen steht Jack Stack, Chef der SRC.

Stack hat Lachfalten und stahlblaue Augen. Die Haare vielleicht eine Spur zu lang, die Krawatte eine Spur zu groß gemustert, die Revers seines Zweireihers eine Spur zu breit. Doch Stack, der die Hände lässig in die Hosentaschen stemmt, strahlt genau das aus, was schwer zu haben ist in diesen Zeiten: Selbstvertrauen.

»Kapitalismus ist in unserem Land zu einem schmutzigen Wort geworden«, sagt Stack munter, und die Manager nicken bedrückt. »Im Osten gibt es 2,5 Milliarden Menschen, die Kapitalismus machen wollen – und wir haben verlernt, wie er funktioniert.« Knurrende Zustimmung. Besser hätten das die Japaner auch nicht sagen können.

Apropos Japan. Jack Stack zitiert den Unternehmer Konosuke Matsushita: »Die einzige Ursache für Erfolg oder

Niederlage liegt in uns selbst.« Das ist Wirtschafts-Zen. Die Manager nicken anerkennend. Dort drüben weht Corpsgeist. Da sind Armeen im Produktionseinsatz. Von den Japanern lernen heißt siegen lernen.

Stack fährt fort: »Wie soll ich meinem Arbeiter erklären, daß ich ihn entlassen muß, wenn ich mir selbst 17 Millionen genehmige, wie es Lee Iacocca gemacht hat?« Was soll das? Iacocca hat schließlich Chrysler saniert. Die Manager runzeln die Brauen. Worauf will der Mann hinaus? »Wir müssen die Arbeiter zu Mitbesitzern an unseren Unternehmen machen.« Ein Roter, verdammt noch mal. Vereinzeltes Hüsteln.

»Es geht doch nur um zwei Dinge: um Cash-flow und Profit«, Alarm abgeblasen. Doch kein Roter. Aber was will der Mann eigentlich? Warum schicken Konzernriesen ihre Abgesandten nach Springfield? Warum berichten die großen Fernsehanstalten über Jack Stack? Warum schwärmen die Wirtschaftsmagazine des Landes von ihm?

Jack Stack will an diesem Morgen den Kapitalismus nicht abschaffen, sondern verbessern. Dieser Mann da predigt nicht den überraschenden Börsencoup, sondern Solidität, nicht Gier, sondern den Plan, nicht die geniale Einzelentscheidung, sondern Teamwork. Seine Erfindung heißt: »Das Große Spiel«.

Das Spiel ist so etwas wie der dritte Weg, die Wiedergeburt des Kapitalismus aus dem Geiste des Kollektivs. Stack hat es gespielt und damit gewonnen. Er war 1979, als knapp 30jähriger, von seinem Unternehmen, dem milliardenschweren Maschinenbau-Giganten International Harvester Co., mit einem Kampfauftrag nach Springfield geschickt worden. Die Zweigstelle, die LKW-Motoren reparierte, meldete zwei Millionen Dollar Verluste jährlich. Stacks Marschbefehl: Gewinne in sechs Monaten – oder schließen.

Einer der klassischen Jobs für Magengeschwüre. Stack saß zwischen den Stühlen. Für die Arbeiter war er die Nemesis, und für die Chefs in Chicago der Ausputzer. Er wußte: Selbst wenn er alle entließe – der nächste Schuß würde ihn selbst treffen. Chicago mißtraute den Arbeitern in Springfield. Und die hatten allen Grund, sich von den Managern verraten zu fühlen.

Die Belegschaft interessierte nur noch die eine Frage: welcher Gewerkschaft sie sich anschließen sollten, den Teamsters oder den United Auto Workers. Für einen amerikanischen Unternehmer heißt das Bolschewismus. Der nächste Schritt, argwöhnte man in Chicago, wäre Räterepublik und Arbeitslager für alle Einkommen über 200 000 Dollar.

Stack versammelte die Arbeiter in der Kantine. Er hielt eine »Es ist fünf Minuten vor zwölf«-Rede. Und er bat um Fragen. Die einzige, die kam, war: »Junge, wie alt bist du eigentlich?«

Stack in Springfield, das war ein ehrgeiziger Coach und ein Team, das ans Verlieren gewöhnt war. Der Unterschied: Hier ging es nicht nur um den Klassenerhalt – hier ging es um Existenzen.

Stack verbesserte das Zuliefersystem, das Chicago vernachlässigt hatte, und veranstaltete Olympiaden im Betrieb. Bei ihm hießen die Disziplinen »Produktqualität«, »Betriebssicherheit«, »Organisation«. Natürlich regnete es bald Goldmedaillen. Stack war ständig in der Werkshalle unterwegs. »Plötzlich war da einer«, erinnert sich Monteur Randy Rossner, »der mit uns sprach.«

Als die Belegschaft 100 000 unfallfreie Stunden absolviert hatte – eines der neuen Marschziele –, standen die Maschinen still. Bier wurde ausgegeben, und aus den Lautsprechern tönte die Titelmusik von »Rocky«. Die Underdogs aus Springfield hatten gewonnen. Und die Gabelstapler fuhren, mit Kreppapier geschmückt, ihre Siegesparade durch die Halle.

Ihre Gewerkschaftspläne hatte die Belegschaft mit einer überwältigenden Mehrheit begraben. Bereits nach neun Monaten lag Stack mit 250 000 Dollar in der Gewinnzone. Doch Stack, das Motivationsgenie, war ehrgeiziger. Der Schub war vorhanden. Nun konnte das Spiel beginnen.

Das Spiel heißt: Offene Bilanz. Jeder soll wissen, wo der Betrieb steht und wo die Schwachstellen liegen. Jeder soll die Zahlen lesen können, denn um ein Spiel zu gewinnen, muß man die Spielregeln beherrschen. Er ließ die Belegschaft die Grundlagen büffeln – Wirtschaftskurse in rotierenden Kerngruppen während der Arbeitszeit, Buchhaltung, Produktionsplanung, Standardkosten, Lagerhaltung.

Die Belegschaft verstand das Einmaleins und kam mit Verbesserungsvorschlägen. Sie senkte die Kosten und erhöhte die Produktivität. Stack setzte nach, in der schönen leninistischen Zweieinigkeit von Schulung und Propaganda: Er führte der Belegschaft Dokumentationen vom japanischen Wirtschaftswunder vor. Von japanischen Managern, die bedauernd vom Abstieg der USA sprachen.

»Wollt ihr das zulassen?« fragte Stack. »Wollt ihr, daß unser Land besiegt wird?« Keiner wollte. Schließlich ist Springfield das Herz Amerikas. »Es war wie ein heiliger Krieg«, erinnert sich eine Teilnehmerin. »Wir hielten uns an den Händen wie bei einem Schwur. Ich hatte so etwas noch nie erlebt.« Im Februar 1981 meldete die Zweigstelle in Springfield 1,1 Millionen Gewinn – den höchsten Profit in ihrer Geschichte.

Während SRC immer neue Erfolge meldete, machte der Mutterkonzern schlapp. Er lag mit fast vier Milliarden in den Miesen. Die große Farmerkrise hatte den Markt für schwere Landwirtschaftsmaschinen paralysiert. »Produktion drosseln«, hieß die neue Anweisung an die Mannschaft in Springfield. Stack wußte – das war der Tod. Und er wußte auch – er würde diesen Betrieb, würde »seine Leute« nicht aufgeben. Er schloß sich mit zwölf anderen Managern zusammen, nahm Kredite auf und kaufte SRC der Mutterfirma ab.

Und nun konnte Jack Stack endlich auch das Spiel spielen, das er im Sinn hatte. Jeder Arbeiter ist Mitunternehmer, jeder soll, über ein ausgeklügeltes Bonus- und Aktiensystem, wissen: Was gut für die Firma ist, ist gut für mich. Ich bin die Firma.

Als die SRC 1983 in die Hände der 100 Belegschaftsmitglieder überging, war die Aktie für 10 Cent zu haben. Heute kostet sie 18 Dollar. Die jährliche Umsatzsteigerung liegt bei 40 Prozent. Mittlerweile arbeiten gut 600 Beschäftigte in 13 SRC-Unternehmungen, die ihre Produktpalette um KFZ-Motoren, Batterien und Kühlsysteme, Starter und Generatoren erweitert haben.

Der Erfolg sprach sich herum. Jack Stack wurde 1989 in einer Titelgeschichte des Wirtschaftsmagazins *Inc.*, neben Ross Perot und Apple-Wunderkind Steven Jobs, in ein »Dreamteam« für ein imaginäres Unternehmen nominiert, Position: Mannschaftskapitän.

Nach einer Umfrage unter Fachjournalisten gilt die src heute als eines der »wettbewerbstüchtigsten mittleren Unternehmen Amerikas«. Die »Firma, die den Arbeitern gehört« (Eigenwerbung), ist so gesund, daß sie selbst in den rezessionsgeplagten Neunzigern nicht wackelt.

Einen Tag lang hören die Manager Vorträgen zu, studieren Bilanzen und Schautafeln. Als das Aktien- und Bonussystem erklärt wird, werden die Taschenrechner gezückt. »Gewinne teilen mag ja okay sein«, wirft einer ein. »Aber was ist mit Verlusten? Werden die auch geteilt?« Zustimmendes Gelächter. »Nein«, sagt Stack, »keine Lohnabzüge.« Und er gibt zu, daß sein System hier eine Inkonsequenz aufweist.

Rund eine Million Anteile hält Stack selbst. Dem Management, das sich oft aus eigenen Arbeitern rekrutiert, die sich hochgelernt haben, gehören 2,6 Millionen, und die Arbeiter teilen sich 1,7 Millionen. Das ist nicht gerade Urkommunismus, aber genug Anteilsstreuung, um jedem das Gefühl zu geben, daß ein individuelles Engagement sich lohnt.

Stack kommt an, nicht zuletzt deshalb, weil er einen uramerikanischen Nerv anspricht: Pioniergeist. Es ist, als suchten die Manager, die hierher nach Springfield gepilgert sind, das Herzland Amerikas.

Abends, im Country-Club, wird die Lage im Lande diskutiert. Ross Perot, der Milliardär, der sich im Wahlkampf um die Präsidentschaft so beachtlich hielt, ist der Darling der Stunde. Sie lieben ihn so, wie man Alka-Seltzer liebt. Im Grunde ihres Herzens sind sie Puritaner, die sich im Hedonismus der achtziger Jahre mit schlechtem Gewissen gelangweilt haben.

Die Nation, die sich eine Dekade lang berauschte an der Propaganda der eigenen Größe, will nun, ausnüchterungssüchtig, Zahlen sehen, die Bilanz besprechen, und mag sie noch so schmerzhaft sein.

Ein ehemaliger U-Boot-Kapitän hat nur Verachtung für die letzten beiden republikanischen Präsidenten. »Reagan und Bush sind Typen vom Schlage Benedict Arnold.« Einen schlimmeren Vergleich hat ein amerikanischer Navy-Offizier nicht zu vergeben: Benedict Arnold, der Inbegriff des Verräters, wollte während der Revolutionskriege seine Armee an die Engländer ausliefern. »Zwölf Jahre Schwindel, finanziert auf Pump – wir haben die Sparschweine unserer Kinder geschlachtet.«

Am nächsten Morgen, nach einer Nacht auf spartanischen Liegen, wohnen die Manager der Personalversammlung der SRC bei. Arbeiter mit Schmierfett in den rissigen Händen sprechen über »Garantiekosten« und »Einkünfte vor Steuern«. Wer hinter der Planprognose zurückliegt, wird rituell ausgebuht. Wer über dem Plan liegt, ruft seine Zahl wie einen Lottogewinn und erhält Applaus.

Anschließend laufen die Manager in die Werkhalle der »Heavy Duty«-Abteilung. In Gruppen bleiben sie vor einzelnen Werkbänken stehen und lassen sich Arbeitsgänge erklären.

Sandy lächelt über ihre Werkbank mit den glänzenden Zylinderteilen hinweg, als verkaufe sie Heidehonig. Seit vier Jahren ist sie hier. Wie die übrigen 300 Mitarbeiter hat sie mittlerweile in jedem Bereich der Produktion gearbeitet. »Ich lerne ständig dazu«, sagt sie, »das hält frisch.«

In jeder Ecke hängen Tafeln, die von ferne an Durchhalteparolen vom sozialistischen Ernteeinsatz erinnern. Hier allerdings stehen nur Ziffern. »Zusätzliche 360 Absorption bisher«, heißt es, oder »20 Stunden MTD im Plus«, und darüber: »toll, was?«

Produktionschinesisch – aber für diejenigen, die diese Zahlen geschrieben haben, persönliche Gewinne.

Die Arbeiter sind geduldig und erklären. Sie erklären stolz. Sie nehmen die »Affenschau« ernst, denn sie wissen: Auch diese Seminare werfen Gewinne ab. Das »Great Game of Business«, das Große Spiel, ist zum eigenen Unternehmensteil geworden. Und es schlägt sich im Bonussystem nieder.

Stack hat diese Führungen längst delegiert. Er schaut auf dem Weg nach Hause in der Kneipe W. F. Codys's vorbei, wo er eine Runde Pool mit seinen Arbeitern einlegt, die von der Frühschicht kommen. Er gewinnt gegen einen Lageristen und kostet seinen Sieg aus. »Ich hasse es, zu verlieren«, sagt er grinsend.

Jack Stack lebt in Springfields Gemeinde Oak Knoll, wo die Straßen breit sind und die Holzhäuser geräumig, und wo auf gemütlichen Veranden Halloween-Kürbisse stehen. Buntes Kastanienlaub und Kinderspielzeug – ein Familienparadies im Indian Summer. Stack spricht nicht vom amerikanischen Mittelstandstraum – er lebt ihn.

Als er seinen aquamarinblauen Bronco-Jeep unter dem Basketballkorb seiner Garagentür geparkt hat, läuft Kylie, das jüngste seiner fünf Kinder, auf ihn zu, schlingt die Arme um seinen Hals und ruft: »Papa, ich habe dich vermißt!« Warum geht der Mann eigentlich noch außer Haus?

Stack selber wuchs in Chicago unter fünf Geschwistern auf. Das hieß: Er wurde unter Wettkampfbedingungen groß. Mit 18 arbeitete er in der Firma, in der sein Vater Vorarbeiter war. Mit 26 leitete er einen Zweigbetrieb in Illinois mit 400 Leuten. Während seine Freunde aufs Wirtschafts-College gingen, baute er Trucks. Den Abschluß hat er im Fernstudium nachgeholt.

Er ist Katholik, aber für das Recht der Frauen auf Abtreibung. Er ist ein Konservativer vom linken Flügel, ein amerikanischer Pioniertyp für das 21. Jahrhundert. Wichtiger als Geld ist ihm, was er »Job satisfaction« nennt: Anpacken und die Freude über Ergebnisse. Er zahlt sich ganze 120 000 Dollar Jahresgehalt. »Mehr kann man in Springfield sowieso nicht ausgeben.« Er grinst. »Und ich bin damit weit unter der Grenze derjenigen, die Clinton für seine Wirtschaftsprogramme abschöpfen will.«

Stacks Spiel, sein Weg zwischen frühkapitalistischer Wucherung und sozialistischer Entgleisung, belebt uramerikanische Traditionen: Charakter und Individualismus und Corpsgeist. Demnächst wird er nach Moskau fahren, um sein Spiel dort vorzustellen. »Es gibt noch ein paar andere Weltgegenden, die Entwicklungshilfe nötig haben.«

Seine Seminarteilnehmer in Springfield hat er zum größten Teil gewonnen. Zum Abschied erhalten sie Stacks Buch über das »Spiel«, das den Untertitel trägt: »Die einzig vernünftige Methode, einen Betrieb zu leiten«. Der Firmenbus bringt die Manager zum Flughafen, vorbei an den Kirchen, den Heuballen und Plakatwänden, den Billboards. Eines der größten Billboards präsentiert einen neuen Star der Country-and-Western-Szene. Er heißt Tabouchi und kommt aus Japan. »Selbst das machen sie mittlerweile besser«, seufzt einer der Manager.

In seiner Hand hält er Stacks Buch. Der Einband besteht aus den Stars und Stripes der amerikanischen Fahne. Der Mann sieht aus, als hielte er sich daran fest.

# Moral als Investition

*Ein Ethik-Kurs für amerikanische
Wirtschaftsbosse*

Man nennt das Rancho Mirage in Palm Springs nicht von ungefähr den »Spielplatz der Präsidenten«. Die Oase in der Wüste mit ihren Farnen und funkelnden Fontänen, sattgrünen Golfkursen und spiegelnden künstlichen Teichen gehört zum Spektakulärsten, was Wasser, viel Wasser, einem kargen Boden abzutrotzen vermag.

Das Wasser stammt aus der Eiszeit, aus einem tiefen, unterirdischen Reservoir. Einige hunderttausend Jahre lang hat es sich dort gesammelt und auf seine wahre Bestimmung gewartet, nämlich die Sprinkleranlagen des Rancho Mirage und der umliegenden Millionärsvillen zu versorgen. Noch 20 Jahre, dann ist der Spuk vorbei. Dann ist der Grundwasservorrat erschöpft.

Welche Umgebung könnte sich besser eignen, die großen Fragen der Zeit zu diskutieren, als der delikate Luxus des Rancho Mirage? Etwa: Woher kommen wir, wohin gehen wir? Oder: Wie wird sich »Big Foot«, der große Pizzaladen für die ganze Familie, im kommenden Jahr verkaufen?

Rund 500 Verkaufsleiter der marktbeherrschenden Kette »Pizza Hut« sind hier zum Seminar »Rezepte des Erfolgs« zusammengekommen. Am Morgen gab es den elektrisierenden Vortrag: »Schau an, wer deine Firma nun ruiniert!« Zum Lunch keine Pizza, sondern weißes Fleisch und leichte Salate, dazu eine angeregte Fachsimpelei übers

Golfen, die Griffhaltung beim Putten und beim Treibschlag. Und nun, im leichten Verdauungsdösen, der nächste Programmpunkt: »Ethik«.

Ethik? Gewissenserforschung, wo es um Profite gehen sollte? Nichts hatte die Pizza-Leute auf diesen untersetzten, stämmigen Mann mit Stirntolle und Goldrandbrille vorbereitet, der da auf dem Podium hin und her läuft. Auf einem der Schaubilder, das an die Wand projiziert ist, lesen die Manager beunruhigt, als wär's ein Menetekel: »Es gibt ein Loch in unserer moralischen Ozonschicht, und das wird von Tag zu Tag größer!«

Ethik, so führt der Redner aus, ist ein lebenswichtiger Stoff, der immer knapper wird in unserer Gesellschaft, so knapp wie das Wasser unter der Wüste von Palm Springs. Michael Josephson, der Redner, ist kein Prediger, sondern Anwalt, und eine hochbezahlte Fachkraft dazu. Sein Durchschnittshonorar pro Vortrag liegt bei 10 000 Dollar.

Josephson nennt sich »Spezialist für Ethik«. In einem früheren Leben hat er mit Schulungsmaterial für Jura-Studenten Millionen gemacht. Bis er, vor sechs Jahren, alles verkauft und eine neue Firma eröffnet hat, das »Josephson Institute of Ethics«, einen gemeinnützigen Verein.

Welches Ereignis ihn in die Sinn-Branche getrieben hat, läßt er im dunkeln. Er hatte einfach, so sagt er, »das Bedürfnis, mit meinem Leben etwas Sinnvolles anzustellen«. Josephson lebt in Los Angeles, ist 50 Jahre alt, hat soeben zum zweitenmal geheiratet und weiß eines ganz sicher: Er wird gebraucht. Ein schönes Gefühl für jeden, der helfen will, und jeden, der etwas zu verkaufen hat. Bei Josephson kommt wohl beides zusammen.

Eine Stunde vor seinem Vortrag ist er in seinem blauen Acura im Rancho Mirage angekommen, ein Handelsvertreter in Sachen Moral. An gut 200 Tagen im Jahr ist er so auf Achse, zwischen Alaska und Hawaii, um Politikern, Anwälten und Managern wie diesen die Leviten zu lesen.

»Was ist der Unterschied zwischen Gut und Böse?« brüllt er in die weite Runde. Die Manager starren auf ihre Schuhspitzen. »Ist alles machbar, was erlaubt ist?« Im Publikum runzelt man die Stirn. Man fühlt sich unwohl – genau das, was die Konferenzleitung beabsichtigt hat.

Firmen wie Pizza Hut, aber auch nationale Behörden wie das Finanzamt oder Staatsverwaltungen wie die von Arizona geben mittlerweile für die moralische Fortbildung ihrer Angestellten und Mitarbeiter eine Menge Geld aus. Rund 40 Prozent der 1000 größten Unternehmen der USA halten Ethik-Seminare und Workshops ab, und ein gutes Drittel hat eigene Ethik-Komitees installiert.

Erst kürzlich haben rund 200 Firmen eigene Ethik-Offiziere ernannt, die zur Denunziation von Kollegen ermuntern. Denn »unethical behavior«, unredliches Verhalten von Angestellten, kostet die Firmen heutzutage nicht nur Renommee, sondern auch Millionensummen.

Schadensersatzprozesse haben gezeigt, daß jene Unternehmen, die ihren Angestellten keine Ethik-Programme anbieten, härter bestraft werden. Firmen, die ihre Angestellten moralisch aufrüsten, kommen billiger davon in allen Straftatbeständen – ob es sich nun um sexuelle Belästigung am Arbeitsplatz handelt oder die illegale Beseitigung von Giftmüll.

Kaum ein prominenter Name, der nicht in einen Skandal

verwickelt wäre: Da ist der Autogigant General Motors, der in seinen Trucks die Benzintanks möglicherweise falsch und gefährlich plaziert hat, aber eher hohe Prozeßkosten zahlt, als sein Fabrikat zurückzurufen.

Da sind aber auch die Journalisten des Fernsehsenders NBC, die in einem Film demonstrieren wollten, daß die Tanks von General Motors bei einem Zusammenstoß explodieren – und der fernsehgerechten Explosion dadurch nachhalfen, daß sie die Versuchsfahrzeuge mit Sprengkörpern präparierten. Selbst das ehrwürdige Intelligenzblatt *New Yorker* hat seinen Presseskandal. Eine seiner Autorinnen war soeben wegen zweifelhafter Arbeitsmethoden verurteilt worden. Michael Josephson: »In den letzten fünf Jahren gab es mehr Ethik-Skandale als in den fünf Jahrzehnten zuvor.«

Die ethische Krise der Gesellschaft ist, Josephson zufolge, besonders eine der Erziehung: »Die nächste Generation« hat er eine seiner Schautafeln überschrieben. Darauf, ganz nüchtern, ein paar Zahlen: In der High School hat jeder Dritte bereits einen Ladendiebstahl begangen. Zwei von drei haben bei ihren Examen geschummelt.

Jeder dritte College-Abgänger würde lügen, was das Zeug hält, um einen Job zu bekommen. »Und das«, sagt Josephson in die Runde, »sind unsere Kinder. Von wem haben sie das wohl?« Die Manager räuspern sich und kritzeln in die Kladden.

Josephson neigt der Ansicht des Kulturkritikers Robert Hughes zu, der die ethische Erosion der achtziger Jahre unter anderem der Leitfigur Ronald Reagan zuschreibt: »Er hat das Land mit einer traumwandlerischen Sicherheit auf sein Niveau heruntergebildet. Er hat es 1988 ein wenig dümmer hinterlassen, als es 1980 gewesen war – und wesentlich toleranter Lügen gegenüber.«

Allerdings waren es vor allem die jungen Erstwähler, die Reagan wählten – eine ganze Generation, die den moralischen Rigorismus der sechziger und siebziger Jahre satt hatte und die nicht länger die Gesellschaft verändern, sondern das eigene Leben verschönern wollte. Gegen den Terror der Moralisten setzte sie eine Ethik der Lebenskunst, die vielfach zu einer Schule der Gerissenheit verkam.

Diese Generation richtete ihre Werteskala neu aus. Sie stellte sich, so Josephson, auf das »Rattenrennen« ein. »Doch das Problem mit einem Rattenrennen ist: Selbst wenn du gewinnst, bist du immer noch eine Ratte.« Die innere Leere der achtziger Jahre konnte nur mit Designerdrogen und den Reizen einer überschnappenden Unterhaltungsindustrie überdröhnt werden. Signet der Epoche war Madonna, die Fälschung einer Fälschung, an der vor allem das Talent bewundert wurde, Geld zu machen.

Ausgestattet mit dem Motto des Wall-Street-Betrügers Ivan Boesky, »Gier ist gut«, und von Eltern und Kirchen, den traditionellen Ethik-Vermittlern, längst nicht mehr erreicht, errichteten sich diese Kids eine buntbemalte, trostlose Karrieristenkultur, die weltweit Schule machte und alle Bereiche infizierte, die Wirtschaft ebenso wie etwa den Journalismus.

Eine neue junge Riege von Schreiberlingen mit dem Gemüt von Fleischerhunden gab die Tagesparolen aus. Rückblickend etwa schrieb ein Lifestyle-Journalist in einer

Szene-Illustrierten, er habe mit seiner Rufmord-Kolumne »Hundert Zeilen Haß« nur ein Ziel verfolgt: »berühmt, reich und sexy« zu werden.

Der Wind hat sich gedreht. Die journalistischen Kläffer von gestern schreiben heute moralische Episteln. »Ethik«, ist zur rhetorischen Einstiegsdroge in die neue Zeit geworden. Die Geschwindigkeit dieser Gesinnungs- und Fokuswechsel bringt auch Michael Josephson ins Grübeln.

Auf der einen Seite hält er die Zeichen für hoffnungsvoll. Da ist diese Aufbruchstimmung, die eine neue Administration ins Weiße Haus getragen hat. Da ist das Versprechen einer Gesellschaft, in der es nicht nur auf Profit ankomme, sondern auf »ethische und spirituelle Sensibilität«, wie es Michael Lerner, der intellektuelle Guru der Hillary Clinton, formulierte.

Und genau das ist die Kehrseite. Der soziale Aktivismus der sechziger Jahre wird mit dem Jargon des New Age eingefordert. Im Dämmer der Übergangszeit ist es schwierig, die pompöse Gebärde von der vernünftigen politischen Tat zu unterscheiden. Das Falschgeld der achtziger Jahre ist noch im Umlauf, auch für die seriöseren Ansätze der neunziger Jahre.

Zwei Stunden lang knetet Josephson an diesem Nachmittag die Seelen der Manager und bekennt später, bei einem Mineralwasser im Pool-Restaurant: »Für viele ist Ethik nur ein Geschäft.« Wieviel seines gekostet hat, läßt sich ziemlich genau ermitteln: eine Million Dollar. Es war der zehnte Teil der Summe, den er für seine juristische Schulungsfirma erlöste. Die laufende Institutsarbeit finanziert sich aus Spenden, Mitgliederbeiträgen und eben jenen saftigen Honoraren, die Josephson bei Veranstaltungen wie dieser für das Institut einstreichen kann.

Und seine Kunden sind dankbar. Als der Schlußapplaus verebbt ist und die Konferenzmitglieder an die Buffets strömen – wieder keine Pizza, sondern Huhn und Mais –, bedankt sich Bill Walsh aus dem Vorstand persönlich bei Josephson. Der nutzt die Gelegenheit, um Walsh für ein neues Programm zu gewinnen, das »Character counts« heißt. »Auf den Charakter kommt es an«, eine Art moralischer Aufrüstung für Teenager.

Walsh ist zugänglich. Zur Einführung der neuen Riesen-Pizza werden mindestens 50 000 neue Teilzeitbeschäftigte angeheuert, meist Jugendliche – »wäre es nicht schön, wenn die alle ehrlich wären?«

Zwei Vertreter aus Alaska steuern auf Josephson zu. »Längst überfällig, daß solche Seminare abgehalten werden«, sagt einer. Josephson kennt Alaska. Er war schon dort und hat, im Auftrag des Senats, einen »Ethik-Code« für Staatsangestellte verfaßt. »Wir werden überall gebraucht«, sagt er. »Und meistens werden wir angefordert, wenn es Pannen gibt. Wir müssen gar nicht werben – man reißt sich um uns. Spricht das nicht Bände über die Zeit, in der wir leben?«

Doch er ist keiner, der sich in Grübeleien verliert. Josephson hat Immanuel Kants monumentale Frage »Was sollen wir tun?« in begreifbare Zwei-Stunden-Seminare, Schaubilder und Kurven übersetzt. Aus der »praktischen Philosophie«, als die der Königsberger Gelehrte Ethik definiert hat, hat Josephson eine Art Sozialtechnologie entwickelt, ein positivistisches, sehr amerikanisches Reparaturprogramm für die Betriebsmoral.

In immer neuen Anläufen und Beispielen sagt Josephson an diesem Nachmittag vor der Vereinigung der Pizzabäkker in Palm Springs immer wieder das gleiche: Ethik ist kein Luxus. Sie ist der unverzichtbare Notproviant auf dem Weg ins nächste Jahrtausend. Natürlich ist er nicht der einzige, der sie so einfordert.

Auch an den Universitäten wird die Ethik-Debatte neu geführt. Als philosophisches Leitgestirn der geisteswissenschaftlichen Seminare war der Marxismus in den achtziger Jahren durch Foucaults Individualethik abgelöst worden. Die Grundfrage war nicht länger: Wie errichte ich eine gerechtere gesellschaftliche Ordnung, sondern: Wie gestalte ich mein eigenes Leben als Kunstwerk?

Doch die neunziger Jahre zeigen ein wiedererwachtes Interesse an der gesamtgesellschaftlichen Verfassung. Freilich nicht mehr in der Gestalt einer aufs Ganze zielenden, terroristisch-revolutionären Moral, sondern in Form einer pragmatischen Sozialethik.

Viel stärker als in Europa hat der Ethik-Diskurs jedoch in Amerika die praktische Anwendung im Auge. Sie ist, in Figuren wie Josephson, zu einer Art Missionsarbeit geworden für Führungskräfte aus Wirtschaft, Regierung und Medien. »Rund zwei Drittel meiner Seminarteilnehmer«, behauptet Josephson ermittelt zu haben, »treffen ihre Entscheidungen anders als vorher.«

Ist Ethik nicht aber auch ein soziales Problem? Muß nicht zuerst die Gesellschaft revolutioniert werden, bevor der Mensch ein guter Mensch sein darf? Im dekadenten Luxus von Palm Springs mag der Entschluß zur Tugend leichter reifen als im Drogenalltag von South Central L. A.

Josephson wischt diesen Einwand als bequeme Ausrede beiseite: »Ethisches Verhalten hat überhaupt nichts mit der sozialen Lage zu tun.« Nein, jeder einzelne ist in der Pflicht. Jeden Tag.

Josephson ist ein Don Quichotte, der das moralische Niveau seines Landes im Alleingang heben will. Und gleichzeitig ist er ein erfolgsorientierter Pragmatiker, ein zahlengläubiger Statistiker. Er schätzt, daß »rund 10 Prozent der Menschen ethisch tot sind«. Die übrigen 90 Prozent will er erreichen.

Abends fährt er nach Los Angeles zurück. Am nächsten Vormittag sitzt er in seinem Büro im Hafen von Marina del Rey und bereitet Seminare für seine nächsten Klienten vor: Radiobosse in Washington, eine Versicherung in San Francisco, den Staat von Hawaii, die Anwaltskammer in Tennessee.

Im Foyer der Büroetage hängen die Ölporträts seiner Eltern. Da ist die Mutter, die früh starb, so daß er die Erziehung seiner sechs jüngeren Geschwister zu übernehmen hatte. Daneben das Porträt des Vaters, den er liebte, dessen Geschäftspraktiken er jedoch nie dulden konnte: »Er wuchs in New York auf«, sagt er entschuldigend.

Jedes Jahr sammelt Michael Josephson die große, weitverzweigte Familie um sich. Und dann entscheiden die Kinder, welcher gemeinnützigen Vereinigung der jährliche 25 000-Dollar-Scheck aus dem Josephson-Vermögen dieses Mal gespendet werden soll. »Das schärft ihr Verantwortungsgefühl«, sagt er. Seinem Sohn hat er klargemacht, daß der von ihm keinen Cent erbe, sondern daß er sein ganzes Vermögen Stiftungen vermachen werde.

Das Josephson-Institut beschäftigt rund ein Dutzend Mitarbeiter, die Trainingsprogramme vorbereiten, Kurse und Termine abstimmen. Hier arbeiten keine säuselnden Seelsorger, sondern Profis, die den lockeren, trockenen Umgangston einer gutlaufenden Anwaltsfirma pflegen.

Für Charlie Dodge etwa, einen Absolventen der elitären Journalistenschule der Columbia University, ist der Job bei Josephson keine ethische, sondern eine journalistische Herausforderung. In erster Linie. »Aber als Pressetexter für Exxon« gibt er schließlich zu, »würde ich mich vielleicht weniger wohl fühlen.« Er ist für die Herausgabe der Vereinszeitschrift »Ethics« zuständig.

Das Blatt enthält, unter der Rubrik »Ethics Watch« (Ethik-Wache), eine Art aktuelles, fortlaufendes Sündenregister der Nation. Eine nahezu endlose Reihung von Verfehlungen aus Politik, Wirtschaft, Medien, Sport oder Showbusiness.

Josephson sitzt an seinem Schreibtisch. Neben ihm eine Büste des Sokrates, die ihm ein dankbarer Kursteilnehmer geschenkt hat. Er durchblättert die neue Ausgabe seiner Ethik-Zeitschrift und ihre Liste von Skandalen.

Er wirkt dabei wie ein Aufsichtsratsvorsitzender, der den Geschäftsbericht studiert. »Lauter potentielle Kunden«, sagt er schließlich mit grimmiger Zufriedenheit.

# Showdown in Nashville

*Eine Tagung der amerikanischen Waffenlobby*

Er steht im Foyer der Kongreßhalle wie eine geologische Formation aus uralten Zeiten. Braune Lederweste, Army-Colt, das berühmte Grinsen und die Stimme, die tief im Brustkorb ruht: John Wayne, der »Duke«.

Er verbeugt sich galant vor grauhaarigen Damen, ein später Ritter in dieser lauten, unfreundlichen Welt, und seine Hand liegt auf der Waffe, während er von der Freiheit und der Bibel spricht. Und plötzlich versichert er, daß er keine kosmetische Operation nötig hatte, um so auszusehen, wie er aussieht.

»Es ist alles echt«, sagt er, was paradox ist, denn natürlich ist er echt und ist es gleichzeitig nicht. Er heißt Gene Howard und ist ein Prediger, und er verdient Geld damit, so auszusehen wie John Wayne. Er ist sozusagen eine naturgewachsene Fälschung.

Dennoch ist das Echtheitszertifikat, das er sich ausstellt, berechtigt. In den sehnsüchtigen Augen der Menschen, die ihn umringen, in ihrem erinnernden Lächeln, in ihren Bitten um Autogramme ist er tatsächlich John Wayne auf jener magischen Seinsebene, auf der etwa indische Filmfans den Darsteller des Gottes Krishna als Gott verehren.

Für die Besucher ist dieser John Wayne das gute, das re-mythologisierte, starke Amerika der letzten zwölf Jahre, das die Vietnam-Schmach tilgte und den Kommunismus bezwang. Sicher spüren sie, daß dieses Amerika nur so echt war wie der falsche John Wayne; aber lebt sich die gemütliche Lüge nicht leichter als die komplizierte Wahrheit?

Sie wissen, daß draußen eine neue Zeit angebrochen ist, die sie nicht mögen. Da regiert ein Vietnamkriegsgegner im Weißen Haus. Da sollen Schwule in die Armee und Frauen auf die Kommandobrücke. Und vor allem sollen neue Waffengesetze verabschiedet werden.

John Wayne legt seine Hand auf den Colt und sagt: »Nicht die Regierung gibt uns das Recht, eine Waffe zu tragen, sondern die Bibel.« Kann es eine stärkere moralische Legitimation für die Waffe geben als die durch die Schrift, durch das Wort Gottes? John Wayne predigt zu Bekehrten, zu Mitgliedern der »National Rifle Association« (NRA), die in Nashville, Tennessee, zu ihrer 122. Jahresversammlung zusammengekommen sind.

Noch vor einem Jahr war die NRA ein mächtiger, aber müder Förster-Verein. Es gab nicht viel zu tun für ihre Lobbyisten in Washington, schließlich saß mit George Bush ihr Mann im Weißen Haus. Doch plötzlich spürt die Waffenlobby Gegenwind. Plötzlich gewinnen Kandidaten die Wahlen, welche die NRA ausdrücklich nicht unterstützt. Plötzlich werden Gesetze zur Waffenkontrolle beraten und verabschiedet.

In der Sache scheint die aktuelle Frontlinie absurd. Die Gegner der NRA, vor allem die Gruppe »Handgun Control Inc.«, wollen Waffen ja nicht etwa verbieten. Es soll lediglich eine einwöchige Wartefrist beim Erwerb eines Schießeisens eingeführt werden, um die Kunden polizeilich zu überprüfen.

Wer sollte etwas dagegen haben? Amerika ist mit Waffen überschwemmt, über 200 Millionen Pistolen und Revolver, MPS, Gewehre und Schrotflinten befinden sich in privatem Besitz; die Hälfte aller US-Familien hat mindestens eine Waffe im Haus. Jeden Tag sterben fast 100 Amerikaner durch »handguns«. Im Jahr 1990 kamen in den Vereinigten Staaten 33 035 Menschen durch Schußwaffen um – in England waren es 66.

Waffen sind überall, und viele davon befinden sich in falschen Händen, in denen von amoklaufenden Postangestellten, von Drogendealern und Teenager-Rambos. Es gibt Schüler in Brooklyn, die ihre Saturday Night Specials stundenweise verleihen, an Spielkameraden, die kurzfristig Autoritätsprobleme in der Nachbarschaft zu lösen haben.

Bei amerikanischen Jugendlichen sind Schießereien die zweithäufigste Todesursache. Sollte es die UNO ernst meinen mit dem Verbot, Waffen in Krisengebiete zu liefern, müßte ein sofortiges Embargo über die amerikanischen Innenstädte verhängt werden. Welcher Jäger braucht eine Kalaschnikow für die Jagd? Welche Hausfrau eine Uzi zur Selbstverteidigung?

Doch die bescheidenen Kontroll-Vorschläge haben die NRA in Rage gebracht. Sie spürt, daß hier eine symbolische Schlacht geschlagen wird. Es geht um alles. Um einen ideologischen Kurswechsel – weg vom atavistischen Individualrecht, hin zum modernen Staat. Es ist ein Kampf zwischen alter und neuer Zeit.

Die NRA wirft sich mit ihrem Etat von 80 Millionen Dollar in die Schlacht, als wäre es ihre letzte. Das Recht auf Waffen, sagt sie mit einiger Plausibilität, ist Amerika.

Waffen, wie etwa die legendäre Winchester 73, sind Embleme patriotischer Gesinnung und Kultgegenstände bis heute.

Der einzige König, den die Vereinigten Staaten je duldeten, Elvis »The King« Presley, liebte es, im Tablettenrausch auf Fernseher zu ballern. Zwei seiner 45er Colts mitsamt sieben Silberkugeln werden heute im Richard-Nixon-Museum bestaunt – der King hatte sie dem Präsidenten vermacht. Nixon war so selbstverständlich NRA-Mitglied wie John F. Kennedy, der mit einem Versandhausgewehr erschossen wurde.

Das Jahrestreffen der NRA trägt alle Züge einer religiösen Erweckungsversammlung. Nach den Morgengebeten stimmt der schneidige Chef Wayne LaPierre die Versammlung auf den heiligen Krieg ein. Es ist Showdown in Nashville. Die NRA kämpft gegen »die Entwaffnung der Bürger«. Sie kämpft gegen den Ausverkauf des Landes an die Liberalen und Kriminellen. In LaPierres Rede weht das Sternenbanner, wird der Unabhängigkeitskrieg noch einmal gewonnen, der Delaware-Fluß noch einmal überquert. »Wir sind Amerika«, ruft er, »wir sind Patrioten.«

Die Vorstellung, von Feinden umzingelt zu sein, hat die NRA elektrisiert. In den letzten anderthalb Jahren gab es 600 000 Neuzugänge. Auf der Bühne hängt ein Transparent, darauf eine Zahl, wie der Jackpot beim Bingo: 3 060 118 Mitglieder. »Und jeden Tag kommen 2000 neue hinzu«, ruft LaPierre. »Die NRA ist die am schnellsten wachsende Organisation in den USA.«

Sie hätten sich keinen entgegenkommenderen Tagungsort aussuchen können als Nashville, die Hauptstadt der

Country Music. Hier beschränkt man sich auf das Wesentliche: in den Restaurants auf Fleisch und Bier, in den Kirchen auf Gott und Teufel, in der Musik auf Liebe und Mord. Abends fahren die Cowboy-Romantiker hinaus zur Grand Ole Opry, wo die Shows mit den Jesus-Gospeln des Reverent Jimmy Snow enden. Snow, dessen Vater schon mit dem »King« persönlich gesungen hat, steht da auf der Bühne im Glitzeranzug, und auf den Bänken dämmern die Farmer aus Kentucky und Kansas, einfache, ruhige Gesichter, und Snow singt: »Gimme that Old Time Religion back – gib mir meine gute alte Religion zurück« – und dann zieht er die Bibel aus dem Patronengürtel und interpretiert Lukas 13.

Im besenreinen Nashville, wo der Ku-Klux-Klan mit seinen brennenden Kreuzen noch in den achtziger Jahren aktiv wurde und knapp ein Drittel aller befragten Frauen gegen gemischtrassige Ehen sind, bleiben die weißen Mittelstandsamerikaner der NRA unter sich: eine Familienfeier der sogenannten kleinen Leute aus dem Bibelgürtel. Die Frauen trinken Kaffee, für die Kinder gibt es Schießstände und Mützen und Schriften wie »Gunfighters«.

Das Buch enthält eine Art fröhlicher Holocaust-Folklore, die davon erzählt, wie der Pionier den Westen entvölkert und ethnisch gesäubert hat, etwa von Apachen, »den grausamsten, herzlosesten und unmenschlichsten Wilden des gesamten Kontinents«. Ein Colonel Charles Askins hat die Geschichtslektion im Auftrag der NRA verfaßt.

Natürlich erinnert an den Indianermord kein Buch, und ganz sicher kein Museum. Im Gegenteil: der perpetuierte Cowboy- und Siedlermythos besiegelt eine ›geglückte‹ uramerikanische Verdrängung. Die Legende lebt.

Sie lebt besonders auf in der großen Ausstellungshalle, wo die Waffenschau stattfindet und Traditionshäuser wie »Colt« und »Smith & Wesson« ihre neuesten Produktlinien auslegen. Da erklärt ein ortsansässiger Papa seinem kleinen blonden Timothy, wie man den Sicherungshebel umlegt, und »Eddie«, das Adler-Maskottchen der NRA tanzt hinter ihm durch die Gänge und macht klar, daß Waffen ein Spaß für die ganze Familie sind.

Sarah, die sechzehnjährige Tochter eines Waffenherstellers aus Michigan, erzählt von ihren Versuchen, die Klassenkameraden für die NRA zu rekrutieren – »aber die meisten sind komisch, Demokraten und so.« Arme Sarah. Doch die Demokraten, andererseits, sorgen dafür, daß ihr Papa Geschäfte macht wie nie zuvor. Die Auftragsbücher sind voll. Die Angst vor neuen Erlassen aus Washington geht um, und der kluge Kunde kauft auf Vorrat.

Doch da ist auch eine andere, eine tiefersitzende Angst, die, besonders seit den Plünderungen und Brandschatzungen von Los Angeles, das Geschäft anheizt: die Angst vor dem Zerfall. Eine Gesellschaft rüstet auf – nach innen.

So wird auf dieser fröhlich-patriotischen Familienfeier immer auch eine düstere Notwehr-Folklore zelebriert. Die Botschaft heißt: Die Kriminellen sind unterwegs. Die Polizei tut nichts. Bürger, seid wachsam!

Die Angst hat der Waffenindustrie auch ein völlig neues Marktsegment erobert: Frauen. In der amerikanischen Waffensubkultur, in Magazinen wie *Women and Guns*, wird der weibliche Rambo gefeiert. Titel der letzten Nummer: »Die Handtaschenlösung« – handliche Kanonen für den Alltag, die kleinen Besorgungen, den Weg ins Büro.

Am Ausstellungsstand von Smith & Wesson (Werbemotto: »Die Traditionen der Vergangenheit, die Vision der Zukunft«) führt PR-Chef Ken Jorgensen die »Lady«-Serie der Firma vor. Karen aus Oak Ridge erklärt kategorisch: »Eine Fünfschüssige kommt mir erst gar nicht ins Haus – am Ende fehlt immer ein Schuß.« Entweder gleich eine 9-Millimeter-Halbautomatik mit einem mindestens zehnschüssigen Magazin oder doch wenigstens den sechsschüssigen Revolver, sagt sie.

Ken nickt verständig. »Die Frau von heute«, sagt er, »will sechs Schuß. Und mindestens Kaliber .38. Alles, was drunter liegt, ist nicht wirkungsvoll genug.« Seine Firma hat sich darauf eingestellt, Modell 65 LS zum Beispiel, ein 38er aus der Lady-Serie, kann .357-Magnum-Munition abfeuern.

Wie jede andere Ware ist auch der Waffenhandel Moden und Trends unterworfen. Eine Zeitlang war Clint Eastwoods 44er Magnum populär. Dann kam eine neue Generation halbautomatischer Pistolen auf, die Traditionalisten wie Colt glattweg überrannte.

In Miami etwa brachte die Firma Intratec des Exilkubaners García eine Halbautomatik auf den Markt, die sich zur Maschinenpistole hochrüsten ließ und die vor allem in Serien wie »Miami Vice« und Filmen wie »Robocop« werbewirksam eingesetzt wurde. Die Pistole, zu Dumpingpreisen in den Handel gebracht, wird von den Kunden, meist halbwüchsigen Drogendealern, wegen ihres militärischen Aussehens liebevoll »ugly gun« genannt.

Doch mit Klassikern wie der stupsnasigen »Detective Special«, einem 38er Revolver, konnte Colt wieder erheblich aufholen. »Er paßt in jede Frauenhandtasche«, sagt die

Dame von der Firma. Noch im letzten Jahr hatte Colt Vergleichsantrag stellen müssen, »doch demnächst sind wir wieder in der Gewinnzone.«

Die Angstinszenierungen des NRA-Lehrmaterials sind einfallsreich. Da ist nicht nur die obligate Zielscheibe, auf der ein Kapuzenmann ein blondes Mädchen als Geisel und Kugelfang im Arm hält. Da sind auch Videos wie das mit dem Protokoll eines Notrufs:

Die verzweifelte Stimme einer Frau, die einen Einbrecher an der Türe hört. Am anderen Ende der Telefonleitung ein ignoranter Polizeibeamter, der unsinnige Anweisungen gibt. Schließlich wird die Leitung unterbrochen – die Frau, heißt es im Abspann, wurde vergewaltigt. Mit Revolver im Nachttisch wäre das nicht passiert.

Das Video wirkt wie ein Schlag in die Magengegend. Man spürt Wut, die aufsteigt wie eine giftige Blase, Wut auf die Polizei, auf die eigene Ohnmacht, auf den modernen, permissiven Staat, auf Menschen, die »wie Bestien sind«.

Und dann steht man am Schießstand, die Hand fest um den Griff einer Heckler & Koch-9-Millimeter, und »es fühlt sich einfach gut an«, wie Lorraine hinter ihrer Schmetterlingsbrille versichert: »Man ist nicht mehr so machtlos, oder?«

Lorraine kommt aus Ohio, das so gut wie keine Waffenkontrollen kennt und daher Käufer aus strengeren Nachbarstaaten magisch anzieht. Sie scheint den NRA-Horrorfilm auf kopfschüttelnde Art zu genießen. Er gibt ihr recht: Die Welt besteht aus Bestien, gegen die man sich besser bewaffnet.

Am nächsten Tag sind Karen und Lorraine Gäste des

Seminars »Ich weigere mich, ein Opfer zu sein«. Drei Frauen berichten.

Charmaine wurde in ihrem Laden überfallen. Sie mußte mit ansehen, wie ihre Gehilfin erschossen wurde. Sie konnte den Täter schließlich zur Strecke bringen. Alle im Saal applaudieren.

Suzanna, eine Überlebende des Massakers von Killeen, Texas, im Herbst 1991, saß mit ihren Eltern in jenem Café, das von dem Amokläufer heimgesucht wurde. »Mein Gott, der Kerl ging systematisch von Tisch zu Tisch und liquidierte jeden.« Suzanna erzählt, merkwürdig gefaßt, wie ihr Vater erschossen wurde und dann ihre Mutter. Ihr selbst gelang die Flucht. »Ausgerechnet an diesem Tag«, sagt Suzanna in die atemlose, stille Versammlung, »hatte ich mich an die Gesetze gehalten und trug meine 38er nicht bei mir.« Ein graubärtiger Colonel springt auf: »Wenn uns die Gesetze nicht schützen – zur Hölle mit ihnen!«

Jacquie Miller, die wegen eines Schußwechsels im Rollstuhl sitzt, sagt beschwörend: »Gewöhnt euch an eure Waffen.« Ein schmales, blasses Mädchen meldet sich schüchtern. Als Christin habe sie ein Problem, da sei schließlich das fünfte Gebot: Du sollst nicht töten.

Jacquie lächelt verständnisvoll. »Das ist richtig. Doch in der Bibel steht auch, daß du dich schützen sollst. Letztendlich kommt es doch nur darauf an, zu überleben.«

Überrascht und offenbar befriedigt von dieser unorthodoxen Bibelinterpretation setzt sich das Mädchen wieder. Und Jacquie ruft aus, wie eine wiedergetaufte Gläubige: »Meine Waffe ist mein bester Freund.«

Da springen alle auf, und einer, der sich als Geschichtsprofessor vorstellt, spricht mit Tränen in den Augen von »Heldinnen«.

Sicher denken einige der Älteren da an den Western »High Noon«, in dem die schöne Grace Kelly, eine Quäkerin, auch erst ihre Zweifel besiegen muß, bevor sie in der Lage ist, den Feind von hinten zu erschießen.

Es sind sinistre, tränenreiche Veranstaltungen, die die NRA auf diesem Kongreß ausrichtet – eine bizarre Subkultur blüht da, die von der ständigen Strapazierung des Naturrechts auf Selbstverteidigung lebt, von einem permanenten Kitzel des Notwehrinstinkts. Die NRA-Philosophie heißt: Der Mensch ist des Menschen Wolf. Knallrote Aufkleber werden verteilt: »Nur eine bewaffnete Gesellschaft ist eine höfliche Gesellschaft.«

Der Waffenträger ist Pessimist. Er erlebt die Welt als Feindesland. Und er hat, angesichts der innerstädtischen Kriminalitätsraten, sicher auch einigen Grund dazu. Das amerikanische Justizsystem ist bankrott. Die Gefängnisse sind überfüllt. Im Staat Texas etwa müssen jeden Tag mindestens 150 Häftlinge aus Kostengründen vorzeitig entlassen werden. Viele davon sind Gewalttäter, die rückfällig werden. Andere können damit rechnen, daß sie ihre Strafen gar nicht erst antreten müssen.

Der Waffenträger ist jedoch nicht nur mißtrauisch gegen den Nachbarn, sondern vor allem gegen die eigene Regierung. Er mag ihr das Gewaltmonopol nicht überlassen. Einer der Redner zitiert Thomas Jefferson: Das Recht des Volkes, Waffen zu besitzen und zu tragen, soll nicht beeinträchtigt werden. Und er fügt hinzu: »Nur totalitäre Staaten verbieten ihren Bürgern Waffen.«

Tatsächlich zielt ein erheblicher Teil der NRA-Propagandisten auf diese Ängste. Jüdische Kolumnisten der Waffenlobby schreiben, daß Hitler nicht möglich gewesen wäre, wenn die Juden bewaffnet gewesen wären. So absurd die Argumente auch klingen mögen – sie erzählen von realen Ängsten. Hat nicht der linksliberale Jude Ralph Giordano in Deutschland zur Bewaffnung gegen den braunen Mob aufgerufen?

Die NRA präsentiert sich als Sammelbecken für alle Verzagten, die nach Recht und Ordnung rufen, als großes Lazarett vor allem für die in der letzten Präsidentschaftswahl geschlagenen republikanischen Truppen. Für deren moralische Aufrüstung sorgt nun der Radio- und TV-Talkmaster Rush Limbaugh, die neue Stimmungskanone der Rechten.

Seine Radio-Show wird von 600 Stationen gesendet, sein Buch »The Way Things Ought To Be« (Wie die Dinge sein sollten) steht seit 42 Wochen auf der *New York Times*-Bestsellerliste. Rush Limbaugh hält die Festrede auf dem Abschlußbankett in Nashville, und viele sind eigens seinetwegen angereist.

Auf diesem Abschlußbankett sind auch ethnische Minderheiten zugelassen: Hunderte von schwarzen Serviermädchen und Kellnern sorgen dafür, daß den 7000 weißen Festgästen in den Sälen des Opryland-Hotels der Wein nicht ausgeht. Und als Rush Limbaugh nach Fahnenschwur, Hymne und Gebet schnaufend das Podium besteigt, ist die NRA-Familie schon reichlich in Fahrt.

Von Ovationen unterbrochen, die wie Salven klingen, erkämpft der schwergewichtige Talkmaster am Rednerpult den Konservativen das Land zurück. Er schlägt die Demokraten im Alleingang, allen voran den Vietnamkrieg-Drük-keberger Bill Clinton. Limbaugh predigt die alten Werte: Wehrhaftigkeit, Männlichkeit, Moral.

Am Ende steht er da, und er hält den wertvollen Silber-stutzen, der ihm feierlich überreicht wurde, in die Höhe. Und einer brüllt von unten: »Erschieß uns ein paar Liberale damit.«

Da begeht Limbaugh im Überschwang einen kapitalen Fehler. Er bedankt sich für die kostbare Flinte – »die erste Waffe, die ich je besessen habe«.

»Mein Gott«, stöhnt ein Smokingträger an einem der 1000-Dollar-Tische verstört, »war der Kerl etwa nicht in der Armee?«

Nein. War er nicht.

# Im Canyon der Kristalle

*New Age in Sedona*

Rahelio, der Halbindianer, steht auf einer Felszunge über dem Tal, die Hände ausgebreitet, als wolle er es segnen. Das Tal ist ein sanfter grüner Traum aus Joshua-Bäumen und Bananen-Yuccas, aus rotblühenden Kakteen und silbernen Chollas, und gegenüber steigt der Fels in den Himmel wie eine Kathedrale, kupferrot, monumental, ewig. Wer hier nicht fromm wird, ist entweder blind oder Immobilienmakler.

Den Hopi-Indianern war das Land der roten Felsen heilig. Sie betraten es, um ihren Ahnen und ihren Göttern zu opfern, und sie legten ihre Medizinräder aus Felsbrocken auf die rote Erde, und sie beteten, und dann kehrten sie zurück zu den trockenen Hochebenen in den Nordosten Arizonas.

Und nun steht Rahelio dort, reglos und mit geschlossenen Augen. Er lehnt sich hinaus wie durch ein unsichtbares Fenster ins Jenseits, und alle in seiner Reisegruppe lehnen sich sehnsüchtig mit: Der Börsenmakler aus San Francisco, die Ärztin aus Malibu, der Vertriebsleiter aus Florida und die Psychologie-Studentin aus New York harren vereint, wie in einem Spielberg-Film, auf eine Begegnung der dritten Art.

Nur Stille. Keine Schreie diesmal, keine Zusammenbrüche, keine Geständnisse, hier auf dem magischen Punkt in den Felsen, den Rahelio »Vortex« nennt, ein Kraftfeld, ein Energiewirbel, ein gewaltiger Verstärker, der die Gefühle und Stimmungen und Seelenlagen seiner Besucher intensiviert und den Kontakt zu den Geistern herstellt. Im Fels gleißen Kristalle, und im Tal krächzt ein Rabe, und Rahelio murmelt: »Der Bote des Unterbewußten.«

Rahelio sieht aus, als wäre er von den Stuyvesant-Strategen für die »Come together«-Kampagne erfunden worden. Ein Teint aus Bronze und lange, blauschwarze Haare bis zum Gürtel – der edle Wilde des Computerzeitalters.

Wie viele seiner Freunde war Rahelio von einer Stimme in die Canyons von Sedona befohlen worden. Er hatte eine Vision, wie sie in der Kirchengeschichte oft vorkommt: Er sah ein Licht. Allerdings sah er in diesem Licht nicht die Mutter Gottes, sondern ein Ufo, weshalb Rahelio für eine Seligsprechung nicht in Frage kommt. Aber er ist ein Apostel des New Age, des neuen Zeitalters.

New Age ist das erste siegreiche postmoderne Glaubenssystem. Es ist die Religion der Fernsehgeneration: fernöstlich wie Kung-Fu-Filme, geheimnistief wie Stephen Kings Horrorbestseller und so wissenschaftsbesessen, wie es Science-fiction nur sein kann. Und es rehabilitiert, in sympathischen Wiedergutmachungsreflexen des christlichen Ideenterrors, mystische Traditionen und Mythologien wie die der Hopi-Indianer und bereitet sie auf für die Benetton-Generation. New Age saugt wie ein Schwamm alles auf, was der abendländischen Rationalität zum Opfer gefallen ist.

Hier in Sedona liegt der Wallfahrtsort der Bewegung. Eingebettet in die roten Felsen die Hauptstraße, zwei Ampeln, ein Supermarkt und ungezählte Bücherläden, die »Kristall-Mine« oder »Das Goldene Wort« heißen, vegetarische Restaurants und Tempel, eine Kultur aus Traktaten und Talismanen, aus Heiligenbildchen und Hellsehern, aus Kupferpyramiden und »brain machines«. Touristen werden in Hotelanlagen wie dem »Ort der Verzückung« untergebracht, wo Uqualla, der Hausindianer, die Geister der Gegend gnädig stimmt.

New Age ist spirituelle Technologie. Ihr Ziel, in einem Bild zusammengefaßt: Eine Telefonat mit Gott über den Zeitpunkt des Weltendes, möglichst ein R-Gespräch.

Heute glauben 67 Prozent aller Amerikaner an übernatürliche Erscheinungen, und 42 Prozent wähnen sich in Kontakt mit Toten. Für New Ager ist Jesus eine Reinkarnation unter anderen und Erzengel Gabriel ein Extraterrestrischer. Daß es auch böse Außerirdische gibt, weiß selbst die Regierung: Deshalb stellt sie unter Titel 14, Section 1211 ihres »Code of Federal Regulations« vom 16. Juli 1969 alle Versuche unter Strafe, mit Aliens oder ihren Vehikeln Kontakt aufzunehmen. Nach Professor Carl Raschke von der Universität von Denver ist New Age »die mächtigste soziale Kraft im Lande«. Eine wirtschaftlich potente dazu – 3,5 Milliarden Dollar setzt die amerikanische New-Age-Industrie jährlich um.

Und es ist so amerikanisch wie Coca-Cola. Das amerikanische Weltverständnis war von jeher endzeitlich und erweckungsgläubig, geplagt von Apokalypse-Vorstellungen und hypnotisiert von Paradies-Verheißungen.

Obwohl New Age in der okkulten Gegenkultur der sechziger Jahre wurzelt, ist es doch homogener Bestandteil der amerikanischen Glaubensgeschichte, die eine der Visionen, der gnostischen Religionsgründungen und Massenekstasen ist. Woodstock, der schwärmerische Generationenaufstand, der das nahende »Zeitalter des Wassermannes« feierte, hatte Tradition: Schon am 6. August 1801 hatten sich in Cane Ridge, Kentucky, 25 000 versammelt, um in ekstatischen Tänzen und Gebeten, lachend und bellend und singend, ein neues Zeitalter vorzubereiten, das Weltende und das Reich Gottes.

Immer ist Endzeit, dieses Bewußtsein teilt New Age mit etablierten amerikanischen Religionen. Reagans Innenminister James Watt, ein Pentecostalist, Angehöriger einer Pfingstgemeinde, die »in Zungen redet«, strich Umweltschutzprogramme zusammen, weil die Welt, wie er öffentlich erklärte, innerhalb der nächsten zwei Generationen ohnehin verschwinden werde.

An das Weltende glaubt auch Rahelio, und er stützt sich dabei auf eine Weissagung der Hopi-Indianer. »Mutter Erde schüttelt sich«, kommentiert er das Wüten des Hurrikans Andrew, »und sie wird die großen Städte verschwinden lassen.« Erleuchtete werden der Katastrophe entkommen – Freunde Rahelios legen sich bereits Vorratskammern an.

»Schau dir an, wohin die bisherige Politik das Land gebracht hat«, sagt Rahelio. »Was spricht dagegen, etwas ganz Neues auszuprobieren?«


Während die Republikaner ihren Parteitag in Houston als eine Art reaktionären Kirchentag ausrichten und Präsident Bush vor den Problemen des Landes in heilige Eide auf die

Fetische Fötus und Fahne flüchtet, beten die New Ager in Sedona in einer Messe mit Kristallkugeln in der Hand um eine Massenhimmelfahrt. Es ist nicht entschieden, welche der beiden Veranstaltungen abwegiger, wohl aber, welche freundlicher ist. Während die Politprediger zum Kreuzzug gegen Schwule und Wohlfahrtsempfänger rufen, predigen New Ager Toleranz. Sie haben ein »höheres« Bewußtsein. Sie sind für den Umweltschutz. Sie sind harmlos und gut.

Zwei korpulente Priesterinnen, die Haare mit viel Spray zu Gebirgen toupiert, leiten die Messe. Draußen haben sich die heiligen roten Felsen in erhabene Wolken gehüllt, und hier drinnen stehen zwei Frauen vor ihrer Gemeinde, die katholische Meßgewänder über ihren Übergrößen-Jeans tragen, Osterweiß mit Silberkreuz die eine und Karfreitags-violett die andere, und die Stolen sind an den Rändern leicht fleckig.

Die Priesterinnen erzählen von ihren Kontakten mit dem Jenseits, von Erzengel Gabriel, von Isis und Saint-Germain; sie schwärmen in sanftem Irrsinn, und ihre Brillen-gläser sind dick wie Flaschenböden und lassen ihre Augen zu großen Pfützen verschwimmen.

»Wir sind alle göttlich«, sagt die Blonde, »wir alle sind Licht«, und die Gemeinde murmelt zustimmend, und dann beten sie zusammen ein abgewandeltes »Vaterunser«, eine »Direktübersetzung aus dem Aramäischen«, in dem von einem Atem, einem Licht und einem Tempel die Rede ist.

Die Gesichter der Gemeinschaft erinnern an die der biederen Satanisten aus dem Polanski-Film »Rosemary's Baby« – nicht fanatisch, sondern beseelt, und eine, die ihren Arm in einem Verband trägt, hat eine Erscheinung.

In der Predigt spricht Priesterin Helga, die Rothaarige, von dem Jüngling, der ihr erschienen war und der mit seinen weißblonden Haaren, seiner dicklichen Figur, seinem wallenden Satingewand als ein weicher, erotischer Schmuseschwabbel-Traum-Jesus beschrieben wird, den sie Janin nennt und der ihr geraten habe, mit dem Auto vorsichtig aus der Garage herauszufahren.

Ein wenig enttäuschend ist es schon, daß die Geister, auch die prominentesten unter ihnen, wie Jehova oder Commander Ashtar, nie ein gültiges Rezept gegen Krieg und Hungersnöte verraten – immer nur Anweisungen auf Kleingärtner-Ebene: Paß auf dein Auto auf, laß die Suppe nicht verbrennen. Katastrophenverhütung für Hausfrauen.

Die Ikonographie des Andachtraumes bebildert das religiöse Begehren mit einem merkwürdigen Kitschpotpourri. Ein Jesus in Gelb hängt da, gleich neben einem Waldstück mit Bach und Elfen, und immer wieder Kristallkugeln in kosmischen Räumen, die Embryos in sich bergen. Zu allem plätschert elektronische Harfenmusik.

Alle lächeln, alle sind leise, und als es zur Kommunion kommt, die hier »Healing Service« heißt, treten alle vor und lassen sich die Hand auflegen, die weich und rund und dick ist. Ähnlich wie Drewermanns homöopathischer Katholizismus verlangt auch das New Age kein Opfer. New Age tut keinem weh – das erklärte Ziel ist Wohlgefühl, grenzenlose Harmonie, Therapie.

Sedona, die 11 000-Seelen-Gemeinde, ist ein metaphysisches Disneyworld, in dem Platz für alle Arten von Buden ist. Karl, schwedischer Fachmann für Reinkarnationsanalysen, der vergangene Leben sichten kann, bedrückt den Reporter zunächst mit der Schilderung besonders langweiliger Wiedergeburten: Geschäftsmann in Österreich! Davor Bauer in der Normandie, über Jahrhunderte hinweg! Karl spürt die Bestürzung in den zaghaften Nachfragen und bessert nach: zur Römerzeit siegreicher Feldherr. Warum nicht gleich so?

Robert Shapiro, in einem früheren Leben Staubsauger-Vertreter, steht als Spezialist für Channeling gleich mit mehreren Geistern in Verbindung. Er lebt in einem Trailer am Fluß und verlangt 60 Dollar die Stunde. Nie weiß er vorher, welcher der Geister aus ihm sprechen wird. Er trägt ein Stirnband über grauem Haar, und plötzlich sackt er in sich zusammen, ein Röcheln und Grummeln dringt aus seiner Kehle, und dann ist da die dunkle Stimme von »Bear Claw«, Bärenklaue, einem Indianer aus dem Jahre 1520.

Bärenklaue ist der Schamane seines Stammes und kann in die Zukunft schauen und deshalb, über Robert Shapiro, mit dem Reporter reden. Doch er ist so mißtrauisch, als würde er am liebsten über seinen Anwalt mit ihm verkehren. »Ich werde nichts sagen, was der weiße Mann gegen mich verwenden kann.« Die Feindseligkeiten gipfeln in einer besonders gehässigen Reinkarnationsschilderung. »Weißer Mann war einmal ein Packesel, auf einem anderen Planeten.«

Derartig getroffen, kann weißem Mann nur noch eine Vokalheilung helfen, welche die fünfte Chakra, die Kehlengegend, befreit und von der schönen »Basadhra« verabreicht wird. Während die zierliche Linda von Basadhras hohem A aus dem Teilnehmerkreis geschleudert wird, empfindet der Reporter bei einem warmen Halbton nur noch Wohlgefühl, das ihn durch den milden Sedona-Wahnsinn trägt.

Er führt Gespräche mit Erzengel Michael und der Göttin Gaia, erhält fotografische Beweise für den allerheftigsten Ufo-Flugverkehr über den roten Felsen und wissenschaftliche Belege für Marsbesiedlungen, schlägt bedauernd Einladungen zu erotischen Vortex-Ekstasen ab und erlebt Mentalverstärkung durch Marihuana und Kristallkugeln sowie Lichterscheinungen durch Hyperventilation.

Doch Sedonas mildes Irrsinnslächeln täuscht – das Tal der roten Felsen ist für manche ein Schlachtfeld. Etwa für den Reverend Jerald Bushman. Er trägt eine braune Krawatte zu seinem dicken braunen Winteranzug, er hat Gallenfalten, und im Restaurant bestellt er sich weißes Hühnerfleisch zwischen zwei trockenen Brötchenhälften. Das Obst läßt er stehen. Er würgt auf seinem Brötchen herum und erzählt von seinem Kampf gegen den Satan. Rund ein Fünftel der Einwohner Sedonas hält er für aktive Christen. »Und wenn man die Katholiken hinzurechnet, ungefähr die Hälfte.« Unter dem heillosen Rest wütet der Satan.

Der Reverend verschwendet keinen Blick an Snoopy Rock, der hinter der Panoramascheibe seine Farben angeberisch glühen läßt. »Vor fünf Jahren kamen sie hierher«, erzählt Bushman, »die Anbeter Satans, die New-Age-Leute, die sich selber göttlich nennen. Damals gab es eine planetare Konstellation, die sie Harmonic conversion nannten. Sonne, Erde, Mond auf einer Linie.« Für sie war es das Zeichen des Aufbruchs ins Zeitalter des Wassermannes, ins Neue Zeitalter. Doch er erkannte es als Zeichen des Satans.

Der Reverend Bushman ist auf die Entscheidungsschlacht vorbereitet. Er zieht das Neue Testament aus der Tasche, und er findet die Stelle mühelos. Paulus im 1. Timotheus-Brief 4,1: »Der Geist sagt deutlich, daß in den letzten Zeiten einige von diesem Glauben abfallen und irreführenden Geistern und teuflischen Lehren anhängen werden, verleitet durch Heuchelei der Lügenredner...« Die letzten Zeiten, meint der Reverend, erschöpft auf seinem trokkenen Trockensandwich kauend, seien jetzt angebrochen. Er schätzt: noch 20 Jahre bis zum Jüngsten Gericht.

Eines hat Bushman mit den New Agern gemeinsam: Er mag nicht auf wissenschaftliche Beweise seines Glaubens verzichten. »Ein russischer Wissenschaftler«, sagt er, »hat kürzlich den eindeutigen Beweis für die Existenz Gottes geliefert.«

Hier, in Sedona, wo die Felsen rot sind und der Sand glüht wie in den Wüsten Palästinas, ist Offenbarungsstunde, wie vor 2000 Jahren. Ein Stimmengewirr von Sehern und Predigern, von Prophezeiungen und Deutungen, die, wie alle Wahnsysteme, eines gemeinsam haben: Sie entdekken einen Geheimplan hinter der chaotischen Wirklichkeit, prächtige, poetische Blaupausen einer Weltvernunft und ebenso prächtige Systeme von Weltverschwörungen.

Der Geheimplan in der politischen Sphäre wird Konspiration genannt. Auch im Konspirationsverdacht verbirgt sich die Sehnsucht nach Ordnung. Gleich neben den Kristalläden und den New-Age-Reiseveranstaltern »Mystic Tours« und »Earth Wisdom Tours« liegt die Tankstelle von Sedona. Sie wird von dem Serben Cedic betrieben. Cedic ist frei vom New-Age-Verdacht – er betet orthodox.

Doch er kultiviert ein eigenes, ein politisches Wahnsystem. In seinem Kassenhaus hat Cedic ein großes Poster aufgestellt: »Amerika erwache. Geheimhaltung ist gefährlich. Die Regierung muß für alle da sein.« Cedic will die amerikanische Regierung zwingen, alle Karten auf den Tisch zu legen. Er hat Beweise für ein Komplott: James Baker und Kurt Waldheim wollen die Menschheit vernichten. Innerhalb der nächsten fünf Jahre wird es zum Weltkrieg kommen.

»So ähnlich sehen das die Hopi-Indianer auch«, sagt der Reporter. »Eine globale Katastrophe. Allerdings ohne Waldheim.« Cedic runzelt die Brauen. »Die Hopi?« sagt er, »haben Sie Schriftstücke, Beweise?«

»Halt«, sagt Jeanmarie leise. Vor uns in der flimmernden Hitze ein endloses Band aus Asphalt, das karges, verbranntes Land durchschneidet. Hopi-Land. Wir steigen aus. Jeanmarie schaut hinauf. Über uns in der blauen Himmelsstille kreist lautlos ein Falke. Jeanmarie nimmt Tabak aus einem Beutel und Piwi, heiliges Oblatenbrot aus blauem Mais, das sie zerreibt. »Danke, Bruder Falke«, sagt sie und streut die Mischung zu Boden, »daß du hier auf uns gewartet hast, um uns zu Großvater zu führen. Wir kommen mit guten Absichten. Wir versprechen dir, dein Land mit Respekt zu betreten.«

Natürlich ist es völlig bescheuert, in der Mittagsglut auf einer Straße zu stehen und mit einem Vogel zu reden. Aber in Jeanmaries Worten liegt eine schöne, ungekünstelte Ehrfurcht. Und hat nicht auch der heilige Franziskus zu den Tieren gesprochen?

Jeanmarie, Professorentochter aus Dakota, hatte in den frühen siebziger Jahren einen Blackfoot-Indianer zum Mann. Als der sich weigerte, das gemeinsame Kind anzuerkennen, das blond war und blauäugig, fand Jeanmarie bei den Hopi-Indianern Aufnahme. Skywoman wird sie von ihnen genannt, »Himmelsfrau«, und Jeanmarie arbeitet im Reservat und wird geachtet.

Jeanmarie besucht ihren adoptierten Großvater, Häuptling Eugene Sekaquaptewa, einen Schlangenpriester auf der dritten Mesa, einer Hochebene, die wie ein riesiger Tisch in die Halbwüste gestellt ist. Eugenes Dorf Oraibi ist über 10 000 Jahre alt und damit die älteste ständig bewohnte Ansiedlung Nordamerikas.

Weites Land, trauriges Land: Die Überlebenden des amerikanischen Völkermordes leben in tristen Reservatsbaracken in erster Linie von Wohlfahrts-Schecks. »Die Alkoholismus-Rate liegt hier bei 100 Prozent«, sagt Jeanmarie, und die Indianerbeauftragten der Regierung, fügt Häuptling Eugene hinzu, »sind korrupt bis ins Mark.«

Überdies sind die Hopi mit den Navajo in einen absurden Landstreit verwickelt, der sich seit 20 Jahren hinzieht. Der edle Wilde – ihn gibt es nur noch als Hollywood-Klischee.

Häuptling Eugene führt uns zum »Prophezeiungsfelsen« in der Nähe des Dorfes. Bierflaschen liegen im Schatten der Gebetsstelle. Der Schlangenpriester spricht über das alte Hopi-Orakel. »Koyaanisqatsi«, sagt Eugene, »die letzte Zeit ist angebrochen. Großmutter Erde wird sich von ihren Geschwüren befreien, es wird regnen, und wir alle, die wir das Geheimnis kennen, werden bereit sein, und danach wird es keine Hautfarben mehr geben, nur noch Menschen.«

»Koyaanisquatsi«, sagt am Abend auch Jeanmaries Freund Two Birds (Zwei Vögel), als er die indianische Schwitz- und Reinigungszeremonie vorbereitet. Auf Jeanmaries Ranch zum »Lächelnden Apachen« wurde ein Erdloch ausgehoben und darüber ein Zelt aus Zweigen und Decken errichtet. Rahelio ist mit seiner Freundin und vier weiteren blonden Mädchen erschienen, von denen eines in die Zeremonie der Pfeife eingeführt wird.

»Lange wird es nicht mehr dauern«, sagt Häuptling Two Birds, der Gedichte schreibt und das »große Geheimnis« beschwört, und er reicht die Pfeife weiter und singt ein altes indianisches Lied. Neun nackte Menschen sitzen im Dunkel der Zelthöhle um glühende Steine herum, und sie singen und schwitzen und beten. Sie könnten die ersten Menschen sein oder die letzten Überlebenden. Drei Männer und sechs Frauen – immerhin, damit wäre ein Neuanfang möglich.

Draußen, im Mondlicht, werfen die Felsen hohe schwarze Schatten. Sie haben 330 Millionen Jahre gebraucht, um sich so herauszubilden. Und sie sehen ziemlich gleichgültig aus.

# Armee im Schatten

*Die obdachlosen Geisteskranken in New York*

> *Daß ich ein Arzt bin und Sie ein*
> *Geisteskranker sind,*
> *beruht weder auf Moral noch*
> *Logik, nur auf einem reinen Zufall.*
>
> ANTON ČECHOV,
> KRANKENZIMMER NR. 6

Oben ist ein neuer Präsident gewählt worden, aber hier unten, in den Katakomben am Riverside Park, ist das ziemlich bedeutungslos. Eine neue Decke wäre nicht schlecht, ein Paar Schuhe, ein Sandwich.

Seit einigen Monaten verkehren hier wieder Züge. Dann und wann patrouillieren Wachmannschaften an den Gleisen. Deshalb liegt Angst in den Gesichtern, die aus Kartons und Müllhalden schauen, Angst in den Rufen, die das Grollen der Züge verschlingt; Angst ist in den Augen, die der Lichtstrahl der Taschenlampe erfaßt.

Eine mit fetten Graffiti überpinselte Mona Lisa ist in eine der Betonnischen gemalt, eine panisch grinsende Comic-Figur mit Irrsinn in den Augen. Sie schwebt über diesem Inferno aus Verfall und Urin und Angst, und sie ist die Göttin hier unten, in der Kolonie der Verdammten.

»Nein«, sagt ein zahnloser Alter, »Willie lebt hier nicht mehr.« Willie hat die Kolonie der Obdachlosen verlassen. Er ist ein Einzelgänger. Die Sozialarbeiter stoßen auf ihn in einer Garage am Park. Über einem längst aufgegebenen Waschraum, der eine Stacheldrahtkrone trägt, liegt er in seinem Lumpenlager wie in einem Schützengraben. Auch in Willies Augen steht Angst.

Tyrone, der Anführer der Helfer, hält sich an die Dschungelregeln. Er respektiert das Revier. Er zeigt, daß er in guter Absicht kommt. Von weitem schwenkt er seine Tüte mit Sandwiches. Er spricht mit Willie, beruhigt ihn und nähert sich ihm langsam wie einem scheuen Tier. Schließlich ist er nah genug, um die Tüte über den Stacheldraht zu werfen.

Sie haben Willie gesucht, weil er zur Gefahr wird, für andere und für sich selbst. Tyrone redet auf ihn ein, und Willie schüttelt seinen Kopf mit den Rasta-Locken. Er liege hier seit Tagen, sagt Willie schließlich. Und er habe den Auftrag, das Gelobte Land zu suchen. Und er könne sich Gottes Befehl nicht widersetzen, denn er sei Mose. Willie spricht zunehmend unverständlicher, als rede er in Zungen; schließlich quillt nur noch ein Strom von fremden Lauten hervor, in dem alte Bibelworte, Prunkworte, treiben wie prächtige Flöße.

Tyrones Sandwich-Pakete sind in gelbe Zettel gewickelt. Auf denen steht eine Wegbeschreibung zum Basislager der Hilfsorganisation »Reachout«, für die Tyrone arbeitet.

Tyrone versteht sich als Anthropologe. Er kennt sie alle: den Poeten, der mit seinem Holzpferd durch den Central Park läuft, oder Vietnam-Arnold, der drei Kampfeinsätze überlebt hat und sich seit 20 Jahren in den Parks vor den Agenten des Vietcong verbirgt, oder Suzie, die Königin von Saba.

Die Obdachlosen liegen als Bündel auf Kirchenstufen

und in U-Bahn-Schächten. Man steigt über sie hinweg und meidet ihre Blicke und jede Berührung, denn sie kommen aus einer anderen Welt, die von Visionen und Stimmen und panischen Schüben heimgesucht ist.

Tyrone nimmt Kontakt zu diesen fremden Stämmen auf, zu den Geisteskranken, den Psychotikern, den Schizophrenen und Paranoikern, die verschorft und verdreckt durch die Schluchten und Tunnel New Yorks nomadisieren. Die Symbole auf Tyrones Zettel verdeutlichen in einfacher Zeichensprache, was seine Organisation zu bieten hat: eine dampfende Tasse Kaffee, eine Dusche, das Rote Kreuz für erste Hilfe – Hilfe für jenes Viertel unter den rund 100 000 Obdachlosen New Yorks, die als geisteskrank gelten.

In den frühen sechziger Jahren hatte die Stadt begonnen, im Namen einer progressiven Psychiatrie die Patienten aus den Zwangsinstituten zu entlassen. Nicht länger sollten sie in Anstalten gesteckt werden wie Aussätzige, mit Drogen beruhigt und abgebucht als wirtschaftlich nicht nutzbringender menschlicher Ballast. Die Gestörten sollten erneut integriert werden. Zwischen 1962 und 1975 wurden 100 000 Klinikinsassen entlassen. Ihnen wurde ein neues, ein menschenwürdiges Leben versprochen, mit Hilfe von neuen Medikamenten und vor allem großzügig ausgebauten Betreuungsnetzen.

Aber während die Kliniken schlossen, wurde nur ein Bruchteil der benötigten Betreuungssysteme eingerichtet. Es gab längst nicht genug Wohnungen für die wachsenden Armeen der Ausgemusterten, der Schwachen und der seelisch Kranken. Die radikalen Einschnitte ins Wohlfahrtsnetz während der Reagan-Bush-Jahre und schließlich die Rezession trieben zusätzlich Tausende, oft ganze Familien in die Stadtwildnis. Und dorthin, in den Untergrund, muß nun auch die Psychiatrie. Zu Nomaden wie Willie.

Nun, da die Tage kurz sind und die Nächte kalt, muß Willie versuchen, in einem der städtischen Obdachlosenheime aufgenommen zu werden, in Elendsfestungen wie der an der Franklin Avenue in der South Bronx. Errichtet wurde der Bau nach den großen Eisenbahnerstreiks als Unterkunft für Truppen, deren Aufgabe es war, streikende Arbeiter zur Arbeit zu prügeln.

Heute hat sich der Zweck ins Gegenteil verkehrt. Heute kaserniert das düstere Gebäude jene, die keine Arbeit bekommen. 400 Betten stehen im untersten Stock, dem einstigen Exerzierboden. Die Betten mit den gelben Nummern gehören den Geisteskranken.

In der Schlange, die sich vor der Küche gebildet hat, steht Bernard. Bett 63, gelbe Abteilung. Das heißt, heute heißt er Bernard. An manchen Tagen ist er Francis. Er ist noch auf der Suche. Überhaupt ist es diese Suche nach einer Identität, die ihn hierhergebracht hat, eine lange Geschichte, die ihn durch mehrere Bundesstaaten und Gefängnisse und Kliniken führte. Er hat milde Augen und eine ruhige Hand. Er zeichnet seinen Freund Dwight auf eine Serviette. Dwight schenkt ihm dafür seine Orange. Er trägt ein dunkelblaues Jackett, Fliege und Hut, und er telefoniert, so sagt er, »täglich mit Bürgermeister Dinkins«. Dwight und Bernard, zwei merkwürdige Heilige mitten in diesem Brausen, dieser nervösen Brutalität eines Gefängnisses.

Dwight macht sich nicht um sich Sorgen, sondern um die Weltlage: »Das Problem ist, daß Clinton, wie alle Politiker, verheiratet ist. Frauen aber kosten Kraft und rauben den Lebenssaft. Nur ein Junggeselle kann sich auf seine Arbeit konzentrieren.« Dwight war mal verheiratet. Er hatte »philosophische Differenzen« mit seiner Frau. Jetzt bewohnt er Bett 33, ebenfalls in der gelben Abteilung.

Dwight zog aus Florida hierher, Bernard aus Alabama. New York hat noch das großzügigste Wohlfahrtssystem der USA. Seit Jahren leben die beiden unter den 700 Männern im Franklin-Shelter. Sie haben sich gewöhnt an die Crack-Dealer vor dem Gebäude, an die Käfer in den Matratzen, an die Schreie und plötzlich aufflackernden Kämpfe.

Woran sich jedoch weder Dwight noch Bernard gewöhnen werden, ist das Gestöhne nachts, wenn die Betten zusammengerückt werden und die »queens«, die männlichen Prostituierten, von Matratze zu Matratze wandern. Ab und zu werden einige mit Gewalt genommen.

»Manche hier unten sind sittlich reichlich verroht«, sagt Dwight und zieht mißbilligend die Brauen in die Höhe. Rund ein Viertel aller Asylinsassen ist HIV-positiv. Die Betreuung beschränkt sich auf das Nötigste: Zweimal im Monat werden vor dem Fort saubere Nadeln und Kondome ausgegeben.

Das schlimmste aller Heime, Fort Washington in Harlem, das unter den Obdachlosen das »Fort zur Hölle« genannt wird, war im Frühjahr drastisch verkleinert worden. Dort wurden nachts die Bettpfosten in die Schuhe gestellt, um sie vor Diebstahl zu sichern, und aus dem 1000-Mann-Schlafsaal wurde jede zweite Nacht ein Insasse hinausgetragen. Heute sind nur noch 250 Männer zugelassen. Ein Team der Columbia-Universität betreut jene Hälfte der Bewohner, die als psychotisch gelten.

Neben der Sicherheitsschleuse am Eingang, in der jeder nach Messern und Schußwaffen durchsucht wird, hängt ein Kasten mit frommen Traktaten: »Ein glückliches Heim«. Mit diesen Zetteln weist die Bibelgesellschaft darauf hin, daß vorehelicher Geschlechtsverkehr eine schwere Sünde sei, der wahre Grund für die Zerrüttung der Gesellschaft.

An diesem Morgen, an dem sich die Drogentherapie-Gruppe trifft, herrscht Aufruhr in den fensterlosen Fluren, und er hat nichts mit vorehelichem Geschlechtsverkehr zu tun. Schwester Dorette läuft mit einer Spritze herum, flankiert von zwei muskulösen Helfern, auf der Suche nach José, der seine Medikamente nicht genommen hat und gewalttätig geworden ist. Jetzt ist er verschwunden.

Schwester Dorette hat Fronterfahrung – sie begleitete die Truppen der »Desert Storm«-Operation am Golf. Ein Spaziergang, sagt sie, verglichen mit ihrem gegenwärtigen Job. »Das Problem ist, daß die meisten Patienten Crack-Raucher sind. Sie weigern sich, ihre Psychopharmaka zu nehmen, weil die die Wirkung von Dopamin verhindern. Dopamin ist der Stoff, der bei Crack-Rauchern das High erzeugt.«

Psychiatrie? Hier geht es nur noch um ohnmächtige Gegenwehr in der Vernichtungsoffensive von Crack und Aids und Armut. Allen, ein schwarzer Riese mit Kindergesicht, schaukelt wie verrückt mit seinem Oberkörper, als müsse er sich dauernd verneigen. Und er rasselt herunter, was er gelernt hat. Auslöser-Situation für Crack? »Depression, Langeweile, Geld, falsche Freunde.« Er zögert. »Und Frauen!« Alle nicken. »Die Frauen sind das Schlimmste.«

Eine Woche später will der Therapeut von Allen wissen, wann er seinen letzten Rückfall gehabt habe. »Am Montag«, sagt Allen und schaukelt. Was war Montag? »Da kam der Scheck.« Die 280 Dollar von der Wohlfahrt hat Allen in einer Nacht in Crack umgesetzt. Und was jetzt? »Ich warte auf den nächsten Scheck.« Alle lachen.

Rund 90 Prozent der Insassen von Fort Washington nehmen gelegentlich Drogen, rund die Hälfte ist cracksüchtig. Ein Drittel ist HIV-positiv. Und eine neue Epidemie breitet sich aus: Tuberkulose. »Es ist, als kämpften wir an vier Fronten gleichzeitig«, sagt Dr. Elie Valencia, der Programmleiter. »Da ist es schon ein Wunder, wenn wir jemanden so weit haben, daß er für einen SRO-Platz in Frage kommt.« Die »Single Room Occupancy« (SRO) ist das Endziel – Billig-Apartments, deren Bewohner von Sozialarbeitern betreut werden und die als Basis für eine Rückkehr in die Gesellschaft dienen sollen.

Tatsächlich können viele Fälle von Schizophrenie etwa mit dem Präparat Clozapin behandelt werden. Andere Kranke bekommen monatlich Depotspritzen mit Haldol und müssen nur noch täglich Medikamente gegen die Nebenwirkungen nehmen. Zwei Drittel aller Geisteskranken, so die Faustregel der Psychiater, sind dann wieder belastbar und fähig, eine Beschäftigung aufzunehmen.

Doch viele Obdachlose haben sich an die Shelter gewöhnt. Die Psychiater sprechen von »shelterization«, einer Lebensanpassung an den Mikrokosmos der Obdachlosenheime und ihrer Gruppenrituale.

»Es ist, als habe die Gesellschaft mit ›Obdachlosigkeit‹ einen neuen Beruf definiert«, sagt Costas Gounis, ein Veteran der Straßenpsychiatrie. »Obdachlosigkeit ist mittlerweile eine sozial definierte Rolle, eine kulturelle Identität.« Homeless: eine Bezeichnung, die der von ihr bezeichneten Erscheinung allein durch die Magie der Benennung den Schrecken nimmt, ihr eine eigene Ordnung verleiht. »Und das ist der eigentliche Wahnsinn.«

Gounis, ein robuster Enddreißiger, spricht von seinen Erfahrungen wie ein Dschungelkämpfer, der weiß, daß er in einem längst verlorenen Krieg aushält. Er erzählt von den Verteilungskämpfen, die zwischen den verschiedenen »Stämmen« der Obdachlosen ausgebrochen sind: »Es ist wie in dem bekannten Psychiater-Witz: Auch Paranoiker haben Feinde.«

So hat er, in einem Shelter in Queens, erlebt, wie sich »normale Penner irre gestellt haben, nur um eines der begehrten Betten zu ergattern« – selbst Obdachlosenheime können nur noch die Allerbedürftigsten aufnehmen. »Doch das Verrückte war: Die, die sich anfangs nur irre gestellt hatten, sind im Laufe der Zeit wirklich irre geworden.«

Mit grimmiger Genugtuung sieht Gounis, wie die wachsenden Homeless-Armeen in den Straßen die »Party der Wohlstandsgesellschaft stören«. Sie lassen sich nicht mehr verstecken. Sie sind die Vierte Welt in der Ersten. »Eine Geisterarmee, mitten unter uns, deren Irrsinn die angemessenste Reaktion auf den Irrsinn unserer Gesellschaft ist.«

Viel hat sich nicht geändert, seit Čechov die Zustände eines russischen Asyls Ende des vorigen Jahrhunderts beschrieben hat: Die Armut und das Irresein sind eins, und insgeheim sympathisiert Gounis mit Čechovs Arzt Andrej Jefimytsch Ragin, der sagt, man »dürfe die Menschen nicht hindern, verrückt zu werden«.

In seinem absurden, bereits verlorenen Kampf gegen das Elend sucht Gounis Halt in dem Erklärungssystem der politischen Ökonomie: »Armut kann Menschen um den Verstand bringen.« Erst in einer gerechteren Gesellschaft könne auch den Kranken geholfen werden. Gounis ist Marxist, der einen neuen Frontverlauf im Klassenkampf sieht – den zwischen Normalen und Kranken, die er »Verrückte« nennt.

Gounis spricht von diesen Verrückten wie von einer hellsichtigen Avantgarde. Nicht aus Mitleid hat er die Arbeit mit den Obdachlosen aufgenommen; die schiere Wut treibt ihn an. Wut auf das institutionalisierte Betreuungssystem, dessen Ziel es sei, eine defekte Gesellschaft mit sich auszusöhnen. »Homelessness ist eine Milliarden-Industrie geworden«, sagt Gounis, »die einzige wirkliche Wachstumsbranche, die wir haben.«

Für Gounis sind Verrückte wie Willie Guerrilleros ohne Kampfauftrag. Verzweifelte, deren bloße Existenz die Übereinkünfte sabotiert, mit denen die Gesellschaft ihre Wagenburgen gegen das zunehmende Elend verteidigt. Ob Willie eine Chance hat? »Die Hoffnung ist nicht groß«, sagt Gounis.

Colin hat es geschafft. Er hat sich langsam nach oben gearbeitet. Aus den Katakomben am Riverside Park in ein Shelter, und von dort hierher, in ein sro-Apartment in Spanish

Harlem. Sechs Jahre lang lebte er in den Tunneln, um sich vor den eingebildeten Helikoptern und Flugzeugen zu verbergen, die ihn verfolgten.

Seit er täglich seine 16 Milligramm Trilofon einnimmt, haben die Attacken nachgelassen. Colin funktioniert. Sein Zimmer ist sauber, er besucht Gruppen, er jobbt in einem Krankenhaus. Er hat sogar gelernt, von sich selber im Jargon der Psychiatrie zu reden, wenn er von seiner »Geisteskrankheit« spricht. Das heißt nicht, daß er ihr glaubt. Er spricht davon, daß »einige der Hubschrauber ihre Angriffe aufgegeben haben«.

Colin kennt die Straßen und die Asyle in Philadelphia, Newark und Baltimore. In den späten sechziger Jahren kam er nach New York und arbeitete als Auslieferer für ein Restaurant. Die ganze Welt, sagt er, sei gegen ihn gewesen. Irgendwann hielt er dem Druck nicht mehr stand. Seine Frau war mit dem Sohn nach West Virginia gezogen. Und Colin ging in die Tunnel. »Es war kein großer Schritt«, sagt er heute. »Schließlich war auch Jesus obdachlos.«

Er würde es heute wieder genauso machen. Sein Leben in den Katakomben habe einen tieferen Zweck gehabt. Es habe ihm Bescheidenheit beigebracht und vor Augen geführt, daß er sich nicht über seine Mitmenschen erheben dürfe. Warum sollte er versuchen, die Leiden zu lindern, fragt sich Čechovs Irrenarzt: »Leiden führen den Menschen zur Vollkommenheit.«

Colin glaubt, daß er als Statthalter Gottes leiden mußte, leiden für die Menschheit, um sie zu erlösen. Neben dem Bett seines spartanisch eingerichteten Zimmers stapeln sich fromme Bücher, eine Bibel mit Goldschnitt liegt obenauf.

Jeden Dienstag und Donnerstag trifft er sich mit den Zeugen Jehovas zur Bibelstunde. Hier hat er ein Erklärungssystem gefunden, das ihm fragilen Halt verspricht für ein Leben, das ständig bedroht ist: von den Drogen ringsum, von der Armut, von mißtrauischen Nachbarn und ignoranten Wohlfahrtsbürokraten.

Für die Wahlen hat Colin sich nicht interessiert. »Glauben Sie etwa wirklich, daß uns ein neuer Präsident erlösen kann?«

# Die größte Show auf Erden

*Basketball im Ghetto*

Für die Olympischen Spiele interessiert er sich nicht besonders. Er würde nur gern wissen, ob Michael Jordan wirklich der beste Spieler der Welt ist. Dann schweigt er wieder und läßt den Ball aufs Pflaster springen. Klack, klack, klack, ein Rap ohne Worte, aber mit vielen Ausrufezeichen.

Die linke Hand federt. Die Fingerkuppen tupfen die Noppen des Balls, klack, der Handteller krümmt sich wie ein Vogelschnabel, klack, klack, immer mit links. Die linke ist die schwache Hand, sagte ihm der Coach. Also treibt er den Ball mit links, ohne hinzuschauen. Vorbei an der Baptisten-Kirche, am Jamaica-Imbiß, die Rochester Avenue runter, hin zu den Maschenzäunen, zum Spielfeld, auf dem Hochbetrieb ist wie auf jedem anderen in Brooklyn.

Seit zwei Jahren wohnt er hier. Ruhige Gegend. Ganz anders als drüben im Bushwick-Viertel, wo er aufwuchs. Da war der Platz gleich neben einer Crack-Galerie. Seine Mutter hatte sich unter jeden Kerl gelegt, um an die Droge zu kommen. Er verachtete sie, vor allem, wenn sie ihn prügelte. Sein Bruder fuhr ein, wegen Mordes. Er weiß gar nicht genau, wo der sitzt. Er selber dealte und hatte seine Kämpfe mit den Stick-up-Kids, den halbwüchsigen Rambos.

Er lernte kämpfen, mit dem Messer und mit dem Ball, auf den Straßen und auf den hoch umzäunten Asphaltplätzen, die sich zwischen den Wohnsilos ausnehmen wie große, triste Raubtierkäfige. »Du mußt dir Respekt verschaffen«, sagt Aaron Walker, 17. »Das ist das Wichtigste. Im Leben, im Krieg und im Basketball.«

Er weiß es seit zwei Jahren. Seit seinem ersten Slam Dunk. Der Paß kam von außen, über den Ring. Er stieg auf, höher als sonst, und er erwischte den Ball mit beiden Händen und knallte ihn von oben in den Korb. Wamm! Unter ihm das verdutzte Gesicht eines Feindes. In diesem Moment fühlte er sich stark wie nie und unverwundbar in alle Ewigkeit.

Damals sagte ihm sein Schulcoach, er könne es schaffen als Profi. Damals zog er hierher, zur Großmutter, nach Brooklyn Flatbush. Der Vorteil: sichere Gegend, warme Mahlzeiten. Der Nachteil: Großmutter bedient die Kirchenorgel, und sie übt ihre Gospels zu Hause. Sie filzt seine Schuhe und Trikots nach Drogen und schwört, ihm die Arme zu brechen, wenn er sich nicht hinter seine Schulbücher klemmt. Und dann sagt sie: »Gott liebt auch dich und deine sündige Seele, mein Kind.«

Aaron weiß es besser. Wenn es einen Gott gibt, dann hat er in Michael Jordan Gestalt angenommen, und der kümmert sich um seine eigenen Sachen. Etwa darum, die Millionen sicher anzulegen, die er mit dem Ball verdient. Er, Aaron Walker, würde es nicht anders machen. Jeder sollte sich um seinen Kram kümmern.

Er wüßte nicht, was er Michael Jordan fragen würde, wenn er ihn träfe. Ach ja, vielleicht, wie er trainiert. Aaron arbeitet mindestens drei Stunden täglich mit dem Ball. Dazu noch Läufe und Hanteltraining.

Ob er das Spiel liebt? »Nicht besonders«, sagt er, »aber ich werde es schaffen, ganz nach oben.« Er ist von einem tödlichen Ernst. »Ich kann springen. Und links bin ich mittlerweile genauso stark wie rechts.« Er wird ein College-stipendium bekommen, da ist er sicher.

Hinter dem Maschenzaun ist ein Spiel im Gang. Tray, der Angeber, hat gerade einen Skyhook versenkt, aus zehn Metern Distanz, pure Glückssache. Aaron verfolgt das Spiel scheinbar reglos, doch sein Fuß wippt ungeduldig. Dann ist es soweit. Er stülpt sich die falschen Goldkronen über die unteren Zähne, eine Art Kastenzeichen hier auf dem Platz, die der Chinese an der Ecke für 90 Dollar verkauft, und wechselt ins Spiel.

Das Trikot hängt lässig über der knielangen Hose. Seine Nike-Turnschuhe sind für den Feldeinsatz geschnürt, vorne stramm, locker am Schaft, mit hoher gewölbter Zunge. Aaron spielt Point Guard. Er hängt zurück, er verteilt die Bälle, er sieht den freien Mann. Doch nach einigen Minuten, ganz plötzlich, explodiert er. Er dribbelt sich durch in den Kreis, zwei, drei federnde Schritte, dann steigt er auf – und: wamm!

Gestern hat er sich den Kopf kahl geschoren. Nun sieht er aus wie ein Krieger. Wie Michael Jordan.

Als Michael Jordan einige Tage später in die Arena des Coliseums in Portland (Oregon) einläuft, ertrinkt die Stimme des Ansagers im Tosen der Menge. Das Merkwürdige dabei: Das Brausen klingt nicht nach Sympathie. Eher wie kalter Aufschrei. So wird ein Matador in der Arena begrüßt, dem man gleichzeitig den Sieg und den Tod wünscht.

Es liegt nicht nur daran, daß Michael Jordan in den Wochen zuvor die Heimmannschaft, die Portland Trail Blazers, im Alleingang zerlegte und die NBA-Meisterschaft für seine Chicago Bulls gewann. Es liegt daran, daß Michael Jordan der wahrscheinlich beste Spieler der Welt ist – und gleichzeitig der arroganteste Schwarze, der je vor weißen Zahnärzten und Versicherungsangestellten aufgetreten ist.

Michael Jordan ist ein Konzept. Mit Jordans »Air«-Linie verdiente der Sportschuh-Hersteller Nike 130 Millionen Dollar. Die Kundschaft: Inner-City-Kids wie Aaron. Die Commercials dafür drehte Spike Lee, mit Sicherheit der begabteste Vermarkter schwarzer Mythen. Auch Michael Jackson wollte in seinem Videoclip auf den Jordan-Kult nicht verzichten: Es zeigt Michael Jordan als Street Warrior und Rächer. Jordans Waffe: der Ball, eine Art Supernova über niedergebrannten Ghettovierteln.

Michael Jordan ist nicht Sport, sondern Popkultur, nicht Turnhalle, sondern Rap. Er ist die Mischung aus Malcolm X und Multimillionär. Er ist die Revolte von oben. Er schlägt eine Einladung aus dem Weißen Haus aus – nicht um ein politisches Fanal zu setzen, sondern um Golf zu spielen.

Vor allem aber ist Michael Jordan der perfekteste Spieler, der je ein Basketballfeld betreten hat – er brilliert in Defensive und Angriff. Er ist ein tödlich sicherer Distanzschütze. Und er schraubt sich zu spektakulären Slam Dunks in die Höhe. Dann liegt er Ewigkeiten in der Luft, die Zunge weit herausgestreckt, und drischt den Ball in Rückenlage durch den Ring – wenn er ihn nicht im Abtauchen von der anderen Seite auflegt. Jeder seiner Spielzüge ist überraschend. Er ist ein Instinkt-Spieler, die perfekte Mischung aus Inspiration und Kraft und Siegeswillen.

Er spielt längst nicht mehr das Spiel, das vor 100 Jahren von dem Schulpädagogen Dr. James Naismith erfunden wurde, um sein weißes YMCA-Football-Team in der Winterpause zu beschäftigen. Schon größere Ähnlichkeiten hat es mit den Tänzen der Harlem Globetrotters, die in den späten zwanziger Jahren begannen, aus der Turnhallenprügelei um den Korb eine Kunst zu machen. Doch die starben in Schönheit, weil sie bis in die späten fünfziger Jahre keinen ernsthaften Gegner hatten. Sport als Massenspektakel bedeutet eben auch: Kampf bis aufs Messer, Triumph oder Agonie, das Drama um den alles entscheidenden Punkt.

Deshalb setzt die Ahnengeschichte Michael Jordans, die Mythologie des modernen Basketball, erst mit den sechziger Jahren ein, mit Kämpfern wie Kareem Abdul-Jabbar, der den Skyhook erfand. Oder mit dem Ex-Trotter Wilt Chamberlain, der für seine Philadelphia Warriors Rebound-Rekorde aufstellte. Und ganz sicher mit Earl (»The Goat«) Manigault, der Straßen-Legende, über dessen spektakulärsten Dunk, 1963 auf einem Platz in Harlem, zwei Bücher geschrieben wurden.

Kareem Abdul-Jabbar, der mit Manigault Anfang der sechziger Jahre auf der Suche nach Gegnern über die Plätze in Harlem stromerte, verglich ihn kürzlich in einem Interview mit Michael Jordan. Aber »The Goat«, »die Ziege«, das Jahrhundert-Talent, hat nie einen Dollar gemacht. Ebenso plötzlich, wie er auftauchte, verschwand er auch – in dem Elendskreislauf aus Drogen, Diebstahl und Knast.

Doch es waren die Zeiten Manigaults, als aus Basketball

ein Massenphänomen wurde. Kein Hinterhof ohne Korb. Wie Fußball entstand Basketball als Sport für die Ghettos, für die Hütten, ein Sport für hungrige Kids, die nichts brauchen als einen Ball, einen Korb – und den Traum, daß sie es ganz nach oben schaffen werden. Dort, an der Spitze, wird mittlerweile groß abgeräumt – Jordans Vermögen wird auf 100 Millionen Dollar geschätzt.

So wie sich die brasilianischen Fußballzauberer in ihren Glanzzeiten aus den Barfußkickern der Copacabana rekrutierten, so hat der amerikanische Basketball heute eine schier unerschöpfliche Reserve an Pelés. Hier heißen sie Aaron oder Earl, und sie tragen Künstler- und Gefechtsnamen wie »The Admiral«, »X-Man« oder »Goat«. Oder Michael »Air« Jordan.

Jordan hat bereits an den Olympischen Spielen 1984 teilgenommen. Damals noch als Student. Doch nun spielt er mit den Legenden der achtziger Jahre, mit Earvin »Magic« Johnson und Larry Bird, im besten Team, das je zusammengestellt wurde, denn nun spielen die Profis mit. Was das amerikanische Traumteam, das »Dream Team«, im Olympia-Qualifikationsturnier von Portland mit seinen Gegnern anstellte, war eine Art Overkill. Nach dem 136:57 gegen die Kubaner meinte ein Kommentator: »Die Leute, die die Grenada-Invasion mochten, die haben heute ihren Spaß gehabt.«

Es sind ja nicht nur Magic und Bird und Air Jordan, die da zaubern. Da sind noch all die anderen, die die Fans eher unter ihren Kriegsnamen kennen: David »The Admiral« Robinson oder der Bulle »Sir« Charles Barkley, der von der Rap-Gruppe »Public Enemy« gefeiert wird, Clyde »The

Glide« Drexler oder Karl »The Mailman« Malone, der so heißt, weil er »seine Wurfsendungen stets zuverlässig zustellt«. Noch auf dem Spielfeld werden sie von ihren Gegnern um Autogramme gebeten.

Barcelona, das ist für amerikanische Teenager nur ein exotischer Ort, an dem das Dream Team auftritt, die goldene Horde, die in einem TV-Spot alles niedertrampelt, was sich ihr in den Weg stellt. Die Fernsehanstalt NBC, die 401 Millionen Dollar in die olympischen Übertragungsrechte investiert hat, konzentriert sich in ihren Commercials hauptsächlich auf die zwölf Supermänner.

Und die mischen ihren Geschäftssinn satt mit patriotischen Phrasen ab. »Wenn wir die Goldmedaille nicht holen«, meint Trainer Chuck Daly, »dann wandern wir nach Menorca aus.« Und Jordan verspricht schlicht ein »Massaker« in Barcelona.

Doch für Michael »Air« Jordan bedeutet Olympia nicht nur eine patriotische Mission, sondern vielmehr einen persönlichen Feldzug. Nach dem haushohen Qualifikationssieg gegen Kuba – »Hände weg von Kuba« warnte vergebens ein Protestplakat vor dem Coliseum – sitzt er im Pressezimmer, trinkt aus einem Pappbecher mit »Gatorade«-Aufdruck und massiert den lädierten Nationalstolz: »Wir werden der Welt beweisen, daß die Vereinigten Staaten zumindest eine Sache wirklich gut können. Nämlich Basketball spielen.«

Doch vor allem wird er, Michael Jordan, der Welt klarmachen, daß er der beste Spieler aller Zeiten ist. Mit dem Mythos Earl Manigault kann er nicht mehr konkurrieren. Aber mit Magic Johnson, der in der Kombüse neben ihm sitzt. Die Reporter bewundern Michael Jordan. Magic Johnson dagegen lieben sie.

In den achtziger Jahren hat Magic Johnson mit seinen Los Angeles Lakers, der »Hollywood-Truppe«, für Showtime gesorgt. Seine Pässe zischten wie millimetergenaue Missiles über den Platz. Die meisten schoß er, ohne hinzuschauen. Er spielte wie in einem schwerelosen Traum. Er hatte Spaß, und er ließ alle daran teilhaben, lachend, groß, mit den Augen eines Teddybären. Mit seinen Lakers holte er fünf NBA-Titel, und er schien noch lange nicht am Ende – da schockierte er, zu Beginn der letzten Saison, seine Fans mit der Mitteilung, daß er mit dem HIV-Virus infiziert sei. Seitdem gibt es nur eine Schlagzeile, die größer ist als Michael Jordan – nämlich Magic und sein Entschluß, nach Olympia aufzuhören.

Michael Jordan spricht über Punkte und Rebounds. Und Magic über das Leben. Jordans Augen glänzen im narzißtischen Genuß seiner Kunst. Magic Johnsons Augen sagen: Es gibt wichtigere Sachen als Basketball, vergeßt das nicht! Er spricht respektvoll über gegnerische Teams, die Michael Jordan grinsend einen »Witz« nennt. Magic hat Klasse, während Jordan nur siegt.

Ob er von Earl Manigault gehört hat? Jordan ist irritiert. »Was ist mit ihm?« »Manigault braucht Hilfe. In zwei Wochen veranstaltet er ein Turnier. In Harlem.« »Mann, da habe ich keine Zeit«, sagt Jordan ungeduldig. »Da spiele ich für Amerika.«

Hier, wo Amerika ein paar Siege gebrauchen könnte, in einem Harlemer Billig-Restaurant, in dem Alte und Arbeitslose morgens um elf Kaffee schlürfen, sitzt Earl »The Goat« Manigault, und stochert in einem Teller mit Speck. »Er ist die größte Show auf Erden«, sagt er. »Ich mag, was Michael Jordan auf dem Platz macht. Genau das, was ich vor 30 Jahren gemacht habe.«

Michael hat kapiert, worauf es ankommt, sagt Manigault anerkennend. Er hat ein Kämpferherz. Darauf kam es schon damals an, hier, auf den Plätzen in der Nachbarschaft. Wenn er den Ball hielt, hatte er oft das Gefühl, als würden 50 Stiere gleichzeitig auf ihn losstürzen. »Du brauchst Herz, um dich da durchzutanken.«

Er nuschelt, weil ihm die Vorderzähne fehlen. Hager sitzt er da und gekrümmt, die Haut wie schwarzes Papier, die Augäpfel wie angelaufene, gelbbraune Kartoffeln. Alle paar Minuten muß er verschwinden. Er nimmt ein Medikament, das verhindern soll, daß Wasser ins Herz steigt. Sein Herz ist nicht mehr zu retten. Ausgerechnet das Herz! Er bräuchte ein neues. Doch er kann sich die Operation nicht leisten.

Als er auf den Spielfeldern in Harlem auftauchte, nannten sie ihn »The Goat«, weil kein Mensch »Manigault« richtig aussprechen konnte. »Ich häng' nicht besonders an meinem Namen«, sagte Manigault, »meine Vorfahren in South Carolina haben ihn verpaßt bekommen, von ihrem Sklavenhalter.«

Mit zehn war er von South Carolina nach New York gekommen. Ein paar Jahre später hatte er sich auf den Asphaltplätzen Respekt verschafft. Die College-Trainer wurden auf ihn aufmerksam. Doch anders als sein Freund Kareem Abdul-Jabbar hat er es nie auf eine Elite-Schule geschafft, weil seine Zensuren zu kümmerlich waren. Er galt als schwer integrierbar.

Dann kamen die Drogen, Heroin und Kokain, die kleineren Diebstähle und größeren Einbrüche. Nach zehn Jahren entzog er das Rauschgift, kalt, im Gefängnis. Der Körper war eine Ruine, das Herz kaputt, aber er hatte den Willen, weiterzuleben. Und den Wunsch, anderen zu ersparen, was er selber durchlebt hatte. Seitdem veranstaltet er seine Turniere für die Ghetto-Teenager, und er macht den Kindern klar, daß sie sich entscheiden müssen. »Entweder Michael Jordan oder Earl Manigault«, sagt er, »ihr habt die Wahl.«

Sie haben ein Spielfeld an der Amsterdam Avenue nach ihm benannt – den Goat Park. Auf dem Weg dorthin schüttelt Manigault viele Hände. Jeder kennt ihn. Für Sekunden huscht dann ein Lächeln über das Gesicht, das sonst finster und erloschen wirkt – ein Heroinsüchtiger wird nie den ersten, warmen Flash vergessen, und für einen Ex-Junkie ist das Leben ohne Heroin oft wie eine Wüste.

Kaum hat er den Platz betreten, fliegt ein Ball auf ihn zu. Manigault nimmt ihn zwischen seine großen, schmalen Hände, und er prüft ihn mit den Fingern wie eine Frucht auf ihre Reife. Er steht im linken Außenfeld, sieben Meter zum Korb. Er läßt den Ball einige Male auftropfen, klack, klack, er krümmt die Schulter und wirft. Der Ball macht ein häßliches Geräusch, als er nur den Metallrahmen trifft und wie ein toter Vogel herunterklatscht.

Auch die nächsten Versuche mißlingen. In seinen Augen sitzt müde Resignation. Da spielt einer der Halbwüchsigen den Fernsehreporter. »Im Außenfeld erhält The Goat den

Ball. Die Uhr steht auf fünf Sekunden. Noch vier, noch drei, und er wirft...« Im gleichen Moment hat Manigault abgeschossen. »In«, murmelt er beschwörend, und seine Augen verfolgen die Flugbahn des Balles, der hoch aufsteigt, rot wie eine Sonne gegen den Maschenzaun und die Silos dahinter, und alle auf dem Platz sehen gebannt, wie er sich plötzlich senkt – und mit einem satten Schmatzen ins Netz fällt.

Und der halbwüchsige Reporter ruft begeistert: »The Goat is back!«

# Feldherr im Bilderkrieg

*Der CNN-Gründer und Medienmogul Ted Turner*

Das Hauptquartier von CNN in Atlanta, Georgia, ist eine Hotelburg aus grauem Beton mit dunklen Zimmern, deren Balkons in den Innenhof führen, in einen gähnend tiefen Trakt, der an ein Zuchthaus erinnert. Unten im Erdgeschoß wimmeln Angestellte durch die Lobby, auf die durch eine schießschartenschmale Glasleiste schwefliges Tageslicht fällt.

Autistisch und mit dicker Haut schirmt sich der Klotz gegen das langweilige Atlanta ab. Was Sinn macht, denn jedes der knapp fünfhundert Hotelzimmer ist mit weit attraktiveren Fenstern zur Welt ausgestattet: Mit den TV-Nachrichtenkanälen von CNN und CNN Headline News.

Dort draußen ist das Leben bunt und abenteuerlich und eine Serie von Höhepunkten. Dort draußen steht ein entführtes russisches Flugzeug in Norwegen, lächelt Arafat in Tunis, löst Boris Jelzin das Parlament auf und jubelt eine Rothaarige darüber, daß sie nun doch keine Hämorrhoiden-Operation braucht, aber das ist schon die Werbung.

Wie ein Krake in seiner Höhle saugt der unterirdische Produktionsraum im CNN-Hauptquartier über Tausende von Armen diese Bilder an. An Dutzenden von elektronischen Schnittpulten und blakenden Monitoren werden sie von den CNN-Soldaten bearbeitet und betextet und hinübergespielt zu den Moderatoren, deren Tischchen wie Inseln schwimmen in diesem Elektronik-Meer.

Keiner nimmt von ihnen Notiz in dem Gewimmel. Hier sind Nachrichten ein Fließbandjob. Die blonde Ansagerin sitzt vor einer unbemannten, computergesteuerten Kamera und serviert die optischen Häppchen geschnitten und präpariert Millionen von Fernsehern in aller Welt, hinein in andere Höhlen, wo sich Präsidenten und Taxifahrer und Ladenmädchen und Chefredakteure über die gleichen Bilder hermachen, Tag und Nacht die immer gleiche Vielfalt fürs globale Dorf. Schöne neue Welt. Willkommen bei Ted Turner.

Natürlich schaut er sich die Bilder an, oben, im Dachgeschoß des Hotels. Schließlich hat er das Tele-Dorf geschaffen – ein Medienimperium, das durch Sport- und Spielfilmkanäle wie TBS und TNT ergänzt wird. Ein endloser Strom von Bildern ergießt sich über die Monitore in seinem Büro. Fernsehen kennt keinen prinzipiellen Unterschied mehr zwischen einem Coup in Moskau und einem Thriller. Auch Nachrichten sind Unterhaltung: Alle wissen immer mehr, und das Wissen bleibt immer folgenloser.

Ted Turner ist hochgewachsen und sportiv, jugendlicher als es seine 54 Jahre vermuten lassen. Rosige Haut, graue Stacheln schmal auf der Oberlippe und eine Stimme, die keiner vergißt: Sie ist laut und leicht quäkend und übermütig wie die eines Kindes, das daran gewöhnt ist zu bekommen, was es sich wünscht.

An diesem Morgen wünscht er sich Paramount, das letzte große unabhängige Hollywood-Studio, ein attraktiver Bilderlieferant. Ja, Ted Turner ist auf Einkaufsbummel.

In der Vorwoche schluckte er zwei kleinere Studios, in denen Erfolgsfilme wie »A Few Good Men« und »In the Line of Fire« produziert wurden. Auch der deutsche Medien-Multi Bertelsmann war daran interessiert. »Doch bevor die die Zahlenkolonnen hin und her gerechnet hatten«, sagt Turners 34jähriger Vizepräsident, »hat Ted schon zugegriffen.« Turner weiß: Im globalen Dorf stehen eine Milliarde Fernseher mit einem immensen Hunger auf Bilder. Die Schlachten der neunziger Jahre werden um Bilder geführt. Doch das wußte er bereits vor 15 Jahren.

Seine geniale Idee damals, als er gerade einen Kabelsender aufgebaut hatte und von CNN träumte: Die Welt gleichzeitig zum Lieferanten und Konsumenten von Bildern zu machen, in einer optischen Selbstverschlingung, in der Kriege und Sportrekorde zum nie versiegenden Programmangebot werden, quer durch die Zeitzonen, rund um die Uhr.

Doch das reicht längst nicht mehr. Die Welt ist bildersüchtig, traumsüchtig, fluchtsüchtig geworden. Deshalb hat Turner schon vor Jahren die Filmbibliothek von MGM gekauft. Nun speist er Klassiker wie »Vom Winde verweht« und »Citizen Kane« in seine Entertainment-Kanäle ein, doch der Hunger auf Bilder steigt explosionsartig: Es ist ein Rennen, das nie zu gewinnen ist.

Turners Büroflucht ist die Reliquiensammlung eines Feldherrn, der die Schlacht noch mehr liebt als den Sieg. Über Stilmöbeln hängen gerahmte Titelseiten mit Turner-Porträts und Säbel der unterlegenen Konföderierten aus dem Bürgerkrieg, und in Regalen schimmern endlose Batterien von Silberpokalen, die er als Hochseesegler gewonnen hat. Ein Tempel der Selbstanbetung, in dem jeder den kürzeren zieht, auch Ted Turner – wie kann einer je mit dem Idol gleichziehen, das er aus sich macht?

An diesem Morgen spricht er über Paramount nur in Andeutungen. Wichtiger ist ihm jetzt der Europa-Start seiner Unterhaltungskanäle TNT und Cartoon-Network, die an diesem Tag ans Netz gehen. Die Franzosen sperren sich. Sie wollen Euro-Kultur, was immer das ist. Sie bezeichnen Turner als amerikanischen Kulturimperialisten – im Krieg um Bilder und Absatzmärkte ist kein Argument zu scheinheilig. »Dabei mag ich Frankreich«, sagt Turner, »ich war mal in Versailles. – Aber ist ›Citizen Kane‹ etwa Schund?«

Schund produziere doch eher Rupert Murdoch, der Groschenblatt-Zar, der nun von Europa aus mit seinen BSkyB-Kanälen Schatten über die Weltmärkte werfe. Murdoch hat den deutschen Filmgroßhändler Leo Kirch auf seiner Seite. Eurokultur: Heimatfilme gegen Fred Astaire!

Mit seiner jüngsten Mehrheitsbeteiligung an Star TV ist Murdoch nun auch in Asien vertreten, potentiell kann er zwei Drittel der Menschheit beliefern. Doch in Asien ist Turner längst. Rußland und Afrika sind ebenfalls angeschlossen. Das Europa-Geschäft ist im Moment das interessanteste.

Alle Karten, die in Turners Reich an der Wand hängen, sind Weltkarten. Mit psychedelischen blauen, grünen und roten Blasen werden Satellitenbereiche über den Kontinenten markiert. »Es ist Krieg«, dröhnt Turner an diesem Morgen gutgelaunt, »und Murdoch will die Welt beherrschen. Ich glaube, daß sowas Bullshit ist. Der letzte, der es versucht hat, war Hitler.« Doch dann sagt er fröhlich: »Murdoch ist vielleicht finanzstärker als ich, aber auch älter – wenn er stirbt, habe ich immer noch zehn gute Jahre vor mir.«

Hier oben, im Dachbüro des Wolkenkratzers, ist Atlanta nicht mehr schweflig, sondern strahlend. Hier oben, über den Wolken, lehnt Ted Turner in einem Rokokosofa. Seine Gucci-Slipper ruhen auf dem Couchtisch, und die schwarz-seidenen Bijan-Socken sind durchsichtig wie Nylons, und sie lassen seine mageren Knöchel merkwürdig feminin und verletzlich wirken. Doch da ist immer noch diese Sieger-Stimme, wie eine hohe Trompete.

Er wirkt, als sei er zusammengesetzt in einer exzentrischen Bildercollage. Er ist der Haudegen aus dem Süden und der Metropolen-Dandy, der junge begeisterte Sportfan und der alte kalkulierende Tycoon. Auf seiner bunten Seidenkrawatte turnen die Steinzeit-Comics der »Familie Feuerstein«, mit denen er Europa nun beliefern wird. Er ist wie einer, der spielt. Nicht mit Murmeln, sondern mit Milliarden. Es ist, als hole er etwas nach, während er nach vorne flüchtet.

Sein Vater hatte es mit Billboards, mit Außenwerbung, zu Wohlstand gebracht. Er vergötterte seine Tochter, die früh starb, und er ließ seinem Sohn den härtesten Drill angedeihen, den sich einer nur ausdenken kann, der aus seinem Kind einen Soldatenkönig machen möchte. Ted Turner wuchs in Eliteschulen und Kadettenanstalten auf, stets vom Rausschmiß bedroht wegen seiner Wildheit, und in den Ferien arbeitete er in den Klebekolonnen seines Vaters für einen Hungerlohn, von dem er die Hälfte für Kost und Logis abzutreten hatte.

Als Ted Turner seinem Vater mitteilte, er wolle klassische Sprachen studieren, antwortete der mit einem der bittersten Briefe, den je ein Vater seinem Sohn schrieb. »Mit wem willst Du griechisch reden in Atlanta?« Er habe die alten Bastarde Platon und Aristoteles auch gelesen und nichts gefunden, was diese über seine Geschäftsfreunde erhaben mache. Ted solle mit der Träumerei aufhören und endlich arbeiten. Der Sohn gehorchte und trat in die Firma seines Vaters ein.

Sein Vater beging im Alter von 53 Jahren Selbstmord. Er hat dem Sohn die manische Veranlagung vererbt und eine Sehnsucht, die wie eine Wunde ist, die nicht mehr heilen kann: den Wunsch nach Anerkennung durch den Vater. Da ist eine Traurigkeit, die ihn blitzartig überfällt. Er erträgt sie nicht still, sondern agiert sie aus, theatralisch, wie in jenem Vortrag, den er 1981 vor Studenten der Georgetown University hielt. Plötzlich hatte er innegehalten und das Wirtschaftsmagazin *Success* (Erfolg) über dem Kopf geschwenkt, das ihn als Helden auf dem Titel hatte, und dramatisch zur Decke geflüstert: »Ist das genug, Vater, ist das genug?«

Zuneigung hatte Ted Turner in seiner Südstaaten-Kindheit in erster Linie beim schwarzen Hausangestellten Jimmy Brown gefunden, einem Ersatzvater und großen Bruder und Freund, der noch heute um ihn ist. Es war Jimmy Brown, der ihm das Segeln beibrachte, mit einem kleinen Dinghi, an das sich Ted Turner später erinnern wird wie Citizen Kane an den Schlitten Rosebud in Orson Welles' Film.

Auch wenn Turner bald als aggressiver Geschäftsmann

reüssierte, ein junger Republikaner mit Familie und tausend Affären – als Segler, der riskanter als die gesamte Konkurrenz manövrierte, gewann er Ruhm und Lorbeer, auch die prominenteste aller Hochseetrophäen, den »America's Cup«.

Bevor er an Schlagzeilen verdiente, machte er sie: Im tragischen Fastnet-Rennen von 1979, als 15 Meter hohe Wellen eine ganze Regatta zu Bruchholz verarbeiteten und 19 Menschen starben, blieb Turner mit kleinem Segel hart am Wind und gewann. Im Zielhafen wurde er, dem Tode knapp entronnen, nach den Opfern der Katastrophe befragt. Man solle um die Toten nicht so ein Geschrei machen, sagte er flapsig. »Wir alle müssen einmal sterben.« Die Männer in Atlanta, die gerade dabei waren, CNN zu starten, zuckten zusammen – was sie brauchten, war gute Presse, kein Skandal.

CNN ist heute ein wichtiger, aber nicht der einzige Baustein des Turner-Imperiums. Die Entertainment-Kanäle spielen die Hälfte des Zwei-Milliarden-Dollar-Umsatzes ein. Und die »Atlanta Braves«, das lokale Baseball-Team, werfen Gewinne ab, seit Turner sie übernommen hat.

Wahrscheinlich weiß er selber nicht, worüber er sich mehr gefreut hat: über den Triumph seiner Braves in der National League, oder den seiner Reporter im Golfkrieg im gleichen Jahr. Alles ist Sport. »Ich werde niemandem befehlen, in Bagdad zu bleiben«, sagte Turner am Vorabend des Golfkrieges, als das Weiße Haus den Abzug der Reporter verlangte, »aber ich werde es auch keinem verbieten.«

Er scheint alles zu begrüßen, was das Adrenalin schießen läßt. Seine Welt besteht aus Reizen, auf die er körperlich reagiert, ständig, auch an diesem Morgen. Er ist in Bewegung. Er liegt über dem Sofa und springt auf, er marschiert durch sein Büro, setzt sich wieder, um gleich darauf ein Tanzsolo einzulegen.

Natürlich hat einer wie Turner politische Visionen. Er will das anspruchsvolle Fernsehen, die überparteilichen Nachrichten. Er setzt sich als Privatmann für den Umweltschutz ein. Er spricht über die Notwendigkeit, die Bevölkerungsexplosion zu stoppen. Alles, was er sagt, ist sympathisch, engagiert, intensiv – und nichts paßt zueinander. Möglicherweise spürt er, daß Zusammenhänge in der simultanen CNN-Welt nur noch erlogen werden können.

Die Zukunft, wie Turner sie sieht, ist demokratisch, denn jeder wird alles über jeden wissen, »und damit sind Diktaturen nicht mehr möglich«. Er verkörpert die unideologische, postmoderne Zurichtung der Welt, in der alles gleich wichtig ist und damit beliebig.

Auf dem Tisch liegt die Kassette von Leni Riefenstahls »Triumph des Willens«. Turner springt auf und breitet die Arme aus. »Der größte politische Film, der je gedreht wurde. Ich habe ihn für unser Programm gekauft.« Ob die Botschaft nicht eher finster sei? »Natürlich ist sie das. Aber der Film ist gleichzeitig ein großes Kunstwerk.« Und mit einem waghalsigen Assoziationssprung: »Hitler wäre nicht möglich gewesen, wenn es schon damals CNN gegeben hätte.«

In einer gerade erschienenen Biographie* wird Turners

---

* Porter Bibb: »It ain't as easy as it looks«. Crown Publishers, New York; 512 Seiten; 25 Dollar.

Medienkarriere beschrieben und gleichzeitig das Lebensdrama eines Mannes, der zum Haudegen wie verurteilt scheint und seine manischen Schübe nur mit täglichen Dosen von Lithium in den Griff bekommt – ein Salz, von dem niemand genau sagen kann, warum es die Phasen abmildert oder unterdrückt.

Erstaunliches weiß der Autor der Biographie, Porter Bibb, vom letzten Präsidentschaftswahlkampf zu berichten. Turner war Favorit eines Konsortiums von Geschäftsleuten, das einen unabhängigen Kandidaten ins Rennen schicken wollte. Doch in letzter Sekunde entschied die Gruppe sich dafür, Ross Perot zu unterstützen – der Medienmann galt wegen seiner Lithium-Behandlung bei den gesundheitsbesessenen Amerikanern als politisch nicht durchsetzbar.

Ted Turner gibt sich keine Mühe, zu dementieren. »Will nicht jeder Präsident werden?« fragt er leise, plötzlich gedämpft, als schaue er für einen Moment nach innen. Er hält die von ihm nicht autorisierte Biographie für einen immerhin ernsthaften Versuch, für interessant selbst in den schmerzenden Passagen über seinen Vater, seine Ehen und Treuebrüche und Niederlagen. Er selber ist an dem Projekt, sein Leben aufzuschreiben, gescheitert. »Wahrscheinlich«, murmelt er, »geht es von außen besser.«

Jedes Leben, meint er damit, hat ein Geheimnis, das sich manchmal erst an dessen Ende entschlüsselt. So wie es in Orson Welles' Filmklassiker »Citizen Kane« der Fall ist. Citizen Kane ist ein Medienzar, der Spießer verachtet und schließlich von Spießern zur Strecke gebracht wird. Er sammelt Frauen, weil er Liebe sucht, und er steuert eine politische Karriere an, weil er Anerkennung will. Er erreicht alles und scheitert doch. Schließlich findet er, alt und einsam und merkwürdig versöhnt, sein Geheimnis in einem einzigen Wort: Rosebud.

Citizen Turner ist noch auf halber Strecke. Turner hat Freunde. Turner segelt auf der Woge des Lebens. Turner will gewinnen, besonders in diesen Tagen. Am Nachmittag telefoniert er seine Truppen zusammen, um Paramount zu stürmen, und abends, beim Baseball-Spiel hat er sie um sich versammelt.

Am Abend sitzt er mit seinen Vorständen in seiner Privatbox im Stadion, dicht am Spielfeldrand, ganz nahe beim Schläger. Und auf den Rängen sitzen Firmenangehörige, die in den sparsamen Anfangstagen des Senders an Colleges rekrutiert und in Schnellkursen zu TV-Reportern ausgebildet wurden.

Was seine jungen Angestellten, die ihn vergöttern, noch nicht wissen: Ted Turner ist in seinem neuen Feldzug zu Opfern bereit. Eines davon könnte CNN sein. Es gibt nichts und niemanden, von dem sich einer wie Turner nicht trennen könnte. Er will nicht verwalten, was er hat, sondern erkämpfen, was ihm fehlt.

Als Ted Turner am übernächsten Abend seinen Film »Gettysburg« in New York vorstellt, sind die Zeitungen voller Spekulationen über seinen Angriff auf Paramount. Wie weit wird er das Milliarden-Angebot der Konkurrenten überbieten. Der Kabelkonzern Viacom (MTV) hat 7,5 Milliarden Dollar im Einsatz. Teleshopping-Gigant QVC hat auf 9,5 Milliarden erhöht. Die Pokerpartie »vereint die härtesten und rücksichtslosesten Spieler der Branche«, meint das *Wall Street Journal*. Turner genießt so etwas wie ein Kompliment. Er steht, wie immer prächtig gelaunt, im Foyer des Filmtheaters und ruft: »Die Schlacht hat begonnen.«

An Turners Seite ist Jane Fonda, seine Frau, die Breitseiten lächelt, und deren schlanke Figur tägliche, stundenlange Folterei im Fitneßraum verrät. Jane Fonda ist beliebt bei den Journalisten von CNN, die sie oft besuchen. Sie ist souverän und intelligent und sie fährt ein kleines Stadtauto. Sie weiß: Für die meisten Amerikaner ist Ted Turner der Mann von Jane Fonda.

Jahrelang hatte sie der Medienmogul umworben, bis sie seine dritte Frau wurde und er ihr dritter Mann. Zum ersten Mal in seinem Leben sagen Freunde, habe Ted Turner eine Partnerin, die ihm gewachsen sei. Jane Fonda ist nicht nur Filmstar, sondern auch Unternehmerin, 90 Millionen Dollar schwer.

Ted Turner läuft aufgekratzt durchs Foyer und macht Freunde, während Jane Fonda auf dem Fleck steht und hofhält. Der Film, auf den ihr Mann so stolz ist, enthält alles, was ihrer New-Age-Philosophie der Harmonie widerspricht: Sinnloses Opfertum, Blut, Gemetzel. Doch sie hält die Stellung und lächelt. Ihr Mann ist stolz auf dieses Projekt, mit dem er sich als Film-Mogul und Produzent versucht. Sie blickt ihm versonnen hinterher, wie er durchs Foyer stürmt: Südstaatler, alle verrückt.

»Gettysburg« stellt die berühmteste Schlacht des Bürgerkrieges nach, über vier Stunden lang mit ganzen Regimentern von Statisten. Wohl selten wurden derartig streng die erbärmlichen Tode des Krieges geschildert und das, was sie befeuerte – Worte von Ehre und Freiheit, die mehr waren als Phrasen.

Einer der armen Teufel, die da über das Weizenfeld bei Gettysburg stürmen, ist Turner selber. Mit gezücktem Säbel jagt er auf die Befestigung der Yankees zu, um im Kugelhagel zu sterben – für Virginia, für den Süden!

Als die Lichter im Kino angehen, steht Ted Turner vor seinem Sessel mit glänzenden Augen, wie einer, der durch ein Fenster in ein anderes Leben geschaut hat. Eines, das ihm gefällt. Ein Leben wie ein Sturmangriff.

# 4. Flammen und Gesänge

# Nicht den Frieden, sondern das Schwert

*Reverend Calvin Butts, die Stimme Harlems*

An diesem Sonntag nach den Ghetto-Brandnächten von Los Angeles verlangt Reverend Calvin Butts seiner Gemeinde viel ab. Er läßt sie warten auf das erlösende Wort. Er scherzt, er singt, er betet. Doch die Gesichter dort unten bleiben gespannt. Es ist, als wären die Gläubigen noch benommen von einer sinnlosen, trostlosen Orgie der Gewalt.

Sie sitzen in den dunklen Bänken und stehen in den Gängen der Kirche, die für die Schwarzen in Harlem ein Bollwerk ist gegen die Armut und die Drogen und die Kriminalität. Ein letzter Brückenkopf der Fürsorge in einem Stadtghetto, das von der Politik in den letzten zehn Jahren aufgegeben wurde, Harlem genauso wie Miami oder South Central Los Angeles. Hier, wo die Lebenserwartung nicht höher ist als in Bangladesch, haben sie sich versammelt, um zu Gericht zu sitzen: über das Urteil einer weißen Jury, das die Prügelpolizisten im Rodney-King-Prozeß freigesprochen hat, und über ein System, das von Weißen für Weiße gemacht wurde.

Seit den Tagen der Sklaverei sind die Kirchen eine Stätte der Geborgenheit. »Sie sind das Herz der Schwarzen«, sagt der Baptisten-Pastor Alfred Smithing aus Oakland.

Diese Kirchen kämpfen nicht nur um Seelen, sondern um irdische Gerechtigkeit. Sie organisieren Demonstrationen, legen Fonds für Bürgerrechtler an, übernehmen Wohlfahrtsaufgaben dort, wo der Staat versagt. Die größte Schwarzen-Organisation des Landes ist eine Kirche: der Nationale Baptisten-Konvent mit 7,5 Millionen Mitgliedern. Rund 22 Millionen Schwarze (von insgesamt 30 Millionen) gehen regelmäßig in die Kirche. »Und die Kirchen werden in den nächsten zehn Jahren in den Himmel wachsen, weil die Menschen sich an niemanden sonst wenden können«, prophezeit Calvin Butts' Pastorenkollege Larry Little aus Baltimore.

Unter den rund 400 Kirchen in Harlem nimmt die »Abessinische« eine Sonderstellung ein. Schwarze Kaufleute haben sie in den Tagen der Apartheid gegründet; sie mochten nicht länger hinnehmen, daß sie bei den weißen Baptisten auf gesonderten Bänken zu sitzen hatten.

Die Chöre und Solisten der Abessinischen Kirche singen in der Carnegie Hall. Und ihre Reverends machen Politik, Pastoren, die wie Adam Clayton Powell die Bürgerrechtsbewegung in New York anführten. Und nun ist es Reverend Calvin Butts, dessen Stimme die profilierteste in ganz Harlem ist.

Calvin Butts, 42 Jahre, ein federnder junger Intellektueller mit scharfem Verstand und dem Charisma eines Filmstars. Butts, der in New Jersey seinen Doktor der Philosophie gemacht hat und nun Bauprojekte und Armenküchen in seiner Gemeinde leitet, der ein Basketball-Crack ist und der vom Politlobbyismus ebensoviel versteht wie von Hakenwürfen in den Korb. Calvin Butts, vom *Manhattan, Inc.*-Magazin bereits zweimal als New Yorker »power broker« aufgeführt, ist eine Macht. Die Kirchgänger verehren ihn, sie lieben ihn.

An diesem Sonntag nach den Aufständen, den Plünderungen, den Bränden liegen Ratlosigkeit und Wut in den Gesichtern und die Erwartung einer Antwort, eines Kampfaufrufes vielleicht, eines Aufschreis.

Doch Calvin Butts, der an den jungen Sidney Poitier erinnert, steht dort vorn in seiner blauen Robe, senkt den Kopf, und er stellt die härteste aller Forderungen: »Lasset uns beten für unsere Feinde, auch für die Jury, die das tragische Urteil gefällt hat, auch für die Polizisten, lasset uns beten.« Und die Gemeindemitglieder murmeln: »Amen.«

Butts fährt fort: »Lasset uns beten für die Toten in Los Angeles und für ihre Familien, für unsere Stadt und Bürgermeister Dinkins.« »Amen«, antworten sie, und dann singt der Chor, singen 80 Frauen und Männer in roten Roben, die »Schöpfung« von Haydn.

Eine Messe der Versöhnung? Vielleicht, für einige. Eine Messe des resignativen Gottvertrauens? Nie und nimmer, für keinen der tausend Gläubigen. Denn nun kommt Calvin Butts zur Sache. Nun gibt er, worauf sie alle warten: »Wir dürfen nicht alles Gott überlassen«, sagt er und hebt die Stimme: »Jesus hat sich eingemischt in die Angelegenheiten der Gesellschaft.« Rufe kommen aus den Bänken: »Jesus sagt, ich bin nicht gekommen, euch den Frieden zu bringen, sondern das Schwert.«

Dann liest Butts Namen vor. Namen von Teenagern, von jungen Malern, von Studenten, von Obdachlosen, die nichts gemeinsam haben, außer daß sie schwarz sind und tot. Umgekommen durch Polizistenhände, und alle diese Polizisten waren weiß und wurden freigesprochen. Einer, sagt Butts, kam damit durch, daß ihm ein Gutachter bescheinigte, daß sein Finger, der den Abzug gedrückt hatte, in einem epileptischen Anfall zitterte. Der Kirchensaal kocht.

»Wenn ihr noch nicht von der Polizei verprügelt worden seid«, sagt der Prediger und läßt seinen Blick über die herausgeputzten Gemeindemitglieder schweifen, »dann habt ihr einfach Glück gehabt bisher.« Hinter ihm bündelt sich Licht, das durch die Kirchenfenster fällt, blau und glutrot und grün, und Butts spielt mit den Stimmungen seiner Gemeinde in allen Farben der Rhetorik.

»Wir Schwarzen haben in diesem Land keine Chance. Wir alle haben auf dem Video gesehen, wie unser schwarzer Bruder Rodney King halb tot geprügelt wurde. 56 Schläge in 81 Sekunden!« Nun stehen sie in den Bänken und feuern ihren Reverend an; schließlich ist dieser Gottesdienst doch noch ein Gospel der Wut, aber mehr noch des Schmerzes: über das Unrecht eines Urteils und das noch größere Unglück sinnloser Gewalt.

Calvin Butts ist kein populistischer Scharfmacher wie Al Sharpton, der beleibte und schwerberingte Box-Promoter-Typ, der den Mob mobilisiert für seine Sache. Butts predigt nicht blinde Gewalt. Er will die kontrollierte Aktion.

»Es macht keinen Sinn, die eigene Nachbarschaft niederzubrennen«, sagt er. Er spricht über die Wahlen. »Selbst wenn Clinton nicht gerade eine Offenbarung ist – er ist eine Alternative zu Bush. Unsere Aufgabe wird es sein, George Bush zu stürzen.«

Dann erinnert er an den Kampf Martin Luther Kings und an die Aktionsformen gewaltfreien Widerstandes. Er predigt zivilen Ungehorsam. »Laßt uns alle nach Washington marschieren und diesem Land zeigen, daß es so nicht weitergeht! Laßt uns Sand im Getriebe sein, laßt uns verhindern, daß man nach diesen Explosionen der Gewalt wieder zur Tagesordnung übergeht.«

Der staubgraue Schmerz und die Irritation sind aus den Gesichtern gewichen. Sie strahlen. Sie rufen ihm zu: »Zeig uns den Weg, Prediger!«

Butts spricht lange an diesem Sonntagmorgen. Er bündelt die Energien, um sie dorthin zu lenken, wo sie von Nutzen sind. Er beschwört seine Gemeinde, um ihr am Schluß einzupflanzen, was er für das Wichtigste hält: »Eine Bewegung ohne moralisches Fundament ist nichts. Wir müssen kreativ sein, und wir müssen das Rechte wollen. Dann können wir die Stadt, das Land auf den Kopf stellen.«

Kurz darauf sitzt der Priester in seinem Büro und empfängt Besucher. Bis auf die Straße hinaus stehen die Wartenden, manche nur, um ihm die Hand zu drücken. Die Wände des Vorzimmers sind mit Anerkennungen, Preisen und Urkunden gepflastert wie sonst nur Vereinszimmer erfolgreicher Baseball-Clubs.

Ob er glaubt, daß an diesem Sonntag das Fundament einer neuen Bewegung gelegt wurde? »Genau darauf hoffen wir. In allen Kirchen in diesem Lande. Auf eine neue Bürgerrechtsbewegung. Auf eine Wiederbelebung des Erbes von Martin Luther King. Und es wird keine rassistische Bewegung sein, sondern eine für alle Unterdrückten.«

# Das Recht als Seifenoper

*Der zweite Rodney-King-Prozeß in Los Angeles*

Eine glitzernde Skulptur schmückt den Komplex des Bundesgerichts von Los Angeles: vier stählerne Riesen, die sich da gegenseitig an die Gurgel fahren. Daß sie von Löchern durchbohrt sind wie von Gewehrsalven, ist eine der schwer ergründbaren Pointen moderner Kunst. Was will sie sagen? Daß es keinen Streit gibt, der nicht auch durch Kugeln beigelegt werden kann?

Trotz dieser Irritation sieht der Tempel der Gerechtigkeit an diesem Morgen vertrauenerweckend aus. Er wirkt feuerfest, solider jedenfalls als das Hauptquartier der Polizei gegenüber, das im Frühjahr 1992 nur mit Mühe gegen einen Hagel von Brandsätzen und Steinen gehalten werden konnte.

An jenem 29. April hatte eine Jury im Vorort Simi Valley um 15.15 Uhr vier weiße Polizisten freigesprochen von dem Vorwurf, mit übertriebener Härte gegen den schwarzen Rodney King vorgegangen zu sein.

Das Problem dabei: Die ganze Nation war Jury und wußte es besser. Sie hatte in einem von allen Fernsehanstalten ausgestrahlten Horrorvideo verfolgen können, wie vier Uniformierte auf einen am Boden liegenden Schwarzen eindroschen, ihn systematisch zurichteten, mit Schlagstökken und Stiefeltritten.

Der Freispruch der Prügelpolizisten durch eine Jury, in

der es keinen einzigen Schwarzen gab, aber nicht wenige Geschworene mit Verbindungen zur Polizei, sorgte für die schwersten Unruhen in der Geschichte des Landes. Sie kosteten 52 Menschen das Leben, verwüsteten mehrere Innenstadtviertel und richteten einen Schaden von über einer Milliarde Dollar an. Sie ebbten erst ab, als Präsident George Bush versichern ließ, es werde einen erneuten Prozeß geben – eben den, der an diesem Morgen mit der Suche nach den zwölf Geschworenen beginnt.

Daß der »rassistische Jury-Spruch«, wie ihn Harvard-Professor Alan Dershowitz nannte, durch den zweiten Prozeß revidiert werden könne, glauben wenige. Denn nun ist die Beweislage erheblich schwieriger: Die Anklage muß nachweisen können, daß die vier Polizisten ihrem Opfer in »böswilliger Absicht« die Bürgerrechte vorenthalten haben.

Daß sich die Regierung jedoch alle Mühe gibt, einen Freispruch zu vermeiden, zeigt sie in der Wahl ihres Chefanklägers – Barry Kowalski gehört zu den besten Bürgerrechtsanwälten des Landes. »Wenn der Prozeß überhaupt zu gewinnen ist, dann wird er es schaffen«, flüstert ein Journalist im Gerichtssaal, einem Mausoleum mit schwarzem Granit, in die Wand eingelassenen Kupferleuchten und hohen Kirchenbänken, und er nickt hinüber zu Kowalski, der klein und rothaarig ist und in seinem dicken dunklen Anzug wie ein Trauergast wirkt.

Die Anwälte der Verteidigung tragen freundlicheres, lässigeres Tuch, und sie strahlen kaum gedämpfte Siegesgewißheit aus. Nicht ohne Grund. Da ist etwa Michael Stone, der Officer Powell vertritt. Powell hatte mit seinem Schlagstock rund 50mal auf den am Boden liegenden Rodney

King eingeschlagen – und sein Anwalt hatte das Kunststück fertiggebracht, die vorige Jury davon zu überzeugen, daß Rodney King den Polizisten angegriffen habe.

Neben Powell sitzen die mitangeklagten Polizisten Wind, Koon und Briseno. Koon und Briseno lächeln. Briseno, der noch im ersten Prozeß gegen seinen Kollegen Powell ausgesagt hatte, ist wieder auf Linie gebracht worden. Er hat seine Aussage zurückgezogen.

Der Richter wendet sich an die möglichen Juroren. »Ihre Aufgabe wird es sein, diesem Prozeß unparteiisch zu folgen«, sagt er eindringlich. »Sind Sie dazu bereit?« Unter den 73 Männern und Frauen der ersten Auswahlgruppe sind ein knappes Dutzend Schwarze, 5 Asiaten und 12 Hispanics, und alle haben einen 53seitigen Fragenkatalog beantwortet und sich für vorurteilsfrei und objektiv erklärt.

Nun ist in diesem Prozeß alles möglich – außer daß es einen Bewohner von Los Angeles geben sollte, der unparteiisch wäre. Wer behauptet, er habe sich zu dem Prügelvideo, zu dem Juryspruch und den Verwüstungen, die ihm folgten, noch kein Urteil gebildet, ist entweder dumpf bis zur Schwachsinnsgrenze oder ein Lügner.

Doch die potentiellen Juroren wissen, was von ihnen erwartet wird in dieser Inszenierung. Ihre Gesichter sind gespannt. Einige schaffen es, den heiligen Ernst von Menschen auszustrahlen, die der Gerechtigkeit dienen wollen. Andere wirken entschlossen – jetzt wird klar Tisch gemacht! Wieder andere können den Stolz darauf, im Rampenlicht zu stehen, kaum verhehlen.

In einem Land, in dem über ein Drittel aller Anwälte der Erde praktizieren, in dem ein eigener Fernsehkanal ausschließlich aus Gerichtssälen berichtet und in dem das Courtroom-Drama ein eigenes Filmgenre geworden ist, wird jeder Geschworene unwillkürlich zum Geschworenendarsteller.

Das Recht ist eine Seifenoper und ein Geschäft, nicht nur für die Anwälte. Rodney King, der in diesem Prozeß zum erstenmal in eigener Sache aussagen soll, hatte die Stadt auf 56 Millionen Dollar verklagt, eine Million für jeden Schlag, den er erleiden mußte. Das Angebot der Stadt liegt im einstelligen Millionenbereich. Die Verhandlungen dauern an.

Natürlich denken auch die Geschworenen daran, aus ihrer Teilnahme an einem der wohl denkwürdigsten Strafprozesse der amerikanischen Geschichte Kapital zu schlagen. Als der erste Kandidat, Nummer 484, ein Sportlehrertyp mit Schnauzer, in die Geschworenenbank gerufen wird, stößt er leise aus: »Das ist ja wie ein Treffer in der Lotterie.«

Sein erster Fehler. Es ist nicht sein letzter. Er fand das erste Urteil »empörend« – und sagt es auch noch. »Wie interessant!« ruft Verteidiger Michael Stone. Der Mann ist arbeitslos und trotzdem bereit, in den nächsten acht Wochen auf mögliche Jobangebote zu verzichten? Er möchte Tagebuch führen? Ach nein, womöglich auch verkaufen? Stone zerpflückt Nummer 484 und läßt den Kandidaten schließlich wegen Befangenheit ablehnen.

Was in den nächsten Tagen folgt, ist eine Art Schiffe versenken, bei der die Geschworenen die Schiffe sind – jede Seite versucht, die für sie günstigste Jury zusammenzusetzen. Doch was ist mit den U-Booten? Mit denen, die alle

Fragen korrekt beantworten und schamlos lügen, nur um einen Platz in der Jury zu bekommen?

Natürlich geht es in dieser stundenlangen, tagelangen Befragung nicht darum, unvoreingenommene Menschen zu finden. Anklage und Verteidigung suchen nur noch die Geschworenen, die das für die eigene Seite brauchbarste Profil an Einstellungen, Vorurteilen, rassistischen Reflexen und lebensgeschichtlichen Daten aufweisen.

Mittlerweile lassen Anwälte großer Firmen in wichtigen Prozessen durch kostspielige demographische Gutachten ermitteln, welches Jurorenprofil das für den Prozeßausgang günstigste ist, eine lohnende Investition bei Streitwerten, die in die Hunderte von Millionen Dollar gehen. In diesem Fall ist die Suche weniger kompliziert. Sie reduziert sich im wesentlichen auf die Alternative Schwarz oder Weiß. Deshalb hat auch Jurorin Nummer 531 bei den Anwälten der Verteidigung keine Chance – sie ist schwarz und hat »mitgelitten«, als sie das Video sah.

Das Jurysystem ist einen langen Weg gegangen. Vor knapp 800 Jahren war es in der englischen Magna Charta als Recht festgeschrieben worden: Repräsentanten der Gemeinschaft sollten unabhängig über ihresgleichen richten. Das war schon damals oft nur wirklichkeitsferne Propaganda. Während der Tudor-Zeit etwa drohte man Juroren mit Gefängnis, wenn sie nicht die gewünschten Verurteilungen lieferten.

In England ist das Geschworenensystem inzwischen weitgehend aufgegeben worden. In anderen Ländern konnte es keine Wurzeln schlagen. Für die Vereinigten Staaten dagegen gilt unverändert Thomas Jeffersons Diktum, daß der »Common sense von zwölf aufrichtigen Männern eine größere Chance enthält«, zu einem gerechten Urteil zu kommen, als jede andere Methode.

Das mag in Ordnung gehen – für Hollywood-Klassiker wie »Twelve angry men«, wo Henry Fonda als mutiger Einzelner seine weißen Mitgeschworenen gerade noch daran hindern kann, einen unschuldigen Mexikaner zu verurteilen. In der Wirklichkeit einer in ethnische Gruppen und Stämme zerfallenden Gesellschaft versagt das Geschworenensystem, das der Jurist Erwin Griswold spöttisch die »Apotheose des Amateurs« nennt, immer öfter. Nicht erst seit dem Rassisten-Spruch von Simi Valley wird klar, daß mit einer Jury der Stammtisch zum Rechtsprecher gemacht werden kann. In einer Erhebung des *National Law Journal* sagen zwei Drittel aller schwarzen Juroren, daß schwarze Angeklagte im Gerichtssaal unfair behandelt werden.

Die Anwälte versuchen, die potentiellen Geschworenen bereits mit ihren Fragen zu beeinflussen. »Finden Sie es etwa fair«, fragt Harland Braun, der den Polizisten Briseno vertritt, »daß noch einmal gegen Männer verhandelt wird, die bereits freigesprochen wurden?« Der Richter interveniert: »Die Fairneß dieses Prozesses steht nicht zur Debatte«, sagt er scharf. Harland Braun fährt fort: »Haben Sie verstanden, was der Richter gesagt hat? Daß es in diesem Prozeß nicht um Fairneß geht?« Das trägt ihm einen Ordnungsruf ein – Harland Braun wird von der Jurybefragung fortan ausgeschlossen.

Da stets nur jeweils drei Reporter im Gerichtssaal anwesend sein dürfen, wird die Verhandlung über Lautsprecher in einen Presseraum zwei Stockwerke tiefer übertragen. Oben wird mit feierlichem Pomp verhandelt. Oben fallen große, demokratische Magiewörter wie »Gerechtigkeit« und »Gewissen«. Doch hier unten findet das System zu sich selbst – hier herrscht die aufgeräumte Atmosphäre einer Sportübertragung.

Wer hat die Oberhand? Dan Caplis, ein sonnengebräunter, millionenschwerer Anwaltsyuppie aus Denver, der als Rechtsexperte für NBC dabei ist, führt Strichlisten. Die Verteidigung liegt vorn, meint er. Sie hat zwei ehemalige Sicherheitsbeamte und einen einstigen Armeeangehörigen auf der Geschworenenbank.

Allerdings hat sie auch eine junge Schwarze durchgehen lassen, die ihm verdächtig vorgekommen ist. »Die hat alles korrekt beantwortet. Zu korrekt.« Er blickt zu seiner schwarzen Kollegin Star Jones. »Was meinst du, Star?« Sie grinst. »Wenn die Verteidigung die nicht weghaut, macht sie einen Fehler.«

Am nächsten Tag kehrt Caplis von einem Lunch mit der Verteidigung zurück und verkündet, daß diese in der jungen, gutaussehenden Schwarzen ihren »Superstar-Juror« vermute. Die Anwälte halten sie für konservativ genug, um ein polizeifreundliches Urteil zu stützen.

Während im Gerichtssaal in endlosen Befragungen der Prozeß vorbereitet wird, trainieren unten auf dem Parkplatz U.S. Marshals mit Freiwilligen für seine möglichen Folgen. Sie üben den Schlagstockeinsatz. Man will in der Lage sein, das Gebäude zu verteidigen, falls es nach einem abermaligen Freispruch zu neuen Unruhen kommt.

Mit dem Schlimmsten rechnen – in den Straßen von

South Central Los Angeles gehört das ohnehin zum Alltag. Selbst armseligste Hamburger-Läden wie »Adam's Rib« auf der Western Avenue sind mit schweren Gittern gesichert. An den Mauern Malereien und hilflose Ghettolyrik: »Wir alle sind Blumen aus einem einzigen Garten.«

Der Schwarze Jesse Senecal starrt, ein paar hundert Meter weiter, auf ein großes Schottergrundstück. Vor einem Jahr gingen hier zwei Läden in Flammen auf, die vorher geplündert worden waren. Zwei von rund 10 000 Gebäuden. »Nur noch Gott kann uns helfen«, sagt Jesse, als er zum King-Prozeß gefragt wird.

Er hat Angst. Immer wieder sieht er, in unruhigen Träumen, die Feuerwalze, die auf sein Haus zuraste, als die Nachbarschaft eingeäschert wurde. »Damals habe ich gebetet – und Gott hat mein Haus verschont.« Wie alttestamentarische Offenbarung klingt es, was Jesse über die Brände, die Schießereien, die Katastrophen erzählt.

Auf der Koreaner-Meile an der Pico Avenue stehen in einigen der Löcher, die das Feuer geschlagen hat, bereits wieder Häuser. Doch von dem großen Wiederaufbau-Projekt, das unter der Leitung von Peter Ueberroth ins Leben gerufen wurde, ist wenig zu sehen – nach wie vor sehen ganze Straßenzüge aus wie in Mogadischu.

Deryl, ein junger Schwarzer mit zurückgebundenen Rastalocken, sitzt vor seinem Schuppen an der Florence Avenue. Er ist 24, und er ist der einzige der Familie, der Arbeit hat. Das Geschäft ist flau. Der Schuppen ist ein Autowaschsalon, doch kein Mensch will bei den Wolkenbrüchen der vergangenen Wochen sein Auto waschen lassen.

Klar kann er sich erinnern, was im vergangenen April

drüben an der Kreuzung los war. Er erzählt grinsend, wie sie den weißen Lastwagenfahrer Reginald Denny aus der Führerkabine seines Fahrzeugs gezerrt und beinahe totgeprügelt haben. »Ich habe mich gefreut. Es war tatsächlich einer der schönsten Tage in meinem Leben. Endlich ging es mal einem Weißen an den Kragen. Sonst schießen wir uns doch immer nur gegenseitig ab.«

Der Prozeß gegen Dennys Malträtierer wird in zwei Wochen beginnen, und die Verurteilung der schwarzen Jugendlichen ist so gut wie sicher. »Wenn unsere verurteilt werden«, sagt Deryl düster, »und die Polizisten ein zweites Mal freigesprochen werden, dann...« Er läßt den Satz zunächst in einem schmallippigen Grinsen auslaufen, bis er zischelt: »Dann wird gezielter geschossen.«

Rund 100 000 Bandenmitglieder vermutet die Polizei im Großraum Los Angeles – und damit auch 100 000 Handfeuerwaffen. Mittlerweile soll es sogar Raketen geben. In South Central ist jeder bewaffnet. In seinem Schuppen, der von einem angeleinten Pitbull bewacht wird, kramt Deryl seine schmale, schwarze Llama 380 aus einem Pappkarton. »Das hier ist der Wilde Westen«, meint er und deutet mit der Waffe vage in die Gegend. »Es wäre leichtsinnig, unbewaffnet zu sein.«

Deryl, der ein T-Shirt von Malcolm X trägt und dessen Reden auf Kassette verkauft, spricht von Gewalt wie von einem gespenstischen Ritual der »Reinigung«. Davon, daß seine Gegend von Koreanern »gesäubert« worden sei. Er deutet auf ein Gelände direkt an der Kreuzung. »Da standen vorher zwei Koreaner-Läden. Die haben wir weggefackelt.«

Ein Freispruch im Rodney-King-Prozeß wäre ein Signal auch für Anthony, Deryls Freund. Der spricht über diesen Tag X mit einer merkwürdigen Freischärler-Romantik, mit einer unverhohlenen Vorfreude auf die Balkanisierung der Stadt. »Uns macht es nichts aus, im Kampf zu sterben«, sagt er pathetisch.

Für Carl, der ein paar Häuser weiter in »Art's Famous Hot Dog« seine Kundschaft durch schwere Gitter hindurch bedient, steht fest, daß er am Tag des Urteilsspruches Urlaub machen wird. Carl ist so alt wie Deryl und Anthony zusammen, und er hat zu viele Jahre im Knast gesessen, um sich noch einmal auf Zufälle einzulassen.

In einem Schrank, hinter den Papierservietten, liegt seine 44er Magnum. Aber auch das Ding, soviel weiß er, wird ihm nicht helfen, wenn es hier hochgeht. »Hier hängen 'ne Menge Typen rum, die nur auf den Freispruch warten, um loszuschlagen.«

Von dem neuen Polizeichef, dem Schwarzen Willie Williams, erwartet er nicht viel: »Das ist doch eine Puppe.« Irgendwie klingt es, als hätte er vor Williams' Vorgänger, dem zynischen Macho-Bullen Daryl Gates, mehr Respekt gehabt.

Den Alpdruck, der auf der Stadt lastet, versucht Chief Williams durch Aufrüstung, durch Übungen, durch Vertrauens-PR zu mildern. Die Presse wird immer wieder zu Vorführungen eingeladen. Einheiten der Nationalgarde besetzen zur Vorsicht schon einmal mehrere Kreuzungen der Stadt, einsatzbereit in »umkämpften« Zonen.

Der Kampf um die Jury tritt erst zu Beginn der zweiten Verhandlungswoche in die entscheidende Phase. Die Verteidigung hatte einen 60jährigen Schwarzen abgelehnt und war daraufhin von der Anklage des Rassismus beschuldigt worden. Auf Richterbeschluß bleibt der Schwarze der Jury schließlich erhalten. Am Abend sind zwölf Juroren gefunden, neun Weiße, ein Latino, zwei Schwarze, darunter die junge Frau, die Dan Caplis, der smarte Rechtsexperte, nach wie vor als »Sicherheitsrisiko für die Verteidigung« ansieht.

Am nächsten Tag tritt Ira Salzman vor, Verteidiger des Polizisten Koon, und läßt die Bombe platzen. Ein von der Anklage abgelehnter Juror, ein ehemaliger Polizeireservist, hatte ihn am Abend angerufen und behauptet, die junge Schwarze habe Salzman und die übrigen Verteidiger bei der Vernehmung angelogen. Sie sei gar nicht unparteiisch. Sie sei wütend auf die Verteidigung, weil die im ersten King-Prozeß für eine schwarzenfeindliche Jury gesorgt hätten.

Im Presseraum schlägt Caplis mit der flachen Hand auf den Tisch. »Ich habe es gewußt«, ruft er triumphierend. Anwalt Ira Salzman beantragt, die schon vereidigte Jurorin zu entlassen. Der Antrag wird abgelehnt.

Zwei Tage hatte der Richter für die Vernehmung und Vereidigung der Juroren geplant. Die Prozedur dauert zwei Wochen. Schließlich kann der Prozeß mit den Plädoyers von Anklage und Verteidigung eröffnet werden.

Vor dem Gericht ragt die Plastik mit den silbernen Figuren in den Himmel. Ein sinnloses stummes Ballett von Männern, die sich gegenseitig im Würgegriff haben. Wer von ihnen ist im Recht? Und hat der auch das Recht auf seiner Seite?

Der Countdown zum Urteil beginnt – und eine Stadt hat Angst.

# Was, wenn der Messias stirbt?

*Rabbi Schneerson und
die Lubawitscher Sekte in Brooklyn*

Seit Wochen schon verbirgt er sich dort hinter den Butzenscheiben des kleinen Backsteinhauses in Brooklyn. Nur manchmal öffnet sich die braune Eichentür. Dann hasten graubärtige Rabbiner heraus, Emissäre, Vertraute. Die Frühlingssonne wirft harte Schatten unter ihre Hutkrempen. Und die Jünger, die draußen warten, versuchen vergebens, in ihren Gesichtern zu lesen, eine Antwort, einen Glanz vielleicht, das Anzeichen eines Wunders.

Hier in Brooklyn warten sie nicht auf das Wunder, sie rechnen darauf. Schriftgläubig klagen sie es ein, gesetzestreu. Steht nicht geschrieben, daß der Messias sich offenbare nach 45 Tagen der Verborgenheit? Der 45. Tag ist heute.

Dort drinnen liegt der Mann, den sie als Messias verehren. Menachem Schneerson, siebter Rebbe der belorussischen Lubawitscher Dynastie und ganz sicher der letzte, denn er wird sich als der Messias zu erkennen geben. Vielleicht jetzt, vielleicht in fünf Minuten, vielleicht heute nacht. Heute nacht wird er 90 Jahre alt. Heute, am 11. des Nissan, im Jahre 5752 seit Erschaffung der Welt, könnte das Versprechen des Allmächtigen eingelöst werden.

An diesem Tag, in dieser Nacht wird der Rabbi in vielen Ländern der Erde gefeiert. Wie kein anderer hat er eine weltweite orthodoxe Sammlungsbewegung ins Werk gesetzt. Er vereidigt seine Anhänger auf die eisernen Gesetze der Tora. Zurück zu den Fundamenten, zurück in die Strenggläubigkeit der osteuropäischen Diaspora des 18. Jahrhunderts. Das moderne Judentum sieht er der Gefahr eines »spirituellen Holocaust« ausgesetzt.

Doch er nutzt die Mittel, die die säkulare Welt bereithält, Satellitenleitungen, Ton- und Videokassetten, um sein gewaltiges Werk zu verbreiten – seine in 250 voluminösen Büchern gesammelten Reden, chassidischen Texte und Talmud-Auslegungen.

Seine Gegner sehen in ihm einen Scharlatan; seine Jünger den Messias. Eines ist er sicher: ein Gelehrter von magnetischer Ausstrahlung, einer, der Macht über Menschen hat. Politiker und Popstars pilgern zu seinem Backsteinhaus. Ein Wort des Rabbi kann in Israel Parlamentskrisen auslösen.

Aus Italien und Australien, der Schweiz und Kanada sind sie gekommen, hierher nach Brooklyn, um den Geburtstag ihres Rabbi zu feiern.

Crown Heights, Eastern Parkway 770, das ist ein jüdisches Schtetl im New York des 21. Jahrhunderts. Die Männer tragen altmodische Anzüge und steife schwarze Hüte, und die Kinder spielen mit den Zizes, den Schaufäden, die ihnen von den Hüften hängen. In den Straßen tönt eine Sinfonie aus chassidischen Musikfetzen und jiddischen Rufen, herrscht Gedränge bei den Buchhändlern und koscheren Krämern, die den Talmud verkaufen und Bilder des Rabbi und Mazzen, denn es ist die Woche vor Passover.

Es ist das Passover-Fest, das den Auszug aus ägyptischer Gefangenschaft feiert und den Aufbruch ins Gelobte Land!

Damals führte Mose die Israeliten; und heute ist es der Rabbi, der das Werk vollenden wird, das wissen sie.

Für den jungen Shmuel, der die Tür des Backsteinhauses nicht aus den Augen läßt, ist ganz klar: »Ich werde den Messias erleben. Bald.« Bald ist jetzt, und jetzt heißt: jederzeit. Vor einigen Tagen wurde versehentlich die Sirene ausgelöst, die sonst zum Sabbat ruft. »Das ist der Moment«, durchfuhr es Shmuel. Er lächelt, als er davon erzählt.

Judaismus bedeutet in erster Linie: Warten auf den Verheißenen. Doch hier, bei den Lubawitschern, ist das Warten nicht ergeben, ist nicht demütiges Beten, ist nicht ein vages Hoffen auf Erlösung. Hier, in Brooklyn, ist das Warten ein Feuer. Braucht die Welt etwa keinen Messias?

Doch vor einigen Wochen ist das Undenkbare geschehen: Vor einigen Wochen hatte ein Schlaganfall den Rabbi gelähmt. Seither dringen nur spärliche Informationen in die Gemeinde. Der Rabbi mache Fortschritte, er könne sich bereits wieder verständlich machen, heißt es.

Aber was ist, wenn der Messias stirbt? Für Rabbi Haschel Greenberg eine unverständliche Frage. »Er hat unzählige Menschen geheilt. Warum sollte der Messias nicht auch sich selber heilen können?« Rein »wissenschaftlich« würde sein Tod keinen Sinn machen. »Seine Krankheit ist rationalisierbar«, sagt Greenberg, »aber warum sollte ich für Gott Entschuldigungen suchen.«

Bei ihm, wie bei allen Lubawitschern, sind glühendes Begehren und logischer Geist, sophistische Spitzfindigkeit und gläubiger Taumel verschwistert: Alle in der Gemeinde glauben an den Rabbi als den Messias. Doch gleichzeitig haben sie sich medizinische Fachbücher besorgt und alles über Schlaganfälle gelesen, was sie finden konnten. Und am Bürgersteig parkt ein blauweißer Krankenwagen der »Hatzoloh Ambulanz«. Nein, für den Rabbi ist dieser Wagen nicht. Aber es ist gut, daß er da ist.

Rabbi Greenberg und Israel, ein junger Talmud-Schüler aus der Schweiz, hasten hinüber in die Tora-Schule, die gleichzeitig die Synagoge ist, dorthin, wo nun die Mincha, das Nachmittagsgebet, gesprochen wird. Ein Raunen und ein Singen ist in diesem dunkel getäfelten Riesensaal mit den Kristallüstern, Bänken und Emporen. An diesem Tage beten sie den 91. Psalm, denn für den Rabbi beginnt das 91. Lebensjahr. »Orech jamim asbiehu we-arehu bischuati« – Ich will ihn sättigen mit langem Leben und will ihm zeigen mein Heil.

Hunderte von Männern wippen rhythmisch über ihren Bänken und blättern hastig die Seiten zerfledderter Bücher, die linken, die schwachen Arme entblößt und mit Gebetsriemen umwickelt, und sie rufen ihre Gebete nicht ehrfürchtig, sondern fordernd – Herr, schick uns den Messias!

Und nun übertragen die schnarrenden Lautsprecher in der Synagoge direkt aus Israel, wo sich Zehntausende versammelt haben, um den Geburtstag des Rabbi zu feiern und die bevorstehende Ankunft des Messias, und drüben, im Gelobten Land, feiern sie schon jetzt, denn Israel ist sieben Stunden voraus.

Im brausenden Auf- und Abschwellen der Gebete und Gesänge, dem Schreien der Kinder, dem Scheppern der Lautsprecher sitzt Chaim Nissenbaum in einer Bank gleich neben dem Schrein, der die Tora-Rollen enthält. Er ist ein Schriftgelehrter, gerade aus Paris gekommen, übernächtigt und beseligt. Keine Frage für ihn, daß der alte Mann im Nebenhaus der Messias ist. Mit stechender Logik weist er die Genealogie des Rabbi nach, die in direkter Linie zu David führt – Schneerson ist der Messias, er erfüllt die Bedingung.

Auch seine Prophezeiungen haben sich erfüllt. Hat er nicht den Zusammenbruch der atheistischen Welt richtig vorhergesehen? Ist die Berliner Mauer nicht gefallen? Hat er nicht das zerstreute Volk Israels gesammelt? Und hat er es nicht jüngst, vor dem Golfkrieg, beruhigt mit der Zusicherung, es werde ihm kein Leid geschehen?

Ganz sicher wird er auch noch die letzte Forderung erfüllen und sein Messiastum beweisen: Er wird den Tempel bauen in Jerusalem, wie es geschrieben steht. Den Zeitpunkt allerdings, den bestimmt allein er. Aber läuft ihm die Zeit nicht davon?

Die Nacht ist hereingebrochen, die die letzte sein könnte, die Nacht der Offenbarung, und hinter den Butzenscheiben schimmert gelbes Licht. Hinter den Butzenscheiben liegt ein gebrechlicher alter Mann, linksseitig gelähmt, dessen Mund, tief vergraben in einen mächtigen grauen Bart, nur unter größten Mühen kaum verständliche Wörter formt.

Wie kann er der Messias sein? In einem koscheren Imbiß um die Ecke sitzen Israel und sein Freund Mendel über weißem Hühnerfleisch, und sie reden ungeduldig alle Zweifel nieder. »Wir werden den Messias sehen, mit eigenen Augen. Er wird sich uns offenbaren.«

Aber hat es in der jüdischen Geschichte, die eine Geschichte ungeduldigen und öfter heißlaufenden Wartens ist, nicht schon öfter Fanatiker gegeben, die den theologischen Sprung über die Grenze vollzogen, die Spannung auflösten und sich selber als Messias inthronisierten?

Da war im 17. Jahrhundert Sabbatai Zwi aus Smyrna, ein Ekstatiker und Mystiker, der den vollen Gottesnamen (»Schem ha-meforasch«) aussprach und sich von seinen Jüngern als Messias verehren ließ, selbst dann noch, als er später, vom türkischen Sultan gezwungen, zum Islam übergetreten war. Sein Weggefährte Abraham Jachinie veranstaltete kultische sexuelle Orgien, denn im messianischen Zeitalter gibt es keine Sünde mehr, keine Gesetze, die gebrochen werden könnten, kein Gut, kein Böse.

Israel und Mendel lächeln überlegen: Das allein genüge, Sabbatai Zwi als Betrüger zu entlarven, denn auch der Messias lebe nach dem Gesetz. »Im übrigen hat der Rabbi von sich selber nie gesagt, daß er der Messias sei.« Aber sie glauben es? »Natürlich.«

Zu ihnen hat sich Cliff aus Chicago gesellt, im modischen grauen Zweireiher, nur das Kippa auf seinem Hinterkopf weist ihn als gläubigen Juden aus. Cliff ist Psychotherapeut. Ein Fachmann für die Seele. Und als Fachmann, so sagt er, hat er gemerkt, wie schmal der psychoanalytische Begriff der Seele sei. Er ist zu den Lubawitschern gestoßen wie einer, der heimgekehrt ist.

Ob er nicht glaube, daß der junge Israel, dessen Heilserwartung in allerhöchste Höhen geschraubt ist, bei einer Enttäuschung suizidal abstürzen könnte, ein Ikarus mit versengten Flügeln? Was, wenn der Rabbi stirbt, ohne sich als Messias offenbart zu haben?

Cliff nickt geistesabwesend, so, als höre nur der Fachmann in ihm zu, der »sicher« murmelt, und dann übernimmt der Gläubige in ihm: »Aber keiner von uns glaubt, daß dem Rabbi irgend etwas zustoßen könnte.« Und er strahlt in stählerner Gewißheit wie die anderen.

Drüben in der Synagoge kann keine Stecknadel mehr zu Boden fallen. Ein schwankendes Meer aus schwarzen Anzügen und schwarzen Hüten in dieser Nacht, und sie tanzen und feiern den Rabbi und die Ankunft des Messias.

Von oben, durch schmale Schlitze in getönten Scheiben, schauen die Frauen auf ihre Männer hinab. Unten wird Hering verteilt und süßer Kuchen und Wodka, und Galina oben hält sich an einem Buch fest, das den Titel »Notwendige Verluste« trägt. Ein Buch über Trennungen, über das Altern, über den Tod. Unten singen sie »Der Herr, der König, der Messias soll leben immerdar«, lauter, ekstatischer, denn die Mitternacht rückt näher, und Galina kaut auf ihrer Unterlippe, und ihr schmaler Körper ist wie ein gespannter Bogen.

Sie ist klug, sie hat viel gelesen, vor allem über den Tod, aber den Rabbi damit zu verknüpfen fällt ihr nicht ein. »Der Chassidismus ist fröhlich«, sagt sie, »warum sollte ich über den unmöglichen Tod des Messias nachdenken.«

Die Nachtwache dauert bis in die frühen Morgenstunden, im Wechsel von Klagen, Singen und Beten. Immer wieder wird der Grund genannt für das Ausbleiben des Messias. »Wir beten nicht genug.« Dann steigt das Brausen an.

Der Messias hat sich auch diese Nacht nicht gezeigt. Doch am nächsten Morgen besteigen die Lubawitscher 91 Campingwagen mit Lautsprechern, eine Flotte von Autos, die sie Gebetspanzer nennen, und sie rollen gegen Manhattan, und über Lautsprecher verkünden sie die frohe Botschaft in Form eines Rap-Gesangs: »Der Rabbi der Lubawitscher ist Messias. Überzeugt euch davon. Der Messias kommt, seid bereit.«

Im 44. Wagen sitzen Chaim und Yossi, Jim aus Hongkong und Chesky, der vor fünf Monaten aus Australien nach Brooklyn gekommen war, um den Talmud zu studieren. Seine Brüder sind Geschäftsleute, und er hatte kurz überlegt, ob er einmal Rechtsanwalt werden solle. »Aber diese Welt hat genug Anwälte«, sagt er lächelnd, »und zu wenige Menschen, die sich auf die Ankunft des Messias vorbereiten.«

Die Jungen an Bord sind witzige, schlagfertige Burschen, keine Sonderlinge, sondern Teenager, die Gemeindemitglieder aufs Korn nehmen oder über den Nahen Osten fachsimpeln und über Fußball.

Ihr Tag beginnt morgens um sechs mit chassidischen Unterweisungen, und er ist abends um zehn noch nicht zu Ende. In ihnen allen brennt die Leidenschaft für die Mystik, die Tiefen der talmudischen Texte. Und für sie alle ist der Messias nah, zum Greifen nah. Sie glühen. Sie sind dicht vor dem Ziel.

Als die Autokarawane auf der Manhattan-Brücke ins Stocken gerät, klettern sie auf das Dach ihres Wagens, hinauf in die Sonne. Und dort oben stehen sie im Licht, wie schwarze Vögel in ihren langen Mänteln, und sie breiten die Arme aus. Im Hintergrund funkeln die Spiegeltürme des World Trade Center, und unter ihnen glitzert der East River, und fast sieht es aus, als könnten sie fliegen. In diesem Moment in der blauen Luft glauben sie ganz sicher daran.

# Das Blut und die Demokratie

*Der Ätherkrieg der Exilkubaner in Miami*

> *Ein Somnambule vor zehn Mikrophonen,*
> *der kein Ende findet, schärft seiner müden Insel ein:*
> *Nach mir kommt nichts mehr.*
> *Es ist erreicht.*
> *An den Maschinenpistolen glänzt das Öl.*
> *Der Zucker klebt in den Hemden.*
> *Die Prostata tut es nicht mehr.*
>
> *Sehnsüchtig sucht der greise Krieger*
> *den Horizont ab nach einem Angreifer.*
> *Aber die Kimm ist leer. Auch der Feind*
> *hat ihn vergessen.*

HANS MAGNUS ENZENSBERGER,
»Alte Revolution«, 1991

Wie der Chor aus einer antiken Tragödie sitzen sie zusammen, die Alten beim Dominospiel in der Calle Ocho in Miamis Little Havana, halbblind und von mildem Wahnsinn eingehüllt wie in eine goldene Wolke. Im Klicken der Steine fallen die gewohnten Verwünschungen über den Bastard, der ihre Verwandten drüben auf der Insel als Geiseln hält, immer noch, für ein Experiment, das längst widerlegt ist von der Geschichte, und sie schwören, wie schon vor 30 Jahren, daß der Tag der Abrechnung nahe ist.

Doch in diesen Tagen ist die Stimmung gereizter, nervöser. Die antikommunistische Propaganda, die aus den Transistorradios dringt, treibt Blüten. Nun soll es in zwei Monaten soweit sein. Dann, so will es ein nun aufgetauchtes

Dokument beweisen, ist auch der karibische Kommunismus restlos bankrott. Dann wird der greise Comandante von den eigenen Leuten gestürzt und das gepreßte Volk in die Freiheit entlassen. Auf La Voz haben sie es gehört, dem Sender der Mas-Canosa-Leute.

Der Millionär Jorge Mas Canosa, Chef der rechten »Cuban American National Foundation« (CANF), der in einem Kuba nach Castro Präsident werden will, behauptet, ihm sei dieses »Geheimdokument« aus dem »innersten Zirkel um Castro« zugespielt worden. Und die Alten nicken zu diesen Gerüchten, und sie murmeln: »Zur Hölle mit Castro.«

Mag der Rest der Welt skeptischer geworden sein, klüger und müder über der Erkenntnis, daß der Triumph über den Kommunismus die Menschheit dem Heil nicht näher gebracht hat. Hier in Miami wird die Schlacht noch immer und vielleicht ein letztes Mal geschlagen. Hier gehört die Anti-Castro-Propaganda zum Kampf um die Einschaltquoten. Hier hat, wie im Berlin der sechziger Jahre, jede Radiostation noch einen Kampfauftrag. Der heiße Kalte Krieg in Miami ist vor allem der Kampf der Kommentatoren auf den Mittelwellensendern, auf Radio Mambí oder La Voz, Radio Fe oder Radio Progreso.

Die amerikanischen Popsender dudeln ihre Hitparaden der besseren Empfangsqualität wegen auf Ukw. Die Mittelwelle ist in kubanischer Hand. Mittelwelle ist die patriotische Frequenz. Mittelwelle reicht bis auf die Insel.

Nirgendwo wird pathetischer gepredigt, wird süchtiger, engagierter zugehört als in den spanischen Radiotalkshows Miamis. Auf allen Frequenzen dieser pinkfarbenen Exklave stirbt man stündlich für die Freiheit. Und in keinem Senderbereich gibt es so viele Helden.

Rundfunkmann Emilio Milián ist ein Held. Das zumindest steht in den Broschüren, die in einem Schrank seines Büros gestapelt sind, eine Sammlung von Presseausschnitten und Dankesbriefen seiner Hörer. Sogar ein Telegramm von Präsident Ford ist darunter.

Milián trägt einen dunklen, altmodischen Anzug von der Sorte, die 30 Jahre lang hält. Grandseigneurales Lächeln. Schuppen auf dem Revers und Augen wie in der Stierkampfarena – ein kluges, entschlossenes Kämpfergesicht. Emilio Milián kämpft um den Erhalt seiner Radiostation. Sie heißt Radio Fe, Radio Glaube.

Ein Banker, der gleichzeitig hoher Funktionär der CANF ist, hat Radio Fe einen Kredit gekündigt, weil der Sender ihn satirisch aufs Korn genommen hatte. Doch Emilio Milián hat die Schlacht gewonnen. Er hat neue Geldgeber gefunden, sein Sender ist vorerst gerettet.

Ihm ist an diesem Morgen, als hätte er zum zweiten Mal überlebt, nach jenem ersten Anschlag vor 17 Jahren, den er nur mit viel Glück überstand. Auch damals ging es um Meinungen. In Miamis byzantinischer Exilkubanerszene, diesem Gemisch aus Parteien und Pistoleros, nahm er schon immer die gefährlichste aller Positionen ein – die Mittellage. Er ist Castro-Gegner, aber er hatte sich, in seinem Programm »Das Volk spricht«, gegen die bombenschmeißenden Anti-Castro-Ultras ausgesprochen. Sein Plädoyer der Mäßigung war für die Rechtsradikalen eine Provokation. Die Bombe, die unter dem Motorblock seines Autos deponiert wurde, riß ihm beide Unterschenkel weg.

Milián lernte, auf Prothesen zu gehen, und saß bald wieder hinter dem Studiomikrophon. Ein Jahr später wurde ihm gekündigt. Die offizielle Version war die, daß der Sender nicht für seine Sicherheit garantieren könne. Die inoffizielle, daß die schon lange bestehenden politischen Differenzen mit den Besitzern der Station zu seinem Rausschmiß geführt haben.

»Ich wußte, daß ich eine eigene Station, eine leistungsfähige Station brauchte.« Zehn Jahre dauerte es, bis er das Kapital für Radio Fe zusammen hatte. Das Sendehaus in Miamis Little Havana und die Relaisstation, eine 50-Kilowatt-Anlage, hat er buchstäblich mit eigenen Händen aufgebaut. Radio als Familienbetrieb: Der älteste seiner drei Söhne, Emilio junior, ist Geschäftsführer, seine Frau Emma Sekretärin. Obwohl die Miliáns Kuba bereits 1959 verließen, hat sie nie Englisch gelernt. »Ich habe immer damit gerechnet, bald wieder nach Kuba zurückzugehen«, sagt sie.

Nun ist es zu spät, noch eine neue Sprache zu lernen. Aber es ist auch nicht nötig. Eine halbe Million Kubaner leben mittlerweile in Miami, und in Little Havana spricht keiner Englisch. Selbst wenn der Diktator morgen gestürzt würde, würden die Miliáns in Miami bleiben.

Würde er ein Attentat auf Castro befürworten? »Ich bin gegen Gewalt«, sagt Milián, »aber es wird dazu kommen, schon bald. Seine eigenen Leute werden ihn umlegen.« Er steigt vorsichtig die Stufen zum Senderaum hinunter, um gravitätisch hinter dem Mikrophon Platz zu nehmen. Und dann beginnt die Sendung. Es ist die gleiche, die ihn die Beine kostete und ihn zum Helden machte: »Das Volk spricht«.

An diesem Nachmittag interessiert sich das Volk beson-

ders für die verschiedenen Kandidaten in Miamis Bezirks-
wahl. Einer der Kandidaten, ein Anti-Castro-Ultra, wird
von dem Mann unterstützt, der in einer Pizzabude neben
dem Funkhaus auf seinen Auftritt in Miliáns Sendung wartet. Er trägt eine schwarze Fliegermütze mit fünfzackigem
Stern. Seine Freunde nennen ihn »Comandante«. Für sie ist
er ein Held. Sein Name ist Tony Bryant.

Tony Bryant hat auf radikalen Positionen Fuß gefaßt,
sein Leben lang. In den Sechzigern war er Black Panther
und kämpfte für den revolutionären Umsturz. Am 6. März
1969 entführte er die Passagiermaschine der National Air-
lines, Flugnummer 97, nach Havanna. Dort wollte er im
Gegenzug Waffen aufnehmen, mit denen revolutionäre
Aufständische in den USA ausgerüstet werden sollten.

Überraschenderweise wurde Bryant von Castros Leuten
verhaftet. Der Panther, der vorher getönt hatte, er würde
lieber in Castros Gefängnis leben als in der Freiheit der
weißen amerikanischen Rassistengesellschaft, verschwand
hinter Gittern. Hier lernte er Castro hassen.

Nach zwölf Jahren wurde er den amerikanischen Behörden ausgeliefert. Diese setzten ihn auf freien Fuß, nachdem
Bryant vor Gericht erklärt hatte, er halte »Kommunisten
für den Abschaum der Menschheit«.

Bryants »Comando L« hat sich auf Terroranschläge in
Kuba spezialisiert. Es sind Anschläge vorwiegend gegen
Touristen-Hotels. »Richten Sie Ihren Lesern aus: Keiner,
der nach Kuba reist, ist vor uns sicher! Wer als Tourist mit
seinen Devisen die Diktatur unterstützt, muß die Konse-
quenzen in Kauf nehmen.« Er kippt seinen Espresso und
macht sich auf, hinüber ins Funkhaus.

Auch Tony Bryant verteilt Propagandamaterial in eigener Sache. Aus dem Kofferraum seines braunen Cadillac Coupé de Ville holt er ein Buch mit dem Titel »Hijack«, Entführung. Es ist seine Lebensgeschichte als Heldenlegende. Eine Werbebroschüre des politischen Terrors.

Die Propagandaschlachten des kubanischen Kalten Krieges sind ohnehin heißblütiger und ihre Hauptdarsteller ungleich theatralischer als ihre europäischen Vorgänger. Hier geht es nicht um Systemvergleiche, sondern um Vendetta. Hier ist Politik ein Macho-Sport. Auf Fidel Castros pathetisches »Socialismo o Muerte« antwortet Tony Bryant mit dem Gedicht »An meinen Feind«. Dort träumt er in fünf kitschigen Strophen davon, wie er Castro langsam zu Tode quält.

Auch die Gedichte des Roberto Martin Pérez, die von der Insel geschmuggelt wurden, handeln von Verstümmelungen, von Torturen in Castros Gefängnissen. Es sind Märtyrergedichte, Heiligengeschichten in der Farbigkeit antikommunistischer Katechismusbildchen.

Über seine Gedichte lernte Ninoska Castellón diesen Martin Pérez kennen, der 1975 einen Gefangenenaufstand auf Boniato anführte, an jenem Tag, an dem die verwöhnte Bürgerstochter Ninoska in Paris ihren 25. Geburtstag feierte. Sie hatte sich bereits in ihn verliebt, noch bevor er nach 28 Jahren Haft entlassen wurde. Knapp zwei Monate nach seiner Freilassung heiratete sie ihn.

Heute leitet Ninoska La Voz, die Rundfunkstation im Hauptquartier der CANF, die in einem Bürogebäude hinter dem Flughafen zwei Stockwerke einnimmt. In einer Zimmerecke steht ein primitives, zerfressenes Holzpaddel wie eine Reliquie. Mit dem Paddel haben Flüchtlinge von der Insel die 90 Meilen zum amerikanischen Festland zurückgelegt.

»Emilio Milián ist ein Hochstapler«, sagt Ninoska, »kein Mensch wollte ihm die Station wegnehmen – das hat er sich als Werbetrick ausgedacht, weil ihm die Hörer weglaufen.« Ninoska ist stämmig und energisch und glutvoll, und sie steht vor einer Kuba-Karte mit grünen Wimpelchen. »Und was die Insel angeht: Radio Fe wird nur in ein paar armseligen Dörfern gehört, La Voz aber wird überall empfangen.«

Über ihrem Reporter-Mikrophon, an der Glasscheibe zur Tontechnik, klebt das Schild »Berliner Mauer, 1961 bis 1989«. Hat sie gehört, wie mühsam der ganz und gar unheldische Alltag nach dem Fall der Diktatur bewältigt wird?

An diesem frühen Nachmittag sorgt sich Ninoska um ihren Ehemann und hofft, daß Martin Pérez keine Dummheiten macht. Sie ist nervös. Er beruhigt sie. Er ist gebaut wie ein Bär, und er hat ein dröhnendes Organ. Er mache sich jetzt auf den Weg in die Stadt, sagt er. Seine Leute würden ihn brauchen. »Wir werden es den Kommunisten zeigen.« Martin Pérez ist in Fahrt.

Den ganzen Vormittag schon hatte der befreundete Sender Radio Mambí zur Verteidigung der Radiostation gegen einen »Angriff der Kommunisten« aufgerufen. Die Linken um den Aktivisten Andrés Gómez haben eine Demonstration gegen den »reaktionären Hetzsender« angekündigt. Sie sind gegen das US-Handelsembargo. Der Sender ist strikt dafür.

»Zeigen wir«, hatte Mambí-Chef Armando Pérez Roura am Vormittag getönt, »daß wir in der Lage sind, die Demokratie mit unserem Blut zu verteidigen.« Und sollten zufällig einige »palos« zur Hand sein, einige Prügellatten, dürften die gern mitgebracht werden.

Rund hundert »Verteidiger« haben sich vor der Radiostation gesammelt, darunter einige schwarze Barette von Tony Bryants »Commando L«. Gómez' Leute, rund 300, demonstrieren mit Hakenkreuz-Postern auf der anderen Straßenseite gegen den Sender. Zwischen den feindlichen Reihen hat die Polizei Aufstellung bezogen – die Demonstration ist angemeldet und genehmigt.

Doch dann fliegen die ersten Steine. Es ist, als habe die nervöse Spannung der letzten Tage diese Konfrontation gesucht, um sich zu entladen. Ein junger Mann im gestreiften Hemd stürzt auf Gómez' Leute los. Er erwischt zwei von ihnen mit Tritten. Er wird von den Beamten überwältigt und abgeführt.

Eine Frau, die neben Gómez steht, wird von einem Stein getroffen und bricht blutüberströmt zusammen. Die »Verteidiger der Demokratie« setzen ihre »palos« ein und die Polizisten ihre Gummiknüppel, und die Demonstranten schlagen zurück.

Es ist eine hitzige und fast nostalgische Schlägerei, ein Spektakel der zweifelsfreien Gewißheiten über Gut und Böse, das rechte und das linke Maulheldentum, das die Welt trennt in Licht und Schatten, in Freiheitskämpfer und Lügner.

Ergebnis der Schlacht, die zwei Stunden dauert: 17 Verhaftungen, ein verletzter Polizist, mehrere verletzte Demonstranten.

Am nächsten Mittag taucht der Junge mit dem gestreiften

Hemd bei der Radiostation auf. Er wirkt gleichzeitig halbstark und unschuldig. Er ist gegen Kaution entlassen worden. Nun will er das Geld von Radio Mambí zurück.

Warum er überhaupt demonstriert habe? Grinsend sagt er: »Um die Demokratie mit meinem Blut zu verteidigen.« Wortwörtlich wiederholt er die schwülstige Formulierung, die er am Tag zuvor im Radio gehört hat.

Währenddessen sitzt Radio-Mambí-Chef Pérez Roura in seinem Büro und zieht Bilanz. Er ist zufrieden. »Wir haben bewiesen, daß wir uns nicht jede Provokation gefallen lassen.«

Das Büro ist ein Schrein kubanischer Freiheitsfetische. Ein Bild des Freiheitskämpfers José Martí hängt dort und ein Foto der Schweinebucht und ein Bergidyll der kubanischen Heimat, das von Orlando Bosch gepinselt wurde, einem weiteren »Helden« der Anti-Castro-Ultra. Mit einem Granatwerfer hatte Bosch einst ein polnisches Schiff beschossen, das nach Havanna auslaufen wollte. Ein Bombenanschlag auf eine Passagiermaschine, bei der 73 Menschen ums Leben kamen, konnte ihm letztlich nicht nachgewiesen werden.

Gegen solche Lichtgestalten nehmen sich die »Feinde der Freiheit«, wie Pérez Roura die Leute um den Linken Gómez nennt, um so widerwärtiger aus. Aus seiner Schublade zieht er Fotos, auf denen die Demonstranten zu sehen sind. »Und das hier«, sagt er und deutet auf ein verschwommenes Gesicht, »das ist Gómez selbst. Ein Castro-Agent.«

Gómez ist in Miami derzeit seines Lebens nicht sicher. Am Abend war auf dem spanischen TV-Kanal 23 ein Amateur-Video gezeigt worden, auf dem er, bei einem Treffen mit kubanischen Genossen in Havanna, dem Comandante Fidel Castro ewige Treue schwört. Populär ist man damit nicht unter den rund 500 000 Exilkubanern Miamis, die weder ihre Verwandten noch ihren Besitz wiedersehen werden, solange der Máximo Líder regiert. Gómez läßt sich anderntags zu dem Video von einem Reporter des TV-Kanals 23 interviewen. Eine Passantin bleibt stehen und erkennt ihn. Sie schreit: »Da ist das Schwein.« Andere werden aufmerksam. Gómez Leibwächter wird nervös. Er drängt ihn, das Interview abzubrechen, und beide bahnen sich einen Weg durch den Auflauf, der sich gebildet hat, und verschwinden in einem Bürohochhaus.

Gómez sieht aus, wie linksintellektuelle Revolutionäre im Kino aussehen: Ein Ebenbild des jungen Fidel. »Da klagen diese Leute, daß es auf Kuba keine Demokratie gebe«, sagt er, »und hier wollen sie den politischen Gegner mundtot machen.«

Gómez wirkt erschöpft und gleichzeitig so triumphierend wie ein Gewinner. Sicher, seine Leute sind verprügelt worden. Aber an der Propagandafront haben sie eindeutig gesiegt. Einmal mehr haben sie klargemacht, daß alle Castro-Gegner finstere Faschisten sind. Und die Frau, die der Stein getroffen hat, ist für Gómez, natürlich, »eine Heldin«. Daß sie mit ihrem Blut die Demokratie verteidigt habe, sagt er nicht wörtlich. Aber er benutzt eine ähnliche Formulierung.

Genau das auch ist der Tenor des Kommentars, der anderntags in Radio Progreso gesendet wird, einer Castro-nahen Station. Zwischen all den trostlosen Visa-Hinweisen und Intershop-Tips, die der kommunistische Sender seinen

Hörern gibt, dröhnt der Kommentator Francisco Aruca: »Sie sprechen von Demokratie. Aber sie wollen die Herrschaft des Großkapitals.«

Vielleicht hat er recht. Genauso recht wie die anderen, für die Castro die letzte stalinistische Figur ist. Doch was wird die Leere füllen, wenn die Schlacht geschlagen und – selbstverständlich gegen Castro – entschieden ist?

Am Empfang von Radio Fe sitzt Nereida, die sich mit diesem Job ihr Studiengeld verdient. Ihre Mutter hatte die Ausreisepapiere ausgefüllt, als sie geboren wurde. Als Achtjährige durfte sie Kuba endlich verlassen. Sie geht aufs College in Miami, und sie hat nicht vor, je wieder nach Kuba zurückzukehren. Sie hat keine sentimentalen Beziehungen zur alten Heimat.

Aber sie hat eine Ahnung: daß viele auf der Insel vor der Ankunft der Verrückten aus Miami mindestens genauso große Angst haben wie vor Castro.

# 5. Die Mythenfabrik

# Kino

## Die Maske des Aufstands

*Der Kult um Malcolm X und*
*Spike Lees Film »X«*

An dieser Straßenecke, an der die Stimme aus den Lautsprechern eines Ghetto-Blasters scheppert, ist Harlem noch die Kasbah New Yorks. Afrikanische Schnitzereien und Stoffe mit leuchtenden Mustern werden von fliegenden Händlern verkauft, die Gospelläden bringen Gebetbücher an den Mann, und die gepflegten, gefährlichen Anzugträger der »Nation of Islam« bieten Traktate zur Überlegenheit der schwarzen Rasse an. Und durch den Straßenlärm peitschen die Worte wie Pistolenschüsse.

Obwohl keiner von ihnen Notiz nimmt, sind sie doch wie ein Rhythmus, der alle bewegt in einem gemeinsamen, unbewußten Takt, die Straßenhändler und die Hausfrauen, die Boten auf ihren Fahrrädern, die Teenager vor den Plattenläden. »Wir werden Respekt einfordern«, dröhnt die Stimme, und sie stößt die Worte einzeln hervor: »By any means necessary – Mit allen Mitteln, die nötig sind.« Es ist die Stimme von Malcolm X.

Randy, der die Tonbänder verkauft, kann sich noch gut an ihn erinnern. Dort drüben stand er, vor dem Theresa-Hotel, schlank, hoch, überlegen. Die Polizisten hielten sich im Hintergrund, und er hat ihnen, über die Menge hinweg, die Wahrheit ins Gesicht geschleudert, *seine* Wahrheit über die Weißen, ihre Unmoral, ihre Bestialität. »Malcolm X hat uns neu erfunden«, sagt Randy, »er hat uns den Stolz auf unsere Herkunft gegeben. Malcolm X lebt.«

Malcolm X lebt, 27 Jahre nach den tödlichen Schüssen in Harlem. Das X ziert Baseball-Kappen und T-Shirts, es ist auf Mauern gepinselt, auf Plakate geschrieben. Das X ist in den Rap-Songs von »Public Enemy« und KRS-One. X ist schwarzer Stolz. X ist die Wut in den Aufständen von South Central Los Angeles. X ist die Maske der Rebellion.

Der erste »Autor« dieser Maske war Malcolm X selber. Er hat keine Theorie erfunden, sondern eine Haltung. Er war der stolze, der gefährliche Schwarze, der die andere Wange nicht hinhielt. Seine nachhaltigste Hinterlassenschaft ist sein Leben. Er selbst hat es dem Schriftsteller Alex Haley 1963 für eine »Autobiographie« in den Block diktiert. Nun kommt es, mit großem Aufwand von Spike Lee verfilmt, in die Kinos.

Das Leben des Malcolm X – eine Heiligengeschichte, eine Damaskusgeschichte: wie aus Malcolm Little, dem Dieb und Zuhälter, Malcolm X wurde, die Stimme des schwarzen Aufstands.

Wie jede Hagiographie ist auch diese nicht immer akkurat. So wurde sein Vater nicht vom Ku-Klux-Klan ermordet – er kam im Straßenverkehr um. Da Malcolms Mutter in eine Anstalt eingeliefert wurde, wächst er, am 19. Mai 1925 in Omaha (Nebraska) geboren, mit seinen Geschwistern in Waisenheimen auf.

Mit 17 kommt Malcolm zum ersten Mal nach Harlem,

und er findet hier seine Jagdgründe. Harlem ist der Rummelplatz der Kriegsjahre, ein »Basar in Technicolor«: Er wird »Detroit Red« genannt wegen seiner hellen Haare, er trägt die grellsten Zoot-Suits aller Zuhälter und Drogenhändler, und im »Apollo« spielt Lionel Hampton.

Er wird, noch keine 21 Jahre alt, wegen Einbruchs zu zehn Jahren Haft verurteilt. Knapp sieben Jahre sitzt er ab. Sein Bruder bringt den Häftling in Kontakt mit den obskuren Offenbarungslehren eines gewissen Elijah Muhammad, des »Boten Allahs«. Muhammads rassistische Islam-Version, die den Weißen als Züchtungsexperiment eines verrückten schwarzen Wissenschaftlers identifizierte, beeindruckt Malcolm. Jetzt weiß er: »Der weiße Mann ist der Teufel.« In seiner Zelle beginnt er zu lesen. Er liest nicht, er schaufelt in sich hinein: Wörterbücher, Grammatikbücher, die Geschichte der Schwarzen, die europäischen Philosophen. Während ihn Nietzsche und Schopenhauer kalt lassen, vermag ihn Spinoza für eine Weile zu fesseln, weil er Nordafrikaner war – ein Schwarzer, wie er. Hier, hinter Gittern, fühlt er sich »frei – zum ersten Mal in meinem Leben«.

Er verläßt das Gefängnis als Konvertit der Black Muslims, geschmiedet im Feuer einer neuen Überzeugung. Er ißt kein Schweinefleisch, er raucht nicht, er verrichtet die vorgeschriebenen Gebete. Er hat eine neue *persona* kreiert: ernst und streng, stets in Anzug und Krawatte, die Haare kurz getrimmt, eine Brille mit schwarzem schmalem Rahmen, weil er sich mit seiner Gefängnis-Lektüre die Augen verdorben hat.

Den Sklavennamen Little hat er abgelegt. Das X steht für

»unbekannt«: für jenen Namen, den die weißen Sklavenhändler seinen Vorfahren geraubt hatten. Als Malcolm X baut er nun Elijah Muhammads »Nation of Islam« zu einer Organisation mit mächtiger Massenbasis aus. Seine Frau Betty heiratet er 1958, auch sie eine Black Muslim.

Er ist ein begnadeter Redner. Er verfügt über Witz und Verstand. Manchmal umspielt ein geringschätziges Lächeln seine Mundwinkel, die Augen erreicht es selten. In den Hörsälen des Landes ist er der begehrteste Redner nach Barry Goldwater.

Martin Luther King predigt Integration, Malcolm X die Separation. King ruft zur Gewaltfreiheit auf, Malcolm X zur Gegenwehr. Er ist der Apostel der »neuen Strategie«, kühl und bitter, ein kultivierter Racheengel im dunklen Anzug. Er begrüßt einen Aufstand der Teenager in Jacksonville. »Diesen Monat Molotow-Cocktails«, ruft er, »und im nächsten vielleicht Handgranaten und im übernächsten etwas Drittes.«

Wegen einer sarkastischen Bemerkung zum Kennedy-Attentat (»A case of chickens coming home to roost«, etwa: Er hat seine Quittung bekommen) wird er von Muhammad mit Redeverbot belegt. Für ihn ist dieser Maulkorb ein letzter Anstoß zur Abkehr von den Black Muslims.

Öffentlich bezeichnet er Muhammad als frömmelnden Heuchler, der sich heimlich einen Harem aus Jüngerinnen zugelegt habe. Dann bricht er zur Pilgerreise nach Mekka auf und kehrt, erneut verwandelt, zurück als El-Hajj Malik El-Shabazz. Er hat einen anderen Islam kennengelernt, einen universelleren: Gott, so sagt er nun, ist in allen, selbst im weißen Mann. Sein Kampf ist darum aber nicht weniger kompromißlos, nur setzt er jetzt auf ein umfassenderes Konzept der schwarzen Emanzipation. Er sagt: »Rassismus ist Selbstmord« – auch der schwarze.

Zu Hause ist er ein Geächteter. Die »Nation of Islam« erklärt ihn für vogelfrei. Sein Haus in Queens brennt unter rätselhaften Umständen ab. Er wird beschattet, von den Black Muslims, von der CIA. Der neue, suchende Malcolm X ist weniger eindeutig, weniger zündend – seine Gefolgschaft ist schmal.

Am 21. Februar 1965 spricht er zu ihr in der Audubon Hall in der 165. Straße. Gerade hat er die Versammlung mit »Salam aleikum« begrüßt, da fallen die tödlichen Schüsse. Vor den Augen seiner Frau Betty, die mit ihren beiden jüngsten Töchtern schwanger ist, bricht Malcolm X blutüberströmt zusammen.

Noch heute lassen sich in der kupfergrünen Rückwand der Audubon Hall die Löcher erkennen, die die Kugelsalven hinterlassen haben. Über dem Eingang des baufälligen Gebäudes, das abgerissen werden soll, hängt sein Porträt. Daneben Namen, die nach dem Freispruch der Prügelpolizisten in Los Angeles hier angebracht wurden. Namen von Hispanos und Schwarzen, die in den letzten Jahren durch Polizistenkugeln gestorben sind. Malcolm X, die Ikone der Ghetto-Kids. Ein Totem der Wut.

»Es hat lange gedauert, bis wir ein Bild von ihm anschauen konnten, ohne zu weinen«, sagt Betty Shabazz, die Witwe von Malcolm X. Mächtig und üppig thront sie hinter ihrem Schreibtisch im Medgar Evers College in Brooklyn, eine schöne und eine gefühlvolle Frau. Tränen schimmern in ihren Augen.

»Aber jetzt weiß ich: Malcolm lebt. Er lebt in denen weiter, die seinen Namen auf der Haut tragen. Kann man einem Menschen näher sein?«

Was Malcolms Vermächtnis ist? Sie richtet sich auf. Ungnädig erteilt sie dem weißen Reporter Geschichtsunterricht. Sie beginnt in der Renaissance, mit der europäischen Kolonisierung. »Fünfhundert Jahre lang habt ihr die Schwarzen unterdrückt. Genug ist genug. Die Zeit ist reif – und das war Malcolms Vermächtnis.«

Sie spricht über ihren Mann mit einer Wärme, die alle Widersprüche aufhebt. Die größte Entstellung, die man ihm antun könne, sei die Behauptung, er habe zur Gewalt aufgerufen. »Gewalttätig sind Sie! Gewalttätig sind die Weißen, die die schwarzen Teenager in den Ghettos täglich umkommen lassen!«

Malcolm X, so ließ nach dem Attentat Sektenführer Elijah Muhammad zynisch verlauten, sei »durch jene Gewalt umgekommen, die er immer gepredigt« habe. Betty Shabazz' Gesicht wird zur abweisenden Maske. »Wer hat das gesagt?« »Elijah Muhammad.« »Kenne ich nicht.« »Muhammad und seine Black Muslims existieren nicht mehr für Sie?« »Ich sehe«, sagt Betty Shabazz, »Sie haben mich verstanden.« Doch dann bricht es aus ihr hervor. »Ausgerechnet Elijah Muhammad! Der hat Nerven! Die Gewalt in Malcolms Reden war doch Muhammads Doktrin!«

Betty Shabazz hat sich nach Malcolms Tod mit ihren sechs Kindern allein durchgeschlagen. Sie hat ihren Doktor in Pädagogik gemacht und engagiert sich für Kindergärten, für Bildungseinrichtungen und im kommunalen Krisenmanagement.

Denn hier, in Brooklyns Crown Heights, lodern die Rassen und Religionskämpfe der neunziger Jahre. Hier hatten schwarze Jugendliche einen chassidischen Juden erstochen, nachdem zuvor eine Autokolonne des Rabbi einen Schwarzen totgefahren hatte. Hier war gerade erst der Freispruch des schwarzen Angeklagten durch eine überwiegend farbige Jury gefeiert worden, was zu wütenden Protesten der jüdischen Gemeinde geführt hatte.

Betty Shabazz führt Friedensgespräche »mit der anderen Seite«, um einen erneuten Aufruhr zu verhindern. Dennoch sagt sie: »Der Aufruhr ist zum politischen Kampfmittel geworden, nicht nur in Amerika, sondern genauso in Rußland, in Polen, in Armenien, in der ganzen Welt.« Ihre Stimme klingt sachlich, ohne Bedauern.

Ihr Mann, meint sie schließlich, sei nur in seiner ganzen Entwicklung zu begreifen. Vom ersten Moment an sei sie fasziniert gewesen von seinem Ernst. Er war ein liebevoller Vater. Sie lächelt versunken. »Und ein phantastischer Ehemann. Die einzige Zeit, in der ich wirklich eine Frau war, war mit ihm. Als Ehemann gebe ich ihm eine 1 plus.«

An dem Film über ihn hat sie mitgearbeitet. »Ich habe dafür gesorgt, daß Entstellungen unterbleiben. Daß er als Mensch gezeigt wird, klug, mitfühlend, begeisternd, so wie er wirklich war.« Das Ergebnis findet sie wundervoll. »Von mir aus könnte er noch ein paar Stunden länger sein.«

Schon vor der Premiere war der Film umkämpft: Das X ist zur Kreuzung zweier verschiedener Diskurse geworden. Die Ideologen der sechziger Jahre streiten sich mit den postideologischen Aktionisten der neunziger um sein Erbe.

Da ist der blinde Professor John Henrik Clarke, ein Vertrauter von Malcolm X aus den sechziger Jahren, auf einer Protestversammlung in Harlem. Beschwörend warnt er gemeinsam mit prominenten Linken vor der »Ausbeutung eines Revolutionärs, vor seiner Prostituierung durch Hollywood.«

Der Ausbeuter hat einen Namen: Spike Lee, Regisseur des 34-Millionen-Dollar-Films »Malcolm X«.

Der Held der sechziger Jahre war der Agitator. Der Held der neunziger Jahre ist der Millionär. Für seine ihm hörig ergebene junge Gefolgschaft ist Spike Lee ein Held. Spike Lee inspiriert nicht – er imponiert. Er ist der erfolgreichste schwarze Regisseur Hollywoods und, viel wichtiger, ein genialischer Geschäftemacher. Über eine eigene Ladenkette vertreibt er T-Shirts, Kappen und Platten mit Motiven seiner Filme. Er beschäftigt fast ausschließlich Schwarze.

Spike Lee, 35, hatte sich mit unruhigen, intelligenten Filmen wie »She's Gotta Have it« oder »Do the Right Thing« eindrucksvoll gegen Hollywood durchgesetzt. Da waren plötzlich ein neues schwarzes Kino und ein Regisseur, der sich die Kontrolle über seine Filme von den Studios nicht nehmen ließ. Auch wenn seine beiden letzten Filme »Mo' Better Blues« und »Jungle Fever« eher seichtes Kommerzkino boten, war Lee als eigenwillige Ein-Mann-Unternehmung durchgesetzt.

Als die Produktion seines Films in Finanzierungsnöte geriet, schaltete Lee das schwarze Establishment ein: Bill Cosby, Michael Jordan, Oprah Winfrey – alle legten zusammen für die ausstehenden Dollarmillionen.

Seine guten Beziehungen zum Establishment hindern den Regisseur nicht, seine jüngere Klientel mit rassistischen Äußerungen zu entzücken wie der, daß weiße Frauen grundsätzlich »häßlich wie Hunde« sind.

Clever hatte Lee den ursprünglich als Regisseur vorgesehenen Norman Jewison (»Mondsüchtig«) ausgebootet: Nur ein Schwarzer dürfe das Leben des schwarzen Revolutionärs verfilmen. Kurz darauf tauchte das X-Zeichen auf den T-Shirts in seinen Läden auf.

Das X ist zum »radical chic« der Elite geworden – Bürgermeister David Dinkins trägt es genauso wie Arsenio Hall, der Talkmaster, der stets darauf achtet, daß es farblich auf seine Sakkos abgestimmt ist. Daß die Branchendienste Hollywoods Spike Lee für die »smarteste Marketing-Strategie seit Batman« umarmen, hat sich mittlerweile zu den Rap-Kids in den Straßen herumgesprochen. Und es irritiert sie nicht unerheblich.

Auch bei ihnen gilt Lee nun als Verräter. Deshalb ist in seinem »Joint« in Brooklyn nun ein Wachoffizier eingestellt worden. Warum? »Es ist nicht die beste Nachbarschaft«, sagt der weiße Offizier grinsend. Ein paar Häuser weiter residiert der Filmemacher in einer ehemaligen Feuerwache. Schwarze Gitter sichern schwarze Stahltüren, und das gläserne Auge einer Überwachungskamera erfaßt jeden Besucher.

Noch auf der Straße werden Reporter von jungen, ernsten Angestellten längeren Verhören über Inhalt und Tendenz ihrer Geschichten unterzogen. Spike Lee ist ein Kontrollfreak, nicht nur Hollywood gegenüber. Die meisten, die den Regisseur schließlich sprechen, leiden, und sie schildern ihre Leiden. Sie schildern, wie sie abgebügelt werden in flüchtigen Begegnungen mit einem Großunternehmer, der sich in rassistischen Phrasen gefällt.

Lees Erziehungsarbeit zeigt Wirkung. Auf der Pressekonferenz zum Start seines Films stellen die Reporter keine Fragen mehr – sie erbitten Absolution für ihre weiße Hautfarbe. Eine Reporterin aus Island fragt verzweifelt, ob denn »wirklich alle Weißen Schweine« seien. Lee gibt sich großzügig. Sein Film soll sich auch in Island verkaufen. »Einige«, sagt er. Und welche? »Reagan und Bush.« Alle atmen erleichtert auf, glücklich, daß sie nicht Reagan oder Bush heißen.

Am Abend der Harlemer Filmpremiere ist das X kein Totem des Aufstandes mehr, sondern ein Eisblock, der auf dem Büffet eines VIP-Empfangs zwischen geräuchertem Huhn und Salaten vor sich hinschmilzt. Bei gedämpften Orchesterversionen von Ray-Charles-Titeln stellt sich der populistische Harlemer Prediger Al Sharpton den Fotografen bereitwillig mit zu X gekreuzten Zeigefingern in Pose, und lächelnde Hostessen verteilen Malcolm-X-Amulette.

Draußen, vor den roten Läufern des festlich ausgeleuchteten Apollo-Theaters, ist Malcolm X als papierener Duftstreifen zu haben. Aroma für die Seele verspricht eine Frau mit hennaroten Haaren: Sie verteilt Handzettel mit der Frage »Sind Sie ein Rassist?« Sie ist »Ethnotherapeutin« und in der Lage, auch akute Fälle von Rassismus in einigen Sitzungen zu behandeln.

Im Theater brandet Beifall auf, als Stevie Wonder in einer Balkon-Loge Platz nimmt. In dem Balkon gegenüber sitzt Betty Shabazz, nah an der Leinwand, bereit, ein weiteres Mal einzutauchen in ein vergangenes Leben, in einen Film, in eine Legende.

Denn von der ersten Einstellung an bis zum Abspann, gut drei Stunden später, versucht der Film nichts anderes zu sein als eine Legende in schönen, in aufwendigen und leider auch oft in leeren Bildern. Es geht um die Bebilderung eines Denkmals und das Denkmal eines Bildermachers. Spike Lee sagt: Seht, was ich mit 34 Millionen Dollar anstellen kann, und das schon im Vorspann.

Wir hören die Stimme von Malcolm X, bevor wir ihn sehen. Die Stimme, die den Weißen als Kidnapper beschimpft, als Mörder, als Schwein, als Sklavenhändler. Und wir sehen dabei die amerikanische Fahne, die langsam verbrennt. Eine Provokation? Der Brandgeruch der sechziger Jahre? Merkwürdigerweise nicht. Hier verbrennt das Sternenbanner auf brave Hollywood-Art zu einem akkurat gekokelten X, einem Brandzeichen in Technicolor. Der Film will den Trick, nicht die Explosion.

Die ganze erste Stunde räumt Lee der Jugendzeit des Helden ein. Das heißt: Es wird getanzt wie in einem Broadway-Musical, es wird gelacht, es wird geliebt, und zwar in einem Chevy der vierziger Jahre, dessen Stromlinien die Kamera in immer neuen Schwenks zärtlich abtastet. Für die Traumata einer Jugend bleibt erstaunlich wenig Zeit: Da sind die Ritte des Ku-Klux-Klan bei Vollmond, da ist die Verzweiflung der Mutter, der rassistische Lehrer – nur kurze plakative Einblendungen, die ein Pflichtpensum abhaken. In seinem Film »Do the Right Thing« hatte Lee in einer Minute mehr zur Psychogenese der Revolte erzählt als hier in einer Stunde.

Der Mittelteil, ebenfalls eine Stunde lang, erzählt von der Bekehrung im Gefängnis und der Menschenfischerei für Elijah, den Propheten. Hier gelingt es Denzel Washington, vor allem den Sprecher Malcolm X begreifbar zu machen und wie die Lust an der Rede entsteht. Malcolm X hat von den Wortkadenzen der Gospelprediger gelernt, ihren Wiederholungen und Verschärfungen, und tatsächlich hat eine seiner ersten islamischen Feuerpredigten den Charakter eines Erweckungs-Gottesdienstes.

Doch auch dieser Teil quillt Lee in die Breite. Man könnte Malcolm X als Gefangenen der rassistischen Platitüden des Elijah-Islam schildern. Man könnte ihm im Kontrast zu Martin Luther King Profil geben oder in der Beziehung zu seiner Frau. Doch seine Ehe mit Betty Shabazz wird nur als freudlos-blasser Tugendexkurs abgehakt – in einer Zeile hat der Koran mehr Sinnlichkeit als diese beiden Bürokraten der Liebe in ihren Tête-à-têtes. Möglicherweise hat Betty Shabazz allzu rigide gesäubert.

Möglicherweise hat auch die »Nation of Islam« einen zu großen Druck auf Spike Lee ausgeübt. Eine Religionsgemeinschaft, die sich als Mafia organisiert – was für ein Filmstoff! Nur ein einziges Mal gelingt es dem Regisseur, den sinistren Doppelcharakter der Elijah-Jünger ins Bild zu rücken. Da befiehlt Malcolm X mit einem Fingerzeig den Abzug einer ganzen, gehorsamen Black-Muslim-Armee. Diese Macht über Menschen imponiert auch im Kino – die Szene erhält den meisten Applaus.

Erst die letzten Minuten fesseln. Sie zeigen einen Menschen unter Morddrohung, zeigen den Terror und die Trauer eines Mannes, der wieder einmal in den Trümmern einer Überzeugung steht. Ein Ex-Junkie, der nun von seinem Retter ans Messer geliefert wird. Ein Sohn, der erneut seinen Vater verloren hat: Malcolm X, der seiner Hinrichtung durch Elijahs Schergen entgegengeht.

Die spannendsten Bilder sind jedoch die, die dem Attentat in der Audubon Hall folgen. Es sind Dokumentaraufnahmen aus den sechziger Jahren, unruhige Bilder, die keinen Heiligen, sondern einen Kämpfer im Brandgeruch der Straße zeigen. Im Harlemer Apollo-Theater klingt der Applaus zufrieden. Die Schändung ist unterblieben. Die Provokation allerdings auch. Statt dessen – über drei technocolorsatte Stunden Hollywoodkino.

Vor dem Apollo-Theater hat Randy seinen Stand aufgebaut. Er hat sich die Wollmütze ins Gesicht gezogen und trägt Handschuhe gegen die Kälte. »Hier ist der richtige Stoff, Mann«, ruft er. Er hat das Band mit Malcolms Detroit-Rede aus den sechziger Jahren eingelegt.

Im Detroit der neunziger Jahre ist ein weiterer Schwarzer von Polizisten totgeprügelt worden. Allerdings war auch unter den Polizisten ein Schwarzer – die Wirklichkeit ist kompliziert. Doch in Randys Ghetto-Blaster wird sie sortiert, wird klar: Es gibt Unterdrücker und Unterdrückte. Weiß und schwarz. Das ist alles. Diese Botschaft wird verstanden, nicht nur in Harlem.

# Die Spur der Königsmörder

*Der Kennedy-Mythos und Oliver Stones Film »JFK«*

Im kühlen, grauen Vorführraum der Skywalker-Studios in Santa Monica bewegen die jungen Kampagnen-Offiziere von Warner Brothers artig die Hände. Aus den USA, aus Italien, Frankreich und Deutschland sind sie gekommen, um weltweit ein Produkt zu verkaufen, von dem sie bisher nur den Namen kennen: »JFK«. Die Ermordung John F. Kennedys – der Film.

Sie applaudieren, und der Mann, der sich vor ihnen aufgebaut hat, hebt abwehrend die Hände: »Noch nicht«, sagt Oliver Stone. Er lächelt schmal. Seine schwarzen Haare sind wirr. Sein Gesicht hat die Farbe von altem Grießbrei. Sein weißes Hemd wirkt, als habe er es über einen Kampfdrillich gestreift.

Er ist angetreten, um einen Staatsstreich aufzudecken. Er will die Drahtzieher der Verschwörung gegen Kennedy entlarven und damit ein amerikanisches Trauma beenden. Oliver Stone ist Hamlet, der die Mörder seines Vaters überführt. Ein Hamlet mit Muskeln, bereit, auch den schmutzigsten Trick anzuwenden, um ein Verbrechen zu sühnen. Dies ist die erste Vorführung des Films, auf den Tag genau 28 Jahre nach den tödlichen Schüssen von Dallas.

So sieht kein Sieger aus, sondern ein Überlebender. Hinter ihm liegen 79 Drehtage und Monate im Schneideraum, um 120 Stunden Material auf gut drei zu kondensieren.

Hinter ihm liegen zwei Jahre an Recherchen und Gesprächen mit Experten, CIA-Agenten, Medizinern. Verschwörungs-Freaks.

Vor allem aber liegen die Schlachten mit der Presse hinter ihm. Sein Film wurde schon in der Vorbereitungsphase in Grund und Boden geschossen. Man stahl die Drehbücher und zitierte seitenweise daraus. »Dallas in Wonderland« hießen die Schlagzeilen oder: »The Shooting of JFK«. Die Journalisten warfen Oliver Stone vor, er habe sich mit obskuren Beratern eingelassen, nur um einen spannenden Thriller zu drehen. Er verfälsche die Geschichte.

Stone setzte sich zur Wehr. Für ihn waren die Journalisten »Bastarde«. Seine Reaktionen mochten wahnhaft sein, doch dieser Film wurde, wie alles, was in den USA mit Kennedy zu tun hat, zum heiligen Krieg. »In diesem Land marschiert der Faschismus. Es gibt eine Geheimregierung und ein Pressekartell des Verschweigens.«

Oliver Stones Weltbild ist einfach. Er denkt mit dem Preßlufthammer. Er hat Wut. Er möchte die Welt von einem Bösen erlösen, mit einem einzigen Hieb. Er ist der geborene Attentäter.

Er wuchs auf in den fünfziger Jahren, in einer Kindheitsidylle mit Truthahn und Fahneneid, ein Junge der Goldwater-Ära, Mittelklasse, gute Schulen. Eine traumatische Erfahrung war die Scheidung seiner Eltern. Er meldete sich freiwillig nach Vietnam, um die Gefahr kennenzulernen und seinem Land zu dienen, und er kehrte zurück als Konvertit. Seine Antwort auf die Lösung des Elends, das er im Krieg gesehen hatte: »Ich sagte, warum steigen wir nicht aufs nächste Dach und erschießen Nixon?«

Er schoß mit Phantasien, mit Bildern. Er hungerte sich als Drehbuchschreiber durch in New York, er pumpte sich mit Drogen voll, er lebte auf der Schattenseite und assistierte irgendwann bei Scorseses Amokläufer-Film »Taxi Driver«, der ziemlich genau die Hölle schildert, die er inzwischen selber kennengelernt hatte, nämlich die Junkies, die Nutten, die Engel und den Wunsch nach Reinheit. Travis Bickle, der Filmheld, ist Vietnam-Veteran wie er.

Für das Drehbuch des Drogenthrillers »Midnight-Express« erhielt er zu Recht den Oscar. Sein Film »Talk Radio« wurde ein nervenzerrendes Meisterwerk über die Medien, über die Einsamkeit und den Faschismus. Und mit »Wall Street« sprach er das ultimative Urteil über das gierige Reagan-Jahrzehnt.

Stone wurde zum Preisbullen Hollywoods. Sein autobiographischer Vietnam-Film »Platoon« wurde mit Oscars überhäuft. Alle seine Filme sind beliebter beim Publikum als bei der Kritik. Alle seine Filme sind kämpferisch, sind engagiert. Alle Filme, sagen die Kritiker, wollen mit Getöse Türen eintreten, die längst offenstehen.

Als er während der Dreharbeiten zu »Geboren am 4. Juli« – ebenfalls mit Oscars gesegnet – ein Buch in die Hände bekam, das den Titel trug: »Den Attentätern auf der Spur«, hatte er seinen neuen Filmhelden gefunden. Jim Garrison hatte es geschrieben, der Oberstaatsanwalt von New Orleans, der 1967 den Geschäftsmann Clay Shaw der Verschwörung zum Mord an Kennedy angeklagt hatte. Ein einzelner im Kampf gegen das Unrecht, ein Film nach Stones Geschmack. Da war ein Thriller, den das Leben schrieb.

Oder nicht? Plötzlich schien der Boden zu schwanken.

Garrison gilt unter Experten als obskur. Seine Trinkereien, seine Korruptionsaffären waren bekannt. Seinen Prozeß, ein Medienspektakel, hatte er 1969 mit Pauken und Trompeten verloren. Allerdings war Garrison der einzige, der in einem öffentlichen Prozeß die haarsträubenden Befunde der regierungsamtlichen Warren-Kommission angezweifelt hatte, die schon wenige Wochen nach dem Attentat den Ex-Marineinfanteristen Lee Harvey Oswald als Alleintäter ausgemacht hatte.

Wie kann ein Mann mit einem ungenauen Mannlicher-Carcano-Gewehr innerhalb von sechs Sekunden zwei oder gar drei derartig präzise Schüsse abgeben? Und war da nicht noch ein Schuß, der den Präsidenten von vorn traf?

Eigentlich hat der Film, der an diesem Nachmittag im Presseraum der Skywalkers Studios vorgeführt wird, keine Chance. Denn der berühmteste Kennedy-Film wurde bereits bedreht, und zwar von einem Amateur namens Abraham Zapruder. Der stand unter den Schaulustigen in Dallas, als die Präsidentenkavalkade an jenem 22. November 1963 in die Elm Street einbog, Kennedy im Fond seiner offenen Limousine, lächelnd, winkend. Plötzlich faßt er sich irritiert an den Hals. Jacqueline beugt sich fragend zu ihm. Sechs quälende Sekunden verstreichen. Dann zuckt der Schädel nach hinten, in einer dunkelroten Explosion.

In dieser dunklen Wolke aus Blut und Knochensplittern versank für viele, auch für Oliver Stone, der Traum von einem besseren Amerika. Der 22. November 1963 war eine manichäische Zeitgrenze: Davor war Licht, danach nur Dunkelheit. Danach: 58 000 getötete Amerikaner in Vietnam. Die Todesschüsse auf Martin Luther King, auf Robert

Kennedy. Die Rassenunruhen. Die Geiseln in Teheran. Watergate, Irangate, Korruptionsskandale, die Machtübernahme der Zyniker und Technokraten.

John F. Kennedy, das war die Jugend, der Aufbruch, der Scheck auf die Zukunft. Von diesem Bild ist Stone infiziert wie alle Amerikaner. Und je gewalttätiger die Gegenwart, desto intensiver der rückwärtsgewandte Kitsch. Der Kitsch, der nichts ist als verdrängte Gewalt, ein umformulierter Attentatswunsch. Kitsch, der nicht minder verheerend ist, weil er eine noch raffiniertere Falle ist.

Der Kennedy-Mythos bedient alle. Für die Schwiegermütter aus dem Mittelwesten waren die Kennedys die Royal Family.

Und für die Generation Oliver Stones waren die Kennedys eine Frühform des Rock 'n' Roll in der Politik. Plötzlich gab es Sex und Drogen im Weißen Haus, die Spritzen von Dr. Feelgood, Marihuana und jede Menge Groupies. Nichts, was wir nicht auch gern hätten.

Für alle bleibt Kennedy die Lichtgestalt aus Camelot. Was hilft es da, wenn Historiker gegen die kollektive Überbelichtung ankämpfen? Wenn etwa Michael Beschloss auf über 700 detailversessenen, spannenden Seiten nachweist, wie riskant und oft dilettantisch Kennedys Manöver am Rande eines dritten Weltkrieges waren.

Sicher, er hatte die Nerven, die Stabschefs an einer offenen Kuba-Invasion zu hindern. Spätere Präsidenten gingen weniger zimperlich mit fremden Territorien um. Ein antikommunistischer Politmacho, ein Hasardeur blieb er doch: »Die Kuba-Krise«, sagte Kennedy einige Tage nachdem die sowjetischen Schiffe beigedreht hatten, »war eine aufregende Abwechslung, und man hatte den Eindruck, daß etwas passierte.«

Daß die jugendlichen Kennedys keineswegs Idealisten, sondern machtgeile Sechziger-Jahre-Yuppies waren, läßt sich nachlesen. Nachlesen läßt sich, wie sie sich, mit dem Geld und im Auftrag des Sippenfürsten, der sein Vermögen mit geschmuggeltem Whisky in der Prohibitionszeit gemacht hatte, ins Weiße Haus zockten und von den Bürgerrechtsbewegungen zunächst sehr wenig hielten; nachlesen auch, daß der Clan die gefährliche Freundschaft einiger Mafia-Bosse genoß. Kurz und zynisch: Es gab eine ganze Menge Leute, die gute Gründe hatten, auf den Präsidenten zu schießen. Doch die Kennedy-Legende strahlt.

Sie läßt sich auch nicht von der Tatsache verdunkeln, daß die Mehrheit der amerikanischen Historiker JFK für den »meistüberschätzten Präsidenten der amerikanischen Geschichte« hält und daß Richard Walton von dem »vielleicht gefährlichsten kalten Krieger, den wir je hatten«, spricht.

Denn eines bedeutete John F. Kennedy seit den Schüssen in Dallas: die Möglichkeit. Die Möglichkeit, daß alles hätte anders ausgehen können. Hat er nicht in den Wochen vor dem Attentat darüber nachgedacht, die Militärberater aus Vietnam zurückzurufen? Stand er nicht kurz vor einem Nuklear-Waffenabkommen mit Chruschtschow, war die Welt nicht kurz vor einem neuen Tauwetter?

Natürlich überstrahlt die Kennedy-Legende, die der Traum des guten, idealistischen Amerika ist, auch Stones »JFK«. Wir sehen unruhig flackernde Schwarzweiß-Bilder. Kennedy bei der Amtseinführung. Kennedy als Redner, Kennedy privat. Amateurfilm-Sequenzen, Fernsehbilder,

Tonfetzen im Video-Clip-Tempo. Kennedy in Uniform, in Badehose. Der junge Präsident als Star, umringt von Autogrammjägern, an der Seite seiner attraktiven Präsidentengattin. Und dann, immer wieder, Kennedy im Fond der Limousine, lächelnd, winkend – gleich werden die Bilder verwackeln.

All diese Bilder haben nur eine Botschaft: Mein Gott, sah er gut aus, dieser Präsident. Und er war so jung. Eine machtvollere Lokomotive für einen Kinofilm läßt sich nicht denken. Und der braucht diesen Anschub, denn er ist lang.

In einem Pub in New Orleans läuft die Nachricht vom Anschlag auf den Präsidenten im Fernsehen. Dunkle Wände, dunkles Bier, alte Männer mit Flanellhemden und Schweißtüchern, Billardspieler, und alle schauen gebannt auf den Fernseher. Kevin Costner sitzt unter ihnen. Er spielt den jungen Staatsanwalt Jim Garrison. Auch er starrt auf den Apparat. Er sieht die Bilder vom Attentat. Er traut seinen Augen nicht.

Am allerwenigsten aber scheint Costner Jim Garrison zu trauen, den er spielen soll. Er zeigt keine Figur, sondern ihre Fassade. »Oh no«, läßt er Garrison ohne sichtbare Regung sagen, als er die Nachricht hört.

Und dann setzt Costner schwerfällig seinen Garrison in Bewegung: der sture, verschlossene Conferencier einer Recherche. Er findet heraus, daß sich Oswald im Sommer vor dem Attentat in der rechtsradikalen Exilkubaner-Szene in New Orleans herumgetrieben hat. Er trifft auf den kleinen Gauner David Ferrie, ein nervöses kettenrauchendes Wiesel mit roter Perücke, der ihn auf die Spur des Geschäftsmannes Clay Shaw führt, eines reichen Homosexuellen. Nun jagt Garrison Clay Shaw.

New Orleans ist eine pittoreske Kulisse: der Mardi Gras, schwerer Tropenregen, dunkle Hinterzimmer und Zeugen im Zuchthaus – meistens sitzen zwei Menschen zusammen und unterhalten sich. Oder sie schauen in den Fernseher, wo die ersten Nachrichten aus Vietnam gezeigt werden, oder das Attentat auf Bobby Kennedy.

Garrisons Frau ist Sissy Spacek. Ab und zu kommt sie in sein Arbeitszimmer und sagt: »Du arbeitest zuviel.« Ab und zu weint sie, weil ihr Mann soviel arbeitet. Und Kevin Costner nickt, mit offenem Mund: Eigentlich weiß er auch nicht, was das alles soll. Er glaubt sowenig wie wir an diesen Clay Shaw.

Ein Anruf befreit ihn und uns nach über einer Stunde aus dieser Sackgasse. Ein neuer Informant ist aufgetaucht, und mit ihm eine neue Spur, die in die große Politik führt. Mr. Costner goes to Washington. Dort sitzt er längere Zeit mit dem Informanten, der sich Mr. X nennt und von Mr. Donald Sutherland gegeben wird, auf einer Bank. Mr. X erzählt von Vietnam, vom Pentagon, von Geheimtruppen der Militärs – nur selten unterbrochen von Costners Phrasen der Machart: »Ich kann einfach nicht glauben, daß sie ihn umbringen wollten, nur weil er Dinge ändern wollte.«

Doch nun tankt der Film auf. Aus dem lustlosen, sinnlosen New-Orleans-Krimi wird ein dokumentarischer Politthriller. Nun werden die richtigen Fragen gestellt. Wer profitierte von dem Attentat? Warum wurde die Paraderoute in Dallas plötzlich gändert? Warum wurde der obligatorische Eskorten-Schutz reduziert? Warum waren die Fenster nicht geschlossen? Warum wurden die verdächtigen Stadt-streicher nicht erkennungsdienstlich behandelt? Warum verschwand die Telex-Warnung eines bevorstehenden Attentats aus den Polizeiordnern?

Warum war das Militär bei der Autopsie zugegen? Warum verschwand der Bericht? Warum verschwanden wichtige Zeugenaussagen aus Dallas? Warum wurden Zeugen unter Druck gesetzt? Wie kommt es, daß kurz nach dem Attentat 30 Polizeiautos vor einem Kino in der Innenstadt aufkreuzen, nur um einen Mann festzunehmen, der sich keine Karte kaufen wollte? Und welcher Zufall führte Regie, als sich ausgerechnet dieser Mann als Lee Harvey Oswald entpuppte?

Die Antworten auf diese Fragen zeigt Oliver Stone in Schwarzweiß-Sequenzen, die in den Film eingeschossen sind. Er zeigt die Plotter bei der Arbeit, die Einsatzbesprechungen, die Positionierung der Scharfschützen, die Manipulationen bei der Autopsie. Für ihn haben die Hypothesen den Rang von Tatsachen – und auch wir messen diesen Szenen, weil wir es von schwarzweißen Bildern so gewohnt sind, dokumentarischen Wahrheitsgehalt bei, zumal sie mit tatsächlichen Dokumentaraufnahmen jener Zeit vermischt sind.

Oliver Stones Antwort: Der Mord an Kennedy war ein Coup d'état, dirigiert von hochrangigen Militärs, ausgeführt von CIA-Agenten, Exilkubanern, Mafiosi. Ein Meisterstück dieser »faction«, dieser Mischung aus Fakten und Fiktion, ist eine Sequenz über Oswald am Tag des Attentats. Sie beweist die Unsinnigkeit der Befunde im Report der Warren-Kommission. Oswald, so Stone, war nicht völlig unschuldig, wie Garrison meinte, aber seine Rolle war nicht die des Todesschützen. Er wurde zum Tatort befohlen als Sündenbock.

Eingebettet sind diese Einschübe, Einschüsse, leider in ein endloses Schlußplädoyer, denn der Film endet als Geschworenen-Drama, dort in New Orleans, wo er so mühsam begann. Doch dem Ankläger sitzen hier nicht Generäle gegenüber, wie etwa am Schluß von Costa-Gavras' Politthriller »Z«, sondern ein kleiner Seidentuch-Gauner namens Clay Shaw, den Garrison nicht überführen kann.

Wir begreifen den Prozeß gegen Clay Shaw als aufgedonnerte, cineastische Übersprunghandlung, und Costners Garrison marschiert denn auch entschlossen am Angeklagten vorbei ins Vage, in die Rhetorik, in den moralischen Appell. Er zitiert Hitler: »Je größer die Lügen, desto mehr Menschen folgen ihr.« Er fährt schwere Geschütze auf. Er sagt: »Es liegt an euch, die Wahrheit herauszufinden«, und Costner schaut dabei zu den Geschworenen hinüber, ins Publikum, in die Kamera, zu uns, die wir plötzlich in einem Capra-Film der vierziger Jahre sitzen.

Oliver Stones Film ist ein Tier mit drei Köpfen. Da er auf das Gewicht echter Namen und beglaubigter Fakten nicht verzichten will, fehlt ihm die geschlossene Spannung, die spielerische, bösartige Brillanz von Verneuils Kennedy-Thriller »I wie Ikarus«. Für ein Dokudrama andererseits ist die Beweislage nach wie vor dünn. Aber wo, wenn nicht im Kino, darf sich die Behauptung als Tatsache aufspielen?

In all seiner Fragwürdigkeit ist der Film »JFK« ein aufregendes Dokument: Er spiegelt das gegenwärtige Amerika und das der sechziger Jahre. Spiegelt die Sehnsucht Hollywoods, aus der zerrissenen Gegenwart in alte Klischees zu flüchten. Spiegelt die Suche nach dem Guten und Wahren, das sich nicht mehr zusammenbasteln läßt. Er führt ein Trauma vor.

Vor allem aber weist er noch einmal hin auf den Skandal verschleppter Untersuchungen im Falle Kennedy, der auf dem Land lastet wie ein Fluch. Auch die Krake CIA, die nach der Auflösung des KGB den wahrscheinlich mächtigsten Bespitzelungsservice der Welt stellt. Und er weist auf die geheimen Kommandostrukturen im Pentagon hin, die seit jenen Tagen Politik machen. Im Untertitel heißt der Film: »Die Geschichte, die nicht enden will«.

Es muß gespenstisch gewesen sein: ein Regisseur, der 120 Stunden belichteten Film sichtet, der in einem Gebirge aus Zelluloid sitzt und irgendwann entdeckt, daß Geschichte doch kein Oliver-Stone-Movie ist. Sondern daß sie komplizierter ist und die Helden nicht gerächt und die Schurken nicht bestraft werden können, ja daß gar nicht mal eindeutig auszumachen ist, wer zu den Guten und wer zu den Bösen gehört.

Als der Abspann läuft, erheben sich die Leute von Warner Brothers. Diesmal applaudieren sie nicht. Sie wirken, als seien sie drei Stunden lang von einer LKW-Kolonne überrollt worden. Wie verkauft man so ein Monstrum?

Am nächsten Abend treffen sich alle zu einer Party im »Celestino« am Beverly Drive, einem extrem teuren und daher extrem sparsam möblierten Italiener. Kevin Costner trägt sein Haar kurz. Er hat seinen ersten Drehtag als Bodyguard hinter sich, den er in einem Film mit Whitney Houston verkörpert.

Oliver Stone hat am Vormittag in San Francisco ein neues Projekt mit Robin Williams besprochen. Das Fließband steht nicht still. Er wirkt wie ein Stahlarbeiter, der zwei Schichten hintereinander absolviert hat. »JFK«, sagt er, »war der Kampf meines Lebens.«

Noch einmal klärt er die Fronten. Die Journalisten, die ihn attackiert haben, sind »bezahlte CIA-Söldner«. Von der Kennedy-Familie, die sich distanziert hat, ist er »maßlos enttäuscht«. Die Botschaft seines Films? »Die Jugend soll begreifen, daß der Kennedy-Mord ein Staatsstreich war, daß es Putschisten nicht nur in Moskau gibt.«

Er war der erste, der das ganze Attentat noch einmal nachstellte. »Es muß mehrere Schützen gegeben haben. Ich war bei der Infanterie, ich weiß, wovon ich rede – es war ein klassischer Hinterhalt.«

Mit dunkler Faszination erinnert er sich an die Dreharbeiten in Dallas. »Wir standen da oben an den Fenstern und haben hinuntergezielt.« Er schüttelt den Kopf. »Mein Gott, wir haben Kennedy an diesem Tag mindestens 30mal erschossen. Es war ein irres Gefühl. Wie ein Exorzismus.«

# Im Zeichen der Fledermaus

*Batman in Deutschland*

Es könnte ein Hochplateau sein, irgendwo am Ende der Welt, eine prähistorische Kultstätte vielleicht, steinern, grau, ewig. An den Rändern klaffen tiefe Canyons. Schwerelos, wie in einem Alptraum, gleitet die Kamera am Verlauf dieser Nachtschluchten entlang, mustert Rundungen und Zacken, die eine Flügelschwinge ahnen lassen, eine Ohrspitze, einen Schwanzkegel, Detail eines Riesenzeichens, das mittlerweile weltweit »gelesen« und verstanden werden kann: der gezackte Fledermausumriß des »Batman«.

Ein brandneues Markenzeichen, das hier als ururalt vorgeführt wird – Regisseur Tim Burton beginnt seinen »Batman«-Film wie eine archäologische Erkundung über »Batman«, den Kult, das multinationale Symbol, das so integrativ wirken soll wie sonst nur das Kreuz in Polen. »Batmann«, die Kopie einer Religion, ohne ihren Erlösungskern, aber mit all ihren Devotionalien, dem Abdruck auf Brillen, Hemden, Unterhosen, Tassen. Ein Zeichen, in das sich jeder erfolgreich einklinken kann, wie die Satiriker von *Titanic* mit ihrem »Genschman« beweisen.

Die »Batman«-Kampagne ist die bestorganisierte, teuerste und sinnloseste, mit der in der Bundesrepublik je für einen Film geworben wurde. Denn anders als in den USA, wo die Fledermaus zur Comic-Folklore gehört (und Fan-Hysterien auslöste), kann sie sich hier auf nichts stützen als auf sich selbst. Die Kampagne vertraut allein auf ihr Emblem, gelb auf schwarz, ähnlich dem Smiley-Button, und kreiert sich selbst als Ereignis. Batman in Deutschland – das ist heiße Luft in Dosen. Und dafür spendiert die Zentrale in Hollywood vier Millionen Mark. Wie schön.

Dem Ernst der Lage entsprechen die gestreßt lächelnden, jungen Karrieresoldaten an der Werbefront, die Warner Brothers in München repräsentieren. »Man erwartet von uns natürlich Rekordergebnisse«, gibt einer der jungen Erfolgsmenschen zu Protokoll, und wir alle nicken ehrfürchtig. Vier Millionen, so viel Geld! Hollywood! Erdumspannend! Da dürfen wir nicht nachstehen. Vorwärts in der Planerfüllung und ewige Treue dem amerikanischen Bruderland. Steigern wir den Absatz von Luft in Dosen um das Zehnfache!

Wir – das sind zirka 30 Journalisten und Kritiker aus allen Teilen des Landes, die auf Kosten der Warner Brothers nach München eingeflogen wurden. Natürlich sind wir alle außerordentlich jung, schön und erfolgreich, die idealen »Multiplikatoren«, wie Missionare im Spaßjahrzehnt genannt werden. Dynamische Medienprofis von Zeitungen, Funk und Fernsehen – ja selbst die Schwester von Sabine Sauer ist dabei und spricht flüssig über »Takes« und Kosten, während die echte Sabine Sauer schmal und inkognito an ihrer Seite geht. »Ich mach' was fürs Mittagsmagazin«, sagt die Schwester, »für die Sabine liegt der Starttermin zu ungünstig.« Wir nicken mitfühlend. Arme Sabine.

Im Quartier der Warner Brothers empfangen wir die niederen »Batman«-Weihen – Pressehefte und Buttons – und haben Gelegenheit, unseren »Batman«-Eifer in Form von

T-Shirt-Bestellungen (Small bis Extra large) zu zeigen. Reich beschenkt und schicksalhaft zusammengeschweißt durch das Glück, auch für die höheren »Batman«-Weihen auserwählt worden zu sein, fahren wir in einem Firmen-Bus zu jenem »geheimgehaltenen Ort«, wo der Film, der FILM, zum ersten Mal in Deutschland gezeigt wird. Auf dem Weg dorthin ergibt sich Gelegenheit, mit dem Boss-Anzug auf dem Nachbarsitz freundliche Karrierevergleiche anzustellen oder Erinnerungen an Action-Filme auszutauschen (»Der neue Mel Gibson, echt geil«) und Interviews mit den Machern vorzubereiten (»Was frächt man denn den Keaton?« »Geld. Kommt immer gut.«) – eine fröhliche Butterfahrt, auf der nicht Peter Alexander gehört wird, sondern Prince, die Musik zum Film.

Natürlich sind wir alle gut vorbereitet. Wir haben noch einmal Frank Millers »Batman«-Comic durchgeblättert (»Thunk, thunk, thunkk, ritsch ratsch« »Ich knall' ihn ab! Wa … aaah«), reden über Hit-and-run-Geschäfte und Einspielergebnisse und staunen insgeheim über die Lässigkeit, mit der uns »rund 250 Millionen Dollar« über die Lippen gehen. Dem Presseheft haben wir entnommen, daß Hauptdarsteller Michael Keaton in seinem »Batman«-Kostüm geschwitzt hat und daß die Produzenten seit zehn Jahren an diesen Film »geglaubt« haben.

Als wollte man uns durch Freigiebigkeit endgültig beschämen, gibt es im Kino, das hinter einer Baustelle versteckt ist, kostenlos Popcorn. Für alle. Soviel wir wollen. Doch die Fürsorglichkeit der Kampagnenoffiziere ist noch längst nicht erschöpft: Damit keiner von uns sich in dem riesigen, dunklen Kinosaal verloren fühlt, sorgten sie für 300 Schüler, die tobend und lachend die Pufferzonen zwischen uns in Beschlag nehmen. Alle tragen Batman-Käppis und die schwarzen Batman-T-Shirts, und alle sind gut gelaunt.

Kenny, der 16jährige Sohn eines GIS aus Pittsburgh, findet den Film bereits zehn Minuten vor Beginn einfach fantastisch. Und noch fantastischer ist es, daß er ihn gleich sehen wird, als einer der ersten überhaupt in Deutschland.

Dann allerdings läuft dieser düstere Vorspann über die Leinwand, und Kenny wird von einer merkwürdigen Lähmung befallen, aus der er sich in den folgenden 126 Minuten mit nervösem Gekicher vergebens zu befreien sucht. Wie schön war die Kampagne, die Erregung, das nicht endenwollende Petting. Und nun ist tatsächlich Weihnachten, das genauso trübe ist wie das im letzten Jahr.

Kennys Johl-Stimmung ist am Ende verflogen, seine Fan-Laune verdorben, denn »Batman«, der Film, ist Spielverderberei. Er beginnt mit einem Vorspann, der wirkt wie ein Requiem auf die Kampagne: ein letztes Mal Batman, das Zeichen. Ein Vorspann, der mehr an Sybergs Kameraschwenks über die Totenmaske Richard Wagners erinnert als an den Auftakt zu einem Super-Helden-Action-Film. »Batman« – ein oft langweiliges, manchmal mühsam komisches Zweite-Klasse-Begräbnis.

Regisseur Tim Burton, ein 31jähriges Hollywood-Wunderkind, das als Trickzeichner begann und mit zwei hirnrissigen Anarchokomödien Sinn für grotesken Humor bewiesen hatte, muß es in den Fingern gejuckt haben, dieses 50-Millionen-Dollar-Spielzeug namens »Batman« kaputtzumachen. Er hat es einigermaßen intakt gelassen. Er hat die Superman-Fans mit genügend Peng, Peng versorgt, um die Herstellungskosten wieder einzuspielen, und sich ansonsten auf einen skurrilen, privaten Humor verlegt. »Batman« – eine Verlegenheitslösung.

Sein Gotham City sieht aus, wie sich Filmemacher von »Metropolis« bis »Blade Runner« die sündige Großstadtzukunft schon immer vorgestellt haben: als architektonisches Happening der Neuen Scheußlichkeit mit faschistischem Protz und expressionistischer Gotik, als Babel für Golems und Gnome – wer hier überleben will, muß irre sein oder Schauspieler.

In diesem ewig nächtlichen Sodom gibt es kaum einen Gerechten und ganz sicher keinen Menschen: Gotham City wird von Cartoons bevölkert, von gesichtslosen, braven Bürgern, von plappernden Sensationsreportern, von bösen Stereotypen wie dem borstig-fetten Lieutenant, der genauso aussieht wie ein bestechlicher Polizeibeamter, oder einem korrupten Bürgermeister, der genauso aussieht wie Ed Koch. Keiner dabei, um den wir bangen müßten.

Mit Michael Keaton hat der Regisseur die Null-Lösung für den Batman-Mythos gefunden. Keaton ist ein kontaktgestörter Millionenerbe mit Nickelbrille, Stirnglatze und der Ausstrahlung einer Ikea-Lampe. Gegen den Betonkiefer von Superman Christopher Reeve hat Batman Keaton nur ein kleines, fliehendes Kußmündchen und Gallenfalten aufzubieten.

In Frank Millers dunklem Psycho-Comic »Die Rückkehr des dunklen Ritters«, der vor drei Jahren in den Staaten das gewaltige Batman-Comeback einleitete, ist der Rächer im Fledermauskostüm zwar übergewichtig und gealtert, eine Art Champ im Ruhestand, aber immer noch glaubwürdig als traumatisierte, zwanghafte Kampfmaschine. Bei Michael Keatons Batman dagegen gibt es nichts, was nicht durch 20 Stunden Gruppentherapie zu reparieren wäre.

Die Story ist ein Konglomerat der als bekannt vorausgesetzten Batman-Folklore: Bruce Wayne hat als Kind den Mord an seinen Eltern miterleben müssen. Seither geht er nächtens als »Batman« im Fledermauskostüm auf Verbrecherjagd, hochgerüstet mit Batmobil, Batwing und Batarang. Auf einem seiner Jagdausflüge stößt er den Gangsterboß Jack Napier in ein Faß mit giftig-qualmender Chemikalie. Napier überlebt, mit verätztem Grinsegesicht, und ist als der »Joker« hinfort Batmans großer Gegenspieler. Die Fotoreporterin Vicki Vale (Kim Basinger), die sich in Batmans Alter ego Bruce Wayne verliebt hat, wird vom Joker gekidnappt. Am Ende wird sie von Batman gerettet.

Burton verwendet nur Routine für die dünne Story; die eigentliche Show in diesem schwarztintigen Breitwand-Comic gehört dem Joker, gehört Jack Nicholson, der ein eitler, breitgrinsender Fettwanst ist. Nicholson fegt sie alle wie lästige Statisten von der Szene. Es ist sein Film, und das ist wörtlich zu verstehen: Als einziger Schauspieler ist er an den Einspielergebnissen beteiligt. Tim Burton weiß, was sich gehört. Während Keaton als Batman meistens im Schatten herumsteht und Kim Basinger in erster Linie schön ist, orchestriert er Nicholsons Auftritte mit allen Zaubereien, zu denen Licht- und Make-up-Künstler fähig sind.

Nicholson, der Bösewicht als Schießbudenfigur, bemüht sich um die kindischen Bedürfnisse seiner Klientel: Er erschießt seine Konkurrenten im Walzertakt, entstellt Gesichter, zerschlitzt die Leinwände von Kunstwerken, ist böse, böse, böse. Ein Punk mit grünen Haaren, weißem Clownsgesicht und lilafarbenen Anzügen, der dem Weltuntergang entgegengrinst und allen empfiehlt, es ihm nachzumachen. Er liquidiert die Bürger von Gotham City mit Giftgas. Und das ist gar nicht empörend – es ist nur die entgleiste Version des guten, alten Tortenschmeißens. Man könnte diesen ganzen faden Bilderkrempel natürlich kulturkritisch hochdeuteln, könnte sich Batman, den introvertierten Amokläufer, als Gegenentwurf zum Reagan-Jahrzehnt der Superman-Filme denken – aber dann ist da wieder das leere Gesicht von Kim Basinger, das leere Grinsen von Nicholson und die leere Leere von Michael Keaton, und nichts, aber auch gar nichts verführt zum Nachdenken.

»Batman«, der Film, hätte ein wunderbarer, kleiner, schmutziger Streifen werden können. Doch er krankt an der schwabbelnden Hollywood-Zellulitis, er schleppt sich mit der 50-Millionen-Dollar-Investition mühsam über die Runden – man sieht keinen Film, sondern einem Haufen Geld beim Wackeln zu.

Während des Abspanns herrscht im Kino betretene Stille, als läge eine schlappe Fledermausschwinge über den Reihen. Dann quält sich Kenny, der 16jährige Batmaniac aus seinem Sessel, nestelt lustlos an seiner Batman-Mütze und murmelt: »Nicht schlecht, der Film.« Das klingt wie: Man hätte ihn sich auch schenken können.

Das allerdings ist ein unerreichbares Ideal – eine Kampagne, die ohne Produkt auskommt und auf jeden Vorwand verzichtet. Die nichts sagt als: Geld her, und sich ansonsten mit sich selbst beschäftigt, ohne die Neugier zu strapazieren. Immerhin ist der Film auf seine Art umweltfreundlich: Er bemüht sich, keine Spuren zu hinterlassen, kein Bild, kein Gelächter, keinen Traum. Womöglich ist das ja Überlebenshilfe für die neunziger Jahre – so leicht und leer zu werden, daß man nichts mehr spürt. Nur eine Art weißes Rauschen, eine große, leere Sendepause.

Mit diesem Rauschen trotten wir gleichmütig zum Bus zurück, lassen uns gleichmütig ins Hotel fahren und entschließen uns gleichmütig zum Suff im Augustiner-Keller. Denn die luxuriöse Geiselhaft der Warner Brothers, Abteilung: Deutschland, ist noch nicht vorbei. Am nächsten Tag stehen Interviews ins Haus, genauer: in den Bayerischen Hof, wo Macher und Hauptdarsteller des Films im 20-Minuten-Takt mit ausgefeilten Fragen bestürmt werden dürfen. Doch worüber reden? 20 Minuten sind eine Ewigkeit! Das weiße Rauschen im Kopf verstärkt sich.

Steve Martin sagte einmal, man könne einem Filmstar nur zwei Fragen stellen. Erstens: Was ist es für ein Gefühl, so große Brüste zu haben? Zweitens: Was machen Ihre Brüste als nächstes?

Während das Rauschen im Augustiner-Keller mit bayerischem Starkbier bekämpft wird, filtert sich die Neugier der Multiplikatoren auf die Batman-Macher zu folgenden Kernfragen. Erstens: Hätten Sie gedacht, daß sich mit »Batman« soviel Kohle machen läßt? Zweitens: Wofür geben Sie die aus?

»Es ist einfach wunderbar«, sagt Regisseur Tim Burton am nächsten Tag in Suite 14 des Bayerischen Hofs, »daß alle soviel Geld damit verdienen – wir sind sehr glücklich.« Tim

Burton, ein Lockenkopf mit offenem Hemd, Jeans und Turnschuhen, bekämpft das weiße Rauschen mit großen Portionen Eiscreme, die ihm von den Warner-Wesen gebracht werden. Er ist freundlich, völlig interesselos und so ausgeglichen, wie man nur sein kann, wenn man eloquent über nichts redet und dabei mit Eiscreme gestopft wird. Doch anders als Hauptdarsteller Michael Keaton, der die Kunst der nichtssagenden Antwort perfekt beherrscht – es klingt wie Sprache, löst sich aber, bevor das Gehirn zugreifen kann, in einer fröhlichen Selbstbewegung von Schallwellen auf –, entschlüpfen Tim Burton Ansätze von Nachdenklichkeit:

»Hören Sie«, sagt er irgendwann, »es ist völlig egal, über was wir hier reden und wie klug wir sind – wir sind Teil des Medienereignisses ›Batman‹, ob es Ihnen paßt oder nicht.« Das Rauschen ist weg. Übrig bleibt das Gefühl, das man hat, kurz bevor man kotzen muß.

# Aufstand im Kinderzimmer

*Batman, der Retter*

»Er soll ja besser sein als der erste«, sagt die 14jährige Maria, die mit ihrer Freundin vor dem Loew's-Kino am Broadway ansteht und nur millimeterweise vorrückt in der Schlange, die sich vor der Kasse gebildet hat. Obwohl sie an diesem Wochenende mithelfen wird, einen Rekord zu brechen, klingt sie nicht gerade begeistert. Es klingt wie: mitmachen und absitzen. Hier wird kein Fest angesteuert, sondern eine Hypnose.

Für Maria steht der Termin seit drei Wochen fest, auf einem Plakat, drei Stockwerke hoch über dem Times Square, schwarz auf gelb: Gummi-Ohren, leerer Blick, Augenmaske: »Batman kehrt zurück«. Der Film.

Batman, die Geldmaschine, spuckt wieder. Bereits im ersten Anlauf vor zwei Jahren hatte der Mann mit der Fledermausmaske Platz sechs in der Liste der gewinnträchtigsten Filme aller Zeiten geschafft. Nun spielte die Fortsetzung schon am ersten Wochenende 46,5 Millionen Dollar ein. Weltrekord.

Da bereits beim ersten Durchgang die Kritiken eher flau auf einen teuren, schlechten Film reagiert hatten und die Zuschauerreaktionen nach den Vorstellungen überaus gedämpft waren, kann es sich bei der Batman-Hysterie nur um etwas handeln, das jenseits des Kinos liegt. Vielleicht ist das eine Erklärung: Batman ist kein Film, sondern ein amerikanischer Trance-Zustand. Ein Selbstgespräch des kollektiven Unterbewußtseins.

Eine neuere Umfrage gibt Aufschluß. Über 90 Prozent aller Amerikaner glauben, daß Gott sie liebt. Es gibt, vom Iran abgesehen, kein religiöseres, kein gottesfürchtigeres Volk auf Erden und keines, das derart an die eigene Sendung glaubt. Amerikanische Kinder wachsen auf mit Schulgebet und Gottesdienst und dem Wissen, daß die Welt zweigeteilt ist: Hell und Dunkel, Licht und Schatten, Gut und Böse. Und dazwischen: eine gewaltige Mauer.

Natürlich möchten alle Kinder zu den Guten gehören. Aber natürlich ahnen sie auch, daß es jenseits der Mauer eine Menge Spaß gibt. Natürlich möchten alle in den Himmel. Aber die Hölle hat auch ihre Reize. Barbecue im Vorgarten ist ganz nett. Aber ein psychotischer Amoklauf durch die Schattenwelt hat auch etwas. So sammeln amerikanische Kinder nicht nur Karten von Lichtgestalten, sondern auch von Teufeln: von Baseballhelden *und* Serienmördern.

Alle amerikanischen Kinder seit 1939 sind mit Batman groß geworden. Der Fledermaustyp mit der tragischen Kindheit ist ein schüchterner einsamer Mensch, der sich verwandelt, wenn er sich die Maske überstülpt. Dann ist er von einem besessenen Sendungsbewußtsein. Dann pflügt er mit seinem Technoschnickschnack durch den Sündenpfuhl Gotham City, ein expressionistisch-verfratztes Nacht-New-York, und erlöst die Bürger von ihren Alpträumen. Batman, tagsüber braver Bürger, ist der Lotse durch die Schattenwelt, ist, analytisch gesprochen, ein klassischer Borderline-Fall. Er trifft den Nerv des amerikanischen manichäischen Weltgefühls.

Die Werbeschlacht um den ersten Batman-Film war gleichzeitig teuer und minimalistisch. Sie reduzierte alles auf das Emblem: gezackter Fledermaus-Umriß, schwarz auf gelb – ein Brandzeichen für die dunklen, riskanten neunziger Jahre. Für den zweiten Teil konnte Warner Brothers die Kampagne erheblich zurückfahren. Batman, der Kinomythos, war etabliert.

Batmans Rückkehr beginnt, wo der erste Teil aufhörte. Batmans Erlösungsmission gegen den Übergangster Joker hatte keinen dauerhaften Erfolg. Das Böse ist in der Welt wie die Erbsünde und zur ewigen Wiederkehr verdammt. Diesmal erleben wir den Sündenfall, die Vorgeschichte des neuen Gegenspielers, des Pinguins.

Die Welt ist ein dunkler, unbarmherziger Ort, durch den eisiger Wind grauen Schnee treibt. Im Schloß der Cobblepots fällt Weihnachten entsprechend förmlich aus. Man stößt unter einem großen Baum mit Champagner an, man trägt Monokel im harten, bösen Gesicht und schaut mißmutig auf die Käfigkiste, in der der Jüngste rappelt. Frohe Weihnachten – heute wird die Mißgeburt ertränkt.

Verladen wird der Unglückswurm, der mit schwarzen Flossen zur Welt kam, in einen altmodischen Kinderwagen, zum Weiher hinaus verbracht, ein gelber Blick über die Schulter, die Luft ist rein, nichts wie weg mit dem Ungeheuer.

Eisgraue Wellen tragen das Korbgeflecht davon, hinab in die Kanalisation, Choräle schmettern, das Kind ist abgetrieben, fortgetragen übers Meer und schließlich angespült an arktische Gefilde. Pinguine adoptieren den Kleinen. Doch er wird wiederkehren, böse geworden durch das Unrecht, das ihm widerfahren ist. Und er wird Gotham City beherrschen. Sein Name, na klar: Der Pinguin.

33 Jahre später. Pinguins Welt ist ausgeschildert wie Disneyland. Sie liegt in Gotham Citys Untergrund, in der Kanalisation und heißt »Arctic World«. Es ist ein eisiges Disneyland hier unten, ein tiefgefrorener Jahrmarkt, der von Kindern beherrscht wird, die in ihren Spielen wie erstarrt sind: Pinguin, das böse, unschuldige Monster, umgibt sich mit mörderischen Clowns.

Mit Maschinengewehren und Feuerwerfern sprengt Pinguins Horde Gotham Citys Weihnachtsfest vor dem Rathaus. Die Menge flieht in Panik. Schaufenster klirren. Ein Geschäft brennt. Es ist ein Spielzeuggeschäft – ein dicker, großer, brauner Teddybär wird angezündet. Und merkwürdig: In dieser überdrehten, nachtdunklen Phantasmagorie wirkt das Massakrieren des Teddybären schauriger als die Verluste unter den Bürgern von Gotham City.

Wie schon der erste Film ist auch dieser ein Alptraum, der von einem Kind geträumt wird. Ein gigantischer Aufstand im Spielzimmer, eine anale Rebellion gegen den Zwang zu Reinlichkeit, Ordnung und Tugend – diese Rebellion hat nach vorsichtigen Schätzungen um die 75 Millionen Dollar gekostet.

In seiner Bathöhle sitzt Batman über blaublakenden Monitoren. Sein Butler serviert ihm kalte Nouvelle-Cuisine-Suppen. Batman hat Gallenfalten. Das ist ungefähr alles, was wir über Batman erfahren. Dafür sind uns die technischen Details seines Batmobils geläufig: Panzerplatten, Bordcomputer, versenkbare Räder, Raketenantrieb. Szenenapplaus bekommt nicht Batman, sondern sein Auto, das seine

Verlängerung ist. Batman ist eingesperrt in seine Maske, eingesperrt in seine Höhle, eingesperrt in sein Auto wie in einen Sarkophag. Batman – eine Zwangsvorstellung.

Batman-Darsteller Michael Keaton kommentierte seine Rolle mit den treffenden Sätzen: »Der Film ist wie eine Party, die Regisseur Tim Burton geschmissen hat und zu der ich den Gastgeber mimen sollte. Amüsiert haben sich die anderen.« Amüsiert hat sich Danny De Vito in seiner Pinguin-Rolle, und amüsiert hat sich ganz sicher Michelle Pfeiffer als Catwoman.

Sie ist es, die die Chemie des Films verändert, von einer sinnlosen, düsteren Zerstörungsorgie zu einer Liebesgeschichte zweier verkrüppelter Schattenwesen. Sie ist Selina Kyle, Sekretärin eines Geschäftsmannes (Christopher Walken), der in schmutzige Schiebereien um Atomkraftwerke verwickelt ist und Selina aus dem Fenster stürzt. Sie wird von Katzen gerettet.

Selina lebte bis dahin das ganz normale, miese, einsame Großstadt-Angestelltenleben: auf dem Anrufbeantworter nur die Stimme·ihrer tyrannischen Mutter, Überstunden am Heiligabend, Schuhe mit flachen Absätzen und der Freund beim Analytiker. Sie ist das geschundene Opfer. Ihr Sturz, ihre Bewußtlosigkeit ist der Schritt in eine andere Persönlichkeit. Wie in Trance kehrt sie zurück in ihre Wohnung, zerschlitzt ihre Stofftiere, zertrümmert ihre Puppenstube, zerstört ihr Apartment, ihre Vergangenheit – und verwandelt sich in die Katzenfrau.

Nun ist sie es, die Tritte verteilt. Sie schlägt zurück. Sie jagt die Giftfabrik ihres einstigen Bosses in die Luft. Sie ist sexy und gefährlich, und sie haßt Batman. Um ihn zu zerstören, macht sie sich den Pinguin gefügig. Sie ist gleichzeitig ein feministisches Wunschklischee und eine Macho-Projektion – eine Wahnsinnsfrau im schwarzen Lacktrikot, die Batman und den Rest der schlappen, verbrecherischen Männergesellschaft mit links besiegt.

Sie kämpft mit Batman und liebt dessen Alter ego, Bruce Wayne. Ihre Flirts sind Duelle und Duette gleichzeitig. Sie haut ihm die Krallen in die Seite und streichelt ihm die Wunde bei einem Tête-à-tête vor dem Kaminfeuer. Michelle Pfeiffer turnt ihre Flic-Flacs durch den dunklen Metropolis-Wahn, und für Minuten nimmt der Film tatsächlich eine Art Handlungsbogen auf, tankt Geschichte und Erotik.

Nun funktionieren auch die surrealen Späße Tim Burtons. Pinguin, die Mißgeburt, will die Welt für das Unrecht büßen lassen, das sie ihm angetan hat. Er rächt sich mit dem Weg durch die Institutionen – er kandidiert als Bürgermeister. Die Imagekampagne, die sein Gangsterfreund für ihn koordiniert, ist erfolgversprechend. Regisseur Burtons Kommentar zum Präsidentschaftswahljahr: So einfach, so plump sind Stimmen zu gewinnen.

Batman vereitelt Pinguins Plan in letzter Sekunde. In einem wahnwitzigen Finale erleben wir eine Armee dressierter Pinguine, die mit Dynamitstangen auf dem Rücken einer bombastischen Explosion entgegenwatschelt. Der Bösewicht fährt auf dem Kopf einer überdimensionierten Gummi-Ente in den Abgrund.

Burtons Humor ist schwarz. Er zeigt Freaks, Mißgeburten, Entgleisungen. Er bereitet Fellini auf für die Video-Clip-Generation. Er übernimmt Fellinis Lust an Masken, an Clowns, an der Welt der Artisten – allerdings ohne dessen Menschenliebe, dessen Klugheit. Wo Fellini die Seelenlandschaft erkundet, inszeniert Burton Geisterbahnfahrten. Wer aus Fellinis Filmen kommt, ist wach und bereit für Wunder. Aus Tim Burtons Kino schleicht man wie aus einem Alptraum. Die Welt – verwüstet von Kindern, die dazu verdammt sind, sich immer weitere, immer bösere Spiele auszudenken.

In dieser Welt wird auch Batman ein weiteres Mal zur Stelle sein. Maria jedenfalls, die mit ihrer Freundin wie erschlagen aus dem Kino trottet, sieht es so: »Batman sollte als Präsident kandidieren – den würde ich sofort wählen.«

# Lügen für die Wahrheit

*Robert Altman und*
*sein Kino-Comeback »The Player«*

Robert Altman zählt Geld. Die Brille auf den breiten Nasenflügeln, die massige, olympische Stirn von Wülsten umlagert wie von Wolkenringen, so sitzt er hinter seinem Schreibtisch und liest Zahlenkolonnen. Liest? Er betet!

Der breite Schreibtisch ist theatralisch abgedunkelt, und hinter ihm schimmert neonrot »5 Dime«, fünf Groschen, eine alte Bühnendekoration, und die Neon-Münze sieht aus wie ein Heiligenschein.

Er will nicht gestört werden. Ein schlapper, milchiger Regentag hängt in den Fenstern, hier oben im Himmel in einem Wolkenkratzer an der New Yorker Park Avenue. Assistentinnen schweben lautlos durch die Bürosuite, und wenn sie ihm ein Memo zureichen, flüstern sie eine Zahl, und es klingt wie »hosianna«.

Robert Altman, 67, sieht aus wie Buffalo Bill in jenem Film, mit dem seine Pechsträhne begann, damals, 1976, als er mit Paul Newman drehte – nur wesentlich älter, wesentlich fetter: ein grauer Ziegenbart, der am schwabbeligen Kinn klebt, ein grauer Schnauzer darüber. Ein müder, abgetakelter Buffalo Bill, der die eigene Legende vermarktet und jetzt ganz unvermutet den großen Treffer gelandet hat und noch nicht so richtig daran glauben mag. »78 910 Dollar«, murmelt er. »In einer Woche, im ›Beekman‹-Kino. Das ist doppelt soviel, wie ›Basic Instinct‹ gemacht hat.«

Altman, der leidenschaftliche Spieler, der schon viel Geld an den Wettschaltern dieser Welt gelassen hat, hat gewonnen. Im Hollywood-Roulett. Mit einem Film, der lächerliche acht Millionen Dollar gekostet hat und ein Vielfaches einbringen wird. Titel: »The Player«.

Mit seinem »Player« hat Altman gegen die Kritiker gewonnen, die ihn bereits abgeschrieben hatten, gegen das Feuerwalzen-Kino der Star-Industrie und gegen ein mißgünstiges Schicksal, das ihn, das einstige Hollywood-Wunderkind, zu verdammen schien.

Er begann, Mitte der fünfziger Jahre, mit einem Fehlstart. Er hielt sich, in den sechziger Jahren, mit Fernsehserien wie »Bonanza« über Wasser. Dann, 1970, kam »M.A.S.H.« in die Kinos, und nichts war wie früher. Die Koreakriegsatire war gleichzeitig ein Kassenhit und ein Geniestreich. Mit seinen überlappenden Tonsequenzen, seinen Zooms und Kamera-Fahrten etablierte Altman einen eigenen frischen Stil und sich selbst auf dem Gipfel eines »neuen« Hollywood.

In nur wenigen Jahren folgte der Anti-Western »McCabe & Mrs. Miller«, die Zockerparodie »California Split«, der schönste aller Marlowe-Filme »The Long Goodbye« und »Thieves Like Us«, gekrönt von »Nashville«, dem besten Film des Jahrzehnts, einer schwerelosen Episoden-Collage aus dem Herzen Amerikas, ein vollendeter Reigen aus Countrymusic und melancholischen Liebes- und Lebensgeschichten, aus Tönen und Bildern und Zufällen, so schön, wie nur das Leben selbst sein kann, wenn man es liebt.

Folgt: der Absturz. Sein »Buffalo Bill«-Film mit Paul Newman ist humorloses Syberbergsches Mythenkino.

»Quintett« – eine Eiszeit-Elegie, die die Zuschauer erfrieren ließ. »Popeye«, die Comic-Superproduktion mit Robin Williams – hochgepokert und 22 Millionen Dollar in den Sand gesetzt.

Altman war Kassengift. Ein Göttersturz, der nur mit dem Coppolas vergleichbar war. Er zog, Mitte der achtziger Jahre, nach Europa. Er verfilmte Theaterstücke und lernte dabei Sam Shephard hassen. Er schwor dem Produzenten seines Films »Vincent & Theo« Krebs und alle Plagen an den Hals, weil er ihn um die Einnahmen betrogen hatte. Für Hollywoods Power-Elite war Altman eine ziemlich vergessene, ziemlich schrille Nummer.

Nun aber, ebenso überraschend wie damals mit »M.A.S.H.«, ist er wieder da. Sein »Player« ist ein Erfolg gegen die Erfolgsindustrie. Ein Film gegen das Star-System unter kräftiger Mithilfe der Stars. Er ist ein Paradox. Ein Krimi, der nicht aufgelöst wird. Eine eiskalte Liebesgeschichte, deren Happy-End vergiftet ist. Alles in allem: ein intelligentes, schönes Kinowunder.

Über die Architektur der ersten Sequenz werden sich Filmstudenten noch in Jahren begeistern. Sie werden in ihren Seminarräumen sitzen und ehrfüchtig »alter Angeber« murmeln. Ein einziger Schuß, acht Minuten und sechs Sekunden lang – eine Ewigkeit, in der die Kamera von Innenräumen in Außenräume gleitet, über ein Studiogelände schwenkt, auf Spieler und Mitspieler zoomt und, wie in einer Ouvertüre, alle Themen des Films anklingen läßt.

Da ist der Drehbuchautor, der den Studioboß zu einer Fortsetzung von »Reifeprüfung« überreden will, da sind die Intrigen der Assistentinnen, und da ist der Postbote, der stürzt. Ein Star in seinem Porsche flirtet mit einer Studioassistentin, japanische Aufkäufer schlendern an Filmplakaten vorbei, die geronnene Hollywoodgeschichte sind, und dann die mörderische Drohung, die den Plot in Gang setzt, ganz beiläufig.

Dieser virtuose Filmbeginn ist ein Teppich aus Dialogen und Mikrogeschichten und Bildern, und unter den Paaren und Passanten sitzt ein Regisseur, der sich über die ästhetische Verrohung des Filmhandwerks ereifert. »Heute«, sagt er, »gibt es nur noch: Schnitt, Schnitt, Schnitt, Filme im Videoclip-Tempo, es ist zum Kotzen«, und Altman ist auf seiner Seite, denn er zeigt gleichzeitig, daß es anders geht und schöner.

Schließlich bleibt die Kamera auf Griffin hängen, dem kontrolliert-kühlen, jungen Studio-Hai im Seidenanzug, der an diesem Morgen seine Macht, seine Ideen und sich selbst in vollen Zügen genießt, bis er auf seinem graublauen Designer-Chefschreibtisch die Karte entdeckt: eine häßliche Karte. Ein Todesgruß aus Hollywood. Da steht: »Ich kriege dich, du Arschloch!« Direkter kann man es nicht sagen.

Griffin ist der Mann, der sich »im Jahr ungefähr 50 000 Geschichten anhört, um sich für 12 davon zu entscheiden«. Die Abgewimmelten sind frustriert. Und einer darunter ist tödlich verärgert.

Tim Robbins ist dieser Griffin, weiches Gesicht, hohe Stirn, wasserblaue Augen, nicht schön, ein bißchen wahnsinnig wie der junge Malcolm McDowell, und mit diesem Film ein Star.

Er spürt den Drohungen nach, und er trifft den Autor,

den er verdächtigt. Ein Schlag, ein blutender Kopf, eine Wasserlache, aus die keine Luftblasen mehr aufsteigen – Griffin hat getötet.

Kurz darauf trifft eine weitere Drohung ein, denn Griffin hat den Falschen getötet. Nun heißt der Film: Griffin im Fegefeuer. So, wie Sherman McCoy, Tom Wolfes Wall-Street-Zocker im »Fegefeuer der Eitelkeiten«, vom Herrscher der Welt zum armen Teufel verbrannte, so droht Griffin aus der Erfolgsschiene zu kippen. Er wird nicht nur von der Polizei beschnüffelt, von einem Studio-Konkurrenten gehetzt, von einem wahnsinnigen Drehbuchautor verfolgt, sondern nun auch noch von einer obsessiven Liebesgeschichte heimgesucht: von der Leidenschaft zur Frau des ermordeten Autors, deren Seele wie die Bilder ist, die sie malt, eisblau, unmoralisch, unergründlich, kalt.

Griffin telefoniert mit ihr, während er sie nachts durch erleuchtete Fenster beobachtet. Peeping Tom am Telefon, ein intimer und gezinkter Flirt durch Glas und Plastikfolien, und Greta Scacchi, so blond und so aufregend steril wie Hitchcocks Blondinen, kühlt sich die Achseln mit Eiswürfeln, während sie mit dem Unbekannten flüstert.

Altmans Film handelt von der Gier, von Liebe und Tod, doch in erster Linie von der Moral des Filmemachens. Wie Wegweiser in ein anderes Kino geraten immer wieder Filmplakate ins Bild. Es sind ironische Insider-Spielereien. So annonciert das schicke Kino-Plakat im Produzentenbüro Joseph Loseys »M«, das dünne Remake des Klassikers von Fritz Lang – Griffin ist eben ein Parvenu ohne Klasse.

Buck Henry, der Griffin zu einer Fortsetzung der »Reifeprüfung« überreden will, ist tatsächlich der Autor des

Originalfilms. Nicht nur in dieser Szene zeigt Altman: Die Drehbuchautoren haben sich auf die neuen Verhältnisse, die plumpen Rezepte, eingestellt. Sie sind arme Teufel. Der Druck ist mächtig. Der Selbstverrat liegt nahe. Sie beginnen groß und enden kläglich. Griffin hört ihren Ideen beim Essen, beim Telefonieren, beim Zeitunglesen zu.

»Ich will die Story in 25 Worten«, sagt er einem Autor. Der beginnt: »Ein politischer Thriller...« Griffin runzelt die Brauen, der Autor bessert nach: »...aber nicht radikal-politisch, sondern eher liberal-versöhnlich, wenn auch zynisch, aber nur ein wenig, natürlich mit einer Liebesgeschichte und Bruce Willis und Julia Roberts.«

Daß in Altmans Film tatsächlich ein Film gedreht wird und daß wir in einer hinterhältigen Pointe Julia Roberts und Bruce Willis tatsächlich zu sehen bekommen, beweist die Bereitschaft des Hollywood-Establishments, mit Altman gegen die Industrie zu konspirieren. Auf einer Hollywood-Party klimpert Jack Lemmon am Klavier, und als Griffin zu einem Geschäftslunch erscheint, zischelt ihm Burt Reynolds hinterher: »Arschloch«.

Griffin funktioniert, selbst unter Druck. An einem Hotel-Swimmingpool erwartet er den anonymen Kartenschreiber. Doch auch hier wird er von zwei Drehbuchautoren belagert. Abwesend hört Griffin ihrer Filmidee zu. Ein Gefängnisdrama. Keine Stars. Kein Happy-End. Die Hauptdarstellerin stirbt. »Stirbt?« fragt Griffin plötzlich hellwach, und er vergißt über dieser unerhörten Idee für einen Moment die Drohung, unter der er selber steht.

Beide Filme werden zu einem glücklichen Ende gebracht, Altmans Film und der Film im Film, die sich ineinander schlingen und gegenseitig kommentieren. Wir alle lieben happy endings, so fadenscheinig sie auch sind. Hier sind sie von unmoralischer Logik und wirken doch wie Verlegenheitslösungen, und das ist die vielleicht einzige Schwäche: Altmans Film, der immer wieder ins Leben überblenden und ewig weitergehen möchte, muß einen Schlußpunkt finden.

Doch manchmal nimmt sogar das Leben selbst unerwartet glückliche Wendungen, regelrechte Film-Wendungen, und der Regisseur, der dort an seinem Schreibtisch sitzt, der lange Jahre Außenseiter war und nun die Kasseneinnahmen studiert, ist in diesen Wochen der gefragteste Mann der Filmindustrie, und er weiß es.

»Hallo«, sagt er plötzlich und schaut auf. Altman eröffnet die Audienz. Und der Film geht weiter. Seine kühlen, grauen Augen sagen: Machen wir uns nichts vor, diese Interviews sind Blödsinn, sie sind lästig, aber sie gehören zum Geschäft. Die Augen sagen: Nun reißt ihr euch um mich, ihr Fernsehheinis, ihr Kritiker und Journalisten, die ihr mich in den vergangenen 15 Jahren ans Kreuz genagelt habt, aber da ich Teil dieses Spiels bin, werde ich euch mit freundlichen Banalitäten füttern. Und ich werde mit diesem Film nach Cannes gehen und selbstverständlich gewinnen.

»Dieser Film«, sagt er, »benutzt Hollywood nur als Metapher für unsere Gesellschaft. Er zeigt Gier und Korruption, und die gibt es nicht nur in der Filmbranche . . .« Wieviel besser hat er es mit seinem Film gesagt!

Vor ihm, auf dem Schreibtisch, liegen Tarot-Karten, aus denen das Schicksal gelesen wird. Ob er sich vor den Dreharbeiten die Karten gelegt hat? Nein, sagt er ein wenig irritiert, er sei nicht abergläubisch. Er spiele »Solitary« damit, ein streng mathematisches Spiel. Das eben zeichnet den wirklich fanatischen Spieler aus: einer, der sich nicht dem Schicksal überläßt, sondern der versucht, es zu kontrollieren.

Ein Impuls, der auch seine Filme belebt. Altmans Methode ist die des kontrollierten Zufalls, des kalkulierten Glücks. Er engagiert Schaupieler. Er stellt Situationen her. Er gibt Ideen vor. Der Rest ist Improvisation. »Keiner der Stars, die ich angerufen habe, hat genau gewußt, um was es geht.«

Er ist auf intelligente Mitspieler angewiesen. Er arbeitet seit Jahren mit dem gleichen Stab von Mitarbeitern. Tim Robbins etwa spielt auch in seinen »L. A. Short Cuts« mit, die eine Hängepartie seit Jahren sind, weil immer wieder die Finanzierung in Frage steht. Ob es mit diesem Film nun einfacher wird? »Ich hoffe«, sagt er.

Er weiß, daß er und Hollywood in »verschiedenen Branchen arbeiten«. Nicht, daß er sich als Außenseiter gefällt. Er ist kein schäumender Chefankläger. Kein Purist. Kein Prediger. Da Lügen zum Geschäft gehört, lügt er wie alle – allerdings sind seine Ziele ehrgeiziger, artistischer riskanter. Er zeigt Wahrheiten, und er nimmt sich selbst nicht aus. Er sagt: So sind wir, und deshalb müssen wir es ändern.

Natürlich hat er die Idee zu seinem Film ähnlich ventiliert wie die Studioleute, die er in seinem »Player« porträtiert hat. Hunderte von Telefonanrufen, um die Finanzierungen, die Besetzung zu finden: »Ja, Lily, ja Burt, es wird was Ähnliches wie ›Nashville‹ mit Stars, die sich selber spielen . . .« Er lächelt. »Ich hätte nie gedacht, daß wir Bruce

Willis und Julia Roberts kriegen, aber sie haben tatsächlich mitgemacht.«

Sie wollten diesen Film, sagt er. Im Grunde genommen sind sie auf seiner Seite. Das Studiosystem ist kaputt. Die achtziger Jahre, die Reaganomics, das Jahrzehnt der Gier, allen hängt es zum Halse heraus. Es gibt neue Gesichter und junge Talente wie Tim Robbins, die ein anderes Hollywood im Visier haben. Die nicht die ewig gleichen, dummen Hit-Fortsetzungen wollen, sondern Filme, die das Publikum (und sie selber) noch nicht gesehen hat. Für ihn sei das der einzige Grund, überhaupt hinter der Kamera zu stehen: Dinge zu sehen, die er noch nicht kennt.

Es sei ja nicht nur die Filmbranche in eine Sackgasse geraten. Auch in der Politik ginge nichts mehr nach den alten Rezepten. Er würde jeden wählen, der gegen George Bush ins Rennen ginge. Am liebsten wäre ihm Adlai Stevenson, der leider tot ist...

So wird er an diesem trüben Tag hinter seinem Schreibtisch doch noch zum Prediger. Aber plötzlich klingt alles plausibel, selbst der fürchterliche Satz, daß sein Film »natürlich eine Botschaft« habe, und er sieht nun aus wie der junge Buffalo Bill, schnell und gefährlich. Nicht er sei in den vergangenen Jahren von der Bildfläche verschwunden, sondern sein Publikum. Nun ist es wieder zurückgekommen, weil es Wahrheiten hören will, in der Politik wie im Kino.

Das Telefon klingelt. Er greift majestätisch zum Hörer und sagt nach einer Weile lässig: »Paul Newman?... Du weißt, daß er fünf Millionen kostet... Na gut, ich werde es machen.«

# *Theater*

## Das Herz der Dinge
*Das Comeback des Broadway*

Der magische Punkt liegt zu Füßen eines Gentlemans aus Bronze. George M. Cohan, der Musical-Komponist, steht auf einer Insel im Verkehrsstrom, Strohhut und ein Spruch im Sockel: »Give my regards to Broadway«. Wir klettern über die Gitter und setzen uns nieder, zu Cohans Füßen, und Tony Hiss, der Reporter des *New Yorker*, sagt: »Sehen Sie, was ich meine?«

Nur zwei Schritte, und plötzlich: Ruhe. Wir sitzen im Auge des Taifuns, im Schnittpunkt zweier goldener Balken aus Licht, am Times Square, wo Broadway und Seventh Avenue sich kreuzen. Wir spüren die letzten Strahlen der Sonne auf unseren Gesichtern, während die breiten Häuserschluchten bereits glänzen unter Neonkaskaden. Für einen Moment kommen Himmel und Unterwelt zusammen, ein heiterer endloser Raum aus purer Energie, der alle umfängt, alle trägt, alle verzaubert, die Passanten, die Broker, die Hütchenspieler und die Propheten vom nahenden Ende der Welt.

Der Times Square ist der Maschinenraum der Stadt und das Herz der Dinge. Wünsche flammen neonrot über Häuserfronten. Auf der Sony-Leinwand zerspringen Gläser in der Luft, und ein Leuchtband aus 14 800 Glühbirnen läßt die Nachrichten des globalen Dorfes endlos fließen. Du spürst den Broadway auf der Haut und als Brausen in den Ohren. Der Boden vibriert. Aus den Schachtgittern der U-Bahn steigt eine metallene Sinfonie, die Taxis fließen als gelbe Ströme auf 25 Fahrbahnen zusammen, und hoch oben grinst ein Kamel mit Sonnenbrille. »Früher«, erinnert sich Tony Hiss, »kamen echte Rauchringe heraus, es war wie ein Wunder.«

Städte haben Seelen, und ihre Straßen und Plätze bestimmen die emotionale Temperatur der Passanten. Sie prägen ihre Wachträume. Sie können schützen und zerstören. In seinem einsichtsvollen Buch »Ortsbesichtigung« hat Tony Hiss das Stadtfest Times Square und seine Erinnerungen daran beschrieben, eine sorgfältige Anatomie von Häusern und Körpern, von Licht und Nerven und Sehnen, kurz: die Anthropologie des Städters, eines Siedlers im Dschungel aus Stein und Glas und Chrom. »In fünfzig Jahren«, sagt Hiss, »werden 90 Prozent aller Menschen in Städten leben. Darauf müssen wir uns vorbereiten.« Der Times Square, auf dem die Minderheiten in der Mehrheit sind, ist das Labor der Zukunft.

Zuallererst ist er lebendige Unterhaltungsarchitektur. Keine Hoftheater, sondern Jahrmarkt, nah am Strich. Weiter unten liegen die kleinen, verlassenen Theaterruinen der Jahrhundertwende wie abgesprungene Schlangenhäute. Das Fest ist nordwärts gewandert, in die Show-Tempel der zwanziger und dreißiger Jahre, hoch zur 46. Straße.

Es sind die Theater, die wie ein Herzmuskel die Menschenströme durch den Times Square pumpen, es sind ihre Girlandendächer und bunten Fassaden, ihre durch rote Läufer auf die Straße hinaus verlängerten Foyers. Hier, wo der Broadway sich zum »großen weißen Weg« öffnet, glänzt das Geld und blüht die Kunst, und beides zusammen kennt man in deutschen Theatern nur als Fremdwort: Entertainment.

Anders als im lauen Subventionstheater, das alle Risiken absichert, bedeutet der Broadway immer noch Gewinn oder Ruin. Himmel oder Hölle. Und einer spielt immer mit. Der Satan.

Aus den Schilderungen seiner Opfer, besser: aus ihren Mordphantasien, setzt sich allmählich ein Bild des Satans zusammen. Er ist drei Meter groß und dünn. Er ist dick wie ein Pfannkuchen und sabbert. Er ist Alkoholiker. Er ernährt sich vom Blut junger Talente. Er bezieht sein Geld von der Mafia. Er heißt Frank Rich und ist Theaterkritiker der *New York Times*.

Seine Opfer träumen davon, einmal gegen seine Kritiken Erfolg zu haben. Die Zeiten sind günstig wie nie – der große weiße Weg leuchtet! Noch vor kurzem hielten sie Leichenreden. Jedes dritte Theater war dunkel. Geld brachten nur die importierten Hitmaschinen des Briten Andrew Lloyd Webber, Mega-Operetten wie »Cats« und »Phantom der Oper«. Künstlerisch war der Broadway ein großes, totes Bochum.

Doch diese Saison, 1992/93, ist alles anders. Es scheint, als hätten sie, die sich schon mittags an den Ticket-Schaltern am Times Square anstellen, Hollywoods gesichtslosen Größenwahn satt. Als flüchteten sie in die Theater wie in eine Wirklichkeit, die noch nicht korrumpiert ist von den Lügen aus Werbung und Politik. Sie strömen in Stücke, die mit der amerikanischen Identität zu tun haben, mit der dunklen oder glänzenden Vergangenheit, mit Träumen und Niederlagen.

Mit seinen 37 Produktionen liegt der Broadway um 9 über der Vorsaison. Alle paar Tage ist Premiere. Der Broadway feiert Entdeckungen. Allein im April strömten 830 000 Besucher in die Theater und ließen 30,1 Millionen Dollar an den Kassen, die höchste Monatseinnahme in der Geschichte. Und was gut ist für den Broadway, ist gut für die Stadt: 1,5 Milliarden Dollar wurden in den Souvenirläden, den Bars und Hotels und Restaurants rund um den Times Square umgesetzt.

Der Satan, offenbar ein Patriot, bejubelt den Sieg amerikanischer Musicals über die jahrelange britische Vorherrschaft. Und Renato, seit 40 Jahren Barkeeper bei Sardi's, weiß nur eines: Da das Geschäft nun wider Erwarten brummt, wird er diese Saison nun doch nicht aufhören. Die nächste aber ganz bestimmt. Dann wird er nach Alaska gehen, dahin, wo die Nächte wirklich dunkel sind.

Der Satan, sagt Renato, schaut hier nur selten rein. Aber gestern abend sind 50 Steaks für ihn bestellt worden, »von den Polen«. Die waren mit einem Glasnost-Musical an den Broadway gekommen, das in Warschau ein Hit war. Der Satan bleckte die Zähne. »Wenn New York doch nur ein Herz hätte«, endete er seine chauvinistische Fleischwolf-Kritik, »würde man sie (die Polen) zu einem Steak einladen und ihnen vielleicht sogar das Ticket zu einer guten Broadway-Show kaufen.«

Die hilflose Rache der Polen – die Steaks, die am Hinter-
eingang der *New York Times* ausgeliefert worden waren –
erreichte den Kritiker nicht. Er war aufs Land gefahren. Als
er nach zwei Tagen wieder zurückkehrte, waren die Polen
weg, und ihre Show war abgesetzt.

Doch es gibt Versicherungen gegen den Satan, teure Versicherungen: Stars! Abend für Abend ist das Barrymore-
Theater ausverkauft, in dem Alec Baldwin gegen das Ge-
spenst Marlon Brandos ankämpft und Jessica Lange gegen
die Schatten von Vivien Leigh: Tennessee Willliams' »End-
station Sehnsucht«, 40 Jahre später. Kein schwüles Drama
um Liebe und Lügen, keine poetischen Irrlichter über dem
Sumpf, sondern harter, brutaler Proletenalltag. Alec Bald-
wins Kowalski: Kraft und Pomade. Jessica Lange: eine von
Beginn an mörderische Sirene, eine Frau in Schwarz, un-
sinnlich und gefährlich wie ein Rasiermesser. Das Unisono
der Kritik, die an Elia Kazans Inszenierung mit Brando
hängt wie bei uns nur Betonköpfe an Brechts Modellinsze-
nierungen: »A Streetcar Named Desaster«.

Jede andere Show wäre tot. Doch Baldwin und Lange
sorgen für ein volles Haus. Schließlich ist der Star auf der
Bühne so etwas wie vollendete Demokratie. Das ist, als
schaue man einem Gott beim Holzhacken zu. Die Lein-
wandgötter und ihre künstlichen Tränen – hier schuften
sie für ihr Geld. Hier fließt echter Schweiß. Hier, und nur
hier, hat der Zuschauer Macht. Einen schlechten Film kann
er nur vergessen – hier kann er die Idole von der Bühne
pfeifen.

Trotz des Risikos stehen die Stars Schlange in diesen Tagen. Gene Hackman und Glenn Close und Richard Drey-

fuss. Al Pacino, Peter Gallagher, Judd Hirsch, Alan Alda, Eli Wallach. Leinwand-Idole, live, ein Spektakel. Was das alles mit Kunst zu tun hat? Mit dem Geheimnis des Theaters? Dem Rätsel?

Broadway-Bühnen rechnen nicht mit dem Theaterwissenschaftler, sondern mit dem vergnügungssüchtigen Flaneur, der auf Lichterwogen aus dem vibrierenden Foyer der Straße ins Dunkel gespült wird. Doch merkwürdig: Hier drinnen schrumpft alles auf menschliche Größe. Hier drinnen erlebt sich der zerrissene, zerstreute Zuschauer neu zusammengesetzt. Wie überall auf der Welt und erst recht am Broadway ist das Theater eine letzte Katakombe, in der Menschen ihre kleinen Geschichten erzählen und ihre großen Tragödien beweinen.

Es sind keine Würfe für die Ewigkeit, sondern kunstvolle Gebrauchsstücke: Herb Gardners Zweiakter »Gespräche mit meinem Vater« etwa, in dem Judd Hirsch seine Kinder zum Yankeetum erziehen möchte und geschlagen ist mit einer Frau, die sich weigert, ihr jiddisches Idiom abzulegen. Kurz vor ihrem Tode sagt sie: »Ich habe mir überlegt, zum katholischen Glauben überzutreten – besser, es stirbt einer von denen als einer von uns.« Oder »Lost in Yonkers«. Neil Simons melancholische Erinnerung an die Zeit der Depression und an jenen Sommer, an dem der Vater die beiden Söhne bei der Großmutter unterbrachte – keine große Geschichte, aber ein großes Geheimnis.

Und dann sitzt du, an einem verregneten Sonntagnachmittag, im Plymouth-Theater, und plötzlich vergißt du die Großspurigkeit des Broadways, denn dort auf der Bühne steht schwer der Weizen, der duftet, und es ist Irland im

Spätsommer, wo der Lughnasa-Tanz ein paar verlassenen Frauen in die Glieder fährt. »Dancing at Lughnasa«, dieses Drama von der Armut, von der Liebe und vom Krieg, war auf der Bühne im Hamburger Schauspielhaus so zertrampelt worden, daß Irlands Ernte auf Jahre hinaus vernichtet schien. Hier blüht es, leicht, ein gelbes Feuer.

Und »Hamlet«, der Festakt aller Staatstheater? Im kleinen Roundabout-Theater am Times Square, zwischen Pizzeria und Sexkino, stapft Stephen Lang über die Bühne. Der Prinz als wilder Stier. Wahrscheinlich gab es bessere Hamlets, aber nie einen entschlosseneren. Ein Wunder, daß ihn Claudius nicht schon beim ersten Zusammentreffen am Hof liquidieren läßt – der Mann ist so gefährlich wie Chuck Norris im Kino nebenan. Doch auch dieser Hamlet überlebt, ganz eigentümlich, als Erinnerung an einen Kerl, der sich nichts mehr gefallen lassen möchte – und das ist nicht unbedingt die schlechteste Erinnerung.

Manche Schauspieler erobern den Broadway über Nacht. Die meisten schaffen es erst nach Jahren. Al White, 50, hat fast ein ganzes Bühnenleben gewartet. In August Wilsons »Two Trains Running« spielt er Memphis Lee, der im Schwarzenghetto Pittsburghs ein Billig-Restaurant führt.

Versprengte Seelen, verwehte Gestalten, hier, am Ende der sechziger Jahre: Da ist die Kellnerin, eine heilige Somnambule, die sich Narben in die Waden geschnitten hat, um sich die Männer vom Leibe zu halten. Ein Malcolm-X-Anhänger bringt einem Stammler einen neuen Satz bei: »Black is beautiful.« Ein alter Weiser am Eckfenster kommentiert das Leben, die Straße, die Liebe und den Tod: denn gegenüber, beim Leichenbestatter, ist der alte Prediger aufgebahrt. Ein fast lyrischer Chor aus Stimmen über die schwarze Identität, näher bei Becketts »Warten auf Godot« als am Agitprop.

Al White hat es schwer. Er muß von Null auf Hundert, gleich zu Beginn. Er ist gut, aber Larry Fishburne, der junge Radikale, erhält den Szenen-Applaus. Larry Fishburne ist ein Star. Das Publikum kennt ihn aus Hollywood-Filmen wie »Boyz 'n the Hood«.

Doch hinterher, in der Garderobe, sitzen sie beide zusammen, und obwohl Whites Premierenrosen längst verwelkt sind und die Produzenten nicht bei ihm, sondern bei Fishburne Schlange stehen, ist er glücklich. Wer schafft es schon an den Broadway? Und draußen vor dem Bühneneingang stehen die Autogrammjäger, und Al läßt Larry den Vortritt, aber dann kritzelt auch er seinen Namen in die Programmhefte, und die Glühbirnen-Batterien der Theaterfassade werfen Gold auf sein Gesicht.

Schräg gegenüber im vierten Stock sitzt der Mann, der Wilsons anspruchsvolles Stück an das Kerr-Theater geholt hat: Mr. Goldfinger Rocco Landesman. Bevor Landesman den Broadway umkrempelte, lehrte er in Yale Theaterkritik. »Doch ich habe nicht an die Universität gepaßt. Dort arbeiten Menschen, die 15 Jahre nach der Antwort auf ein bestimmtes Problem suchen. Ich will die Antwort in 15 Minuten.«

Die Gewinn-Chancen in der Broadway-Lotterie schätzt er so hoch wie die beim Pferderennen: rund 15 Prozent. Er spielt beides. Diese Wochen hat er eine richtige Strähne. Seine Pferde gewinnen. Und gerade hat das Revival von

»Guys and Dolls« die Kassen klingeln lassen. Der Satan hat die Premiere auf die Titelseite der *New York Times* gebracht und darüber geschrieben, ach was: gesungen, und ist ab sofort ein sachverständiger Mann, ein ernsthafter Theaterfreund, ein Engel. Die Show ist auf Wochen ausverkauft. Fünf Millionen Dollar hat sie gekostet – bereits im Oktober wird sie in der Gewinnzone sein.

In »Guys and Dolls« umarmt sich der Broadway selber. Die Gangster tragen große Karos, der Times Square ist die bunteste aller Höllen, und die Heilsarmistin Sarah Brown, die hier nach verlorenen Seelen fischt, hat Sex bis in die flachen Schuhe. Nie war Miss Adelaides Hot-Box-Puff schmissiger geführt, nie war die Würfelpartie in der Kanalisation akrobatischer getanzt.

Doch Rocco, der Spieler, steht an diesem Tag unter einer besonderen Spannung. Das Wagnis mit »Guys and Dolls« war kalkulierbar, sagt er. Eine Favoritenwette. Heute abend jedoch läuft ein Außenseiter. »Jelly's Last Jam«, ein neues Musical, ein junger Regisseur und ein Stück, in dem der Tod eine Hauptrolle spielt: Risiko!

Landesmans Augen glänzen. Er glaubt an die Unternehmung. Nun kommt es darauf an, ob sie auch dem Satan gefällt. Er setzt 20 Dollar auf eine gute Kritik. Der Reporter hält dagegen. Er kennt Kritiker. Er vertraut auf den Blutdurst des Teufels.

Die Premieren-Scheinwerfer schießen ihre Flak in den Himmel, als am Abend die Limousinen anrollen und die Filmstars ausspucken. Die Fotografen stürzen sich auf Bürgermeister Dinkins, während unbemerkt ein weißhaariger Mann mit Cäsarenprofil an ihnen vorbeischlendert und im

Zuschauerraum Platz nimmt. Sein Gesicht ist eine Maske, und seine Augen sind kalt wie die eines Reptils. Mr. James Binger. Der Besitzer der Theater-Kette.

Ein älterer Herr beugt sich zu ihm und raunt ihm zu: »Haben Sie schon gehört – ›Shimada‹ hat dichtgemacht.« Der Cäsar nickt unmerklich. »Die Zeiten sind gut für Premieren«, murmelt er, »und ziemlich beschissen für Pleiten.«

»Shimada« gehört der Konkurrenz. Dem Satan hatte »Shimada« nicht gefallen, ein Multi-Millionen-Dollar-Spektakel, das erst drei Tage zuvor Premiere hatte. Die Japaner hatten groß investiert. Nun haben sie groß verloren.

Das Saallicht erlischt. Und aus dem Bühnenboden fährt ein Mann, mit dem Rücken zum Publikum. Wahrscheinlich der ungewöhnlichste aller Broadway-Auftritte. Die Bühnenlandschaft: ein Friedhof. Der Mann: ein Hexer namens Gregory Hines.

»Jelly's Last Jam« ist der schwarze »Jedermann«. Der Tod gibt ihm Galgenfrist: Noch einmal darf Jelly Roll Morton wichtige Stationen seines irdischen Weges durchleben. Jelly Roll Morton, der Kreole, der die Nigger verachtet, der begabte Unsympath, der den Jazz in den Fingerspitzen hat, aber vergißt, daß nicht er ihn erfunden hat, sondern daß er ihm im Blut liegt seit den Zeiten, als seine schwarzen Vorfahren auf Plantagen gearbeitet haben.

Ein düsteres Musical ohne aufwendige Aufbauten. Doch Gregory Hines zaubert. Seine Step-Tänze sind Rhapsodien für zwei Füße. Und die Blues-Stimme seiner Partnerin Mary Bond Davis schlägt durchs Dach. Dieses Stück ist Mardi Gras und Dixie-Beerdigung, es zeigt Jam-Sessions in Salons und die selbstbewußten Liebesszenen des Broadways – Duette mit Tonya Pinkins, leicht bekleidet im Bett. Nach dem letzten Vorhang steht das Publikum auf den Stühlen. Rocco Landesman strahlt. Und selbst der Cäsar kräuselt die Lippen zu einem schmalen Grinsen.

Im »Roseland« nebenan wird die Premierenfeier ausgerichtet. Die Band auf der Bühne orchestriert die Schlacht ums Büffet. Agenten und Starlets küssen sich, Produzenten und Statisten tanzen, und Gregory Hines schüttelt Hände. Seine Augen sind glasig, und seine Hand fühlt sich an wie ein toter Aal. Er ist am Ende. Ob er sich nicht freut über den Erfolg. »Erfolg«, fragt er, »ist die *New York Times* schon erschienen?«

Sie ist. Kritiker besuchen die Voraufführungen. Gegen 22.30 Uhr ist der erste Andruck draußen. Im Foyer bilden sich Menschentrauben. Eine Dame, deren Ohrringe soviel gekostet haben müssen wie die ganze Produktion, liest vor, mit unsicherer Mädchenstimme. Der Satan hat sein Urteil gesprochen. Sieg für Gregory Hines. Sieg für »Jelly's Last Jam«. Der Teufel ist unzuverlässig. Es wird Zeit, ihn kennenzulernen.

Wie Draculas Festung erhebt sich das Gebäude der *New York Times* hoch über den Theaterdistrikt. Der Satan könnte auf die Theater hinabschauen – wenn er ein Fenster hätte. Er belegt einen Verschlag im großen Nachrichtenraum, der sich über die ganze Etage erstreckt. Um seinen Computer stapeln sich keine menschlichen Skelette, sondern Bücher, Manuskripte. An der Wand eine Kinderzeichnung seines Sohnes. Frank Rich ist weder klein noch groß, weder dick noch dünn. Vielleicht ein wenig füllig um die Hüfte. Er ist der Mann, auf den jede Täterbeschreibung paßt. Er ist unauffällig – der geborene Beobachter.

Da er kaum Interviews gibt, ist der berühmteste Theaterkritiker des Landes für die Magazine ein Objekt von Ferndiagnosen geworden: Scheidungskind, verhinderter Theaterautor, Machthunger als Liebeskompensation.

Zunächst ist er eines: Journalist. Frank Rich schreibt hier im News Room, meist am Morgen nach der Generalprobe. Er beginnt um 9.30 Uhr. Die Deadline ist 14.30 Uhr. Er liebt die Atmosphäre, das Summen der Nachrichten, den Bauch der Zeitung.

Er ist nicht der Bussi-Bussi-Typ für Premierenfeiern, sondern ein Analytiker mit Wissen und einer großen Leidenschaft: dem Theater. Im Jahr sieht er mehr als hundert Vorstellungen, am Broadway, am Londoner Westend. Er begeistert sich für Autoren, er liebt Entdeckungen. August Wilson hat er mit durchgesetzt.

Natürlich ist auch er, wie jeder gute Kritiker, borniert. Er hat seine Meßlatten. Er liebt das gut gebaute, realistische Drama. Das klassische amerikanische Musical. Französisches oder deutsches Theater kennt er so gut wie gar nicht. Er kann hinterhältig sein, barbarisch, sogar dumm. Doch selbst, wenn er sich irrt, irrt er unterhaltsam. Und er kann hinschauen. Ob er sich seiner Macht bewußt sei? »Es ist die Institution, die Macht hat«, sagt er. »Und ich muß sie vergessen können, sonst könnte ich nicht schreiben.«

Der Bombast des Broadways geht ihm oft auf die Nerven. Doch auf die Frage nach jungen Talenten sprudelt er begeistert los – jeder deutsche Kritiker würde neidisch werden. Viele Namen, die Frank Rich nennt, arbeiten an kleinen Bühnen, am Off- und Off-off-Broadway, wo sie tanzen und singen und sich die Seele aus dem Leib spielen und darauf warten, daß eines Tages ein unauffälliger Mann, ein wenig füllig um die Hüften, im Zuschauerraum Platz nimmt, und am nächsten Tag in der Zeitung steht: »Diesen Namen wird man sich merken müssen...«

Sängerinnen wie Linda, Tänzer wie Tim, die hinter einem Säulenportal am unteren Broadway die Gelenke dehnen, die trällern, in den Spagat gehen, die warten und sich über die Tony-Vergabe unterhalten. Gregory Hines hat abgeräumt, natürlich, und Glenn Close und die Produktion »Guys and Dolls«, die in den 20 Stunden nach der Tony-Vergabe Tickets für insgesamt 220 000 Dollar abgesetzt hat.

Für Linda und Tim geht es an diesem Morgen um die Miete, um die letzten Engagements für die Sommertourneen. Hier werden Rollen besetzt. Um einen Part in »Wizard of Oz« kämpfen hundert Bewerberinnen. Kathy, die schon bei »Les Miserables« mitgearbeitet hat, weiß bereits jetzt, daß sie keine Chance hat: »Die suchen kleine Tänzerinnen.«

Ein Stockwerk tiefer rempeln sich Flower-Power-Kinder im Flur – ein Theater aus La Jolla rekrutiert für die Rockoper »Tommy«. Ein älterer Herr bahnt sich den Weg durch die bunte Horde, Brille, schmale Lippen, grauer Schnauzer, das Rollenbuch unter den Arm geklemmt und ein hinreißend heimtückisches Grinsen im Gesicht. Keiner erkennt ihn. Es ist Eli Wallach, 76, eine Broadway-Legende.

Wallach, der Strasberg-Schüler, hat schon 1951 Williams' »Tätowierte Rose« in New York mit aus der Taufe gehoben. Und heute, 40 Jahre und unzählige Bühnenleben später, in einem hellen Raum, der leer ist bis auf zwei Tische, ein paar Stühle, ein Sofa, hat er sich in ein weiteres Abenteuer gestürzt. Heute fand die erste Leseprobe statt zu Arthur Millers »Preis«. Das gespenstisch aktuelle Thema: die Folgen der großen Depression. An der Wand eine Skizze zum Bühnenbild. Eine Rumpelkammer ist darauf. Licht fällt von oben. Drei weiße Gestalten sitzen in Sesseln, Phantome, die in den nächsten vier Wochen zum Leben erweckt werden.

»Noch einmal den Kugelschreiber zücken – es ist wie eine Injektion.« Er liebt diesen Satz, der aus Millers Stück stammt. Er erzählt von seiner Freundschaft zu Miller, die während der Dreharbeiten zu »Nicht Gesellschaftsfähig« begann, erzählt von Clark Gable und Marilyn Monroe, während er zur U-Bahn geht. An der Kasse zeigt er seinen Seniorenpaß: »Der Vorteil des Alters – man zahlt die Hälfte.« Dann gibt er der Kassiererin sein Autogramm.

Sein ganzes Leben lang hat er in New York gewohnt. Er liebt diese Stadt. Und er liebt den Broadway. »Der Broadway«, sagt er, »ist der berühmte Kranke. Alle schreiben über sein Siechtum. Aber er glänzt.« Als wir an der Tin Pan Alley aus dem Schacht zur Straße hinaufsteigen, liegt unter uns der Times Square. Das Kreuz von Seventh Avenue und Broadway. Zwei goldene Balken aus Licht.

Auf der Sony-Leinwand zerplatzen zwei Gläser. Der turmhohe Cowboy der »Will Rogers Follies« grinst lässig in den Himmel. Die Glühbatterien der Theater rahmen glänzend ihre turmhohen Billboards. Und wie gelbe Flüsse strömen die Taxis an Cohans Statue zusammen. »Verstehen Sie, was ich meine?« sagt Eli Wallach.

# Spiel von Liebe und Erlösung

*Das Aids-Stück »Engel in Amerika«*

Wie begegnet man einem Engel? Mit Staunen und Schweigen, mit leiser Auflehnung oder innerer Zustimmung? Haben alle Engel Flügel? Und worin unterscheidet sich ein Seraph von einem Cherub?

Von all diesen Fragen – und handfesten Theaterproblemen – hatte Tony Kushner noch nicht die geringste Ahnung, als er sich, 1987, hinsetzte, um ein Stück über Aids zu schreiben. Fünf Personen, rund 90 Minuten Spieldauer, ohne Pause. Ach ja. Roy Cohn, der New Yorker Prominentenanwalt, sollte drin auftauchen.

Dann ist Kushner von seinem Material, von Figuren und Dämonen überwältigt worden. Fünf Jahre später gab er ein siebenstündiges Mysterienspiel in zwei Teilen ab, ein Stück über den Zustand der amerikanischen Gesellschaft vor der Jahrtausendwende.

Mittlerweile hat es den Theaterpreis des Londoner *Evening Standard* erhalten und kürzlich den Pulitzerpreis, und Autor Kushner posiert auf riesigen Billboards für das Jeans-Imperium »GAP« und ist eine Berühmtheit. Seine »Engel in Amerika« werden schon jetzt als wichtigstes Theaterereignis der neunziger Jahre gefeiert.

Lange ist das Theater nicht mehr so aufs Ganze gegangen. Kushner setzt Himmel und Hölle in Bewegung. Er führt durch ein apokalyptisches Spiel, das von Aids handelt und der Liebe, von Schizophrenie und Verrat. Er führt nach Salt Lake City und in die Antarktis. Er liefert eine Vivisektion des verrotteten Nihilismus der Reagan-Jahre und der selbstgerechten, politisch korrekten Besserwisserei der neuen Ära. Er debattiert jüdischen Selbsthaß und christliche Bigotterie. Und er beendet seinen ersten Teil mit einer Offenbarung. Der Engel erscheint.

Wer sagt, daß Kritiker immun gegen Erlösungsphantasien sind? Schon in der Uraufführung der »Engel in Amerika« in Los Angeles sah Frank Rich, Chefkritiker der *New York Times*, das Theater gerettet und die Gesellschaft revolutioniert. Selten hat ein amerikanisches Stück schon vor seiner Broadway-Premiere derartig auf ganzer Linie gesiegt.

Und es siegt mit seinem dunkelsten Zentrum, mit dem Scheusal Roy Cohn, dem Celebrity-Anwalt und Schwulenhasser, der 1986 an Aids gestorben war und der seine homosexuelle Veranlagung bis zum Schluß zu verbergen gesucht hatte.

Cohn war der eigentliche Anstoß für das Stück, diese »schwule Phantasie über gesellschaftliche Themen«, wie es im Untertitel heißt – Tony Kushner hatte einen Nachruf auf den Anwalt gelesen, den er »so homophob« fand, daß er untersuchen wollte, ob an Cohn nicht doch etwas theatralisch gutzumachen sei.

Keiner hatte den sittlichen Verfall der Reagan-Ära so verkörpert wie Roy Cohn, der seine politische Karriere als McCarthys eifrigster Kommunistenhenker begann und der sich später damit brüstete, er habe dafür gesorgt, daß Ethel Rosenberg wegen Spionage auf den elektrischen Stuhl kam.

»Roy Cohn«, schrieb Robert Sherrill in jenem berüchtigten Nachruf in *The Nation*, »war der Jude, mit dem man andere Juden fing.«

Roy Cohn haßte sein Judentum. Und er wußte es gleichzeitig clever als Karrierespielmarke zu nutzen. Als einige Senatoren auf McCarthy Druck auszuüben begannen, er möge Cohn entlassen, drohte der mit seinen guten Beziehungen zum jüdischen Zeitungsestablishment, das einen solchen Schritt als »antisemitisch« brandmarken würde.

So hielt McCarthy an Cohn selbst dann noch fest, als der ihn in eine absurde, karrierevernichtende Schnüffeljagd gegen die Armee trieb. McCarthy fiel – und Cohn machte als New Yorker Society-Anwalt Karriere.

Er vertrat Bianca Jagger, die Ex-Frau des Popmusikers, den Immobilienhai Donald Trump und Mafiosi wie Carmine Galante. Er liebte Schlagzeilen. Er unterhielt die allerbesten Beziehungen zur *New York Times* unter Abe Rosenthal. Zu seinen Partys kamen die Publizisten William Safire und William F. Buckley, die später sogar, als er sich wegen seiner Unterschlagungen vor der Anwaltskammer zu verteidigen hatte, Ehrenerklärungen für ihn abgaben.

Cohn hatte Macht über die Presse und Einfluß in Washington. Er gewann seine Fälle übers Telefon. »Erzähl mir nicht, wie die Rechtslage ist«, herrschte er einst einen Kollegen an, »sag mir nur, wer der Richter ist.« Er betrog seine Klienten. Er vernichtete Gegner mit Indiskretionen, die er der Presse zuspielte, etwa mit Gerüchten über homosexuelle Veranlagungen.

Sein eigener sexueller Appetit war unersättlich. Oft hatte er nachts mehrere männliche Prostituierte bei sich. Legen-

där waren seine Partys, die er in einem Keller der New Yorker Disco »Studio 54« für das schwule, republikanische
Establishment der Reagan-Ära ausrichtete. Öffentlich aber
führte er Krieg gegen homosexuelle Aktivisten, die gegen
Diskriminierungen kämpften.

Bürger Cohn, das war das Böse in seiner imposanten
Ausgabe, das war New Yorks Richard III., und Kushners
Kunst ist es, den Witz und den Charme dieser Gesell-
schaftsbestie schillern zu lassen und darunter eine frühe
Verletzung, die der Motor für den skrupellosen Macht-
hunger war.

Wie trifft so einen das Todesurteil? Wie reagiert so einer
auf die Diagnose, daß er HIV-infiziert sei? In einer brillanten Schlüsselszene beim Arzt zeigt Kushner Cohn als Meister der Verdrängung. Er könne gar kein Aids haben, sagt
er, weil Aids eine Schwulenkrankheit sei. Und er sei nicht
schwul, weil Schwule stets machtlose Verlierer seien, er
aber habe Macht. »Ich bin ein Hetero, der zufällig mit Männern pennt.«

Ron Leibman ist dieser Cohn am Broadway, und er ist or-
dinär und charmant und boshaft und vom ersten Moment
an eine Sensation. Er telefoniert mit fünf Leuten gleichzeitig, und er brüllt seinem Besucher Joe zu: »Am liebsten
wäre ich 'n Krake, ein Scheißkrake. Acht liebevolle Arme.
Überall kleine Sauger.«

Und an einem dieser Sauger hängt Joe, der ihn bewundert. Joe, der Anwalt, der Mormone, der bekämpft, was er
längst spürt – daß er schwul ist. Mit ihm verheiratet ist Harper, die ungeliebt ist und Valium schluckt und in Tagträume
flüchtet. Irgendwann wird sie Joe verlassen.

So, wie Louis seinen Freund Prior Walter verlassen wird, weil er nicht fertig wird mit dessen Krankheit. Prior Walter hat Aids, und er verfällt mit jedem Tag, und Louis, der ihn liebt, flüchtet vor der Krankheit und der Last der Beziehung. Und obwohl sich das Stück im Untertitel als »schwule Phantasie« bezeichnet, geht es um mehr als nur um homosexuelle Probleme. Es geht um Verantwortung, um Liebe, und wie wir leben miteinander am Ende unseres Jahrtausends.

Kushners Stück ist eine tolle Theaterphantasie, eine Reise, die an die Grenzen geht. Da bricht Harper auf zur Antarktis und der sterbende Prior auf in die Vergangenheit, um mit seinen Vorfahren zu sprechen. Gleichzeitig ist Kushners Stück ganz von dieser Welt – es ist realistisch und mythologisch zugleich wie einige der großen Theaterkomödien von Botho Strauß.

Ein Stationendrama wie etwa »Groß und klein«, das den Szenejargon der politisch Korrekten ebenso vorführt wie das heilige Stammeln, die Übersteigerung, die Suche nach Erlösung. Vielleicht sorgt Kushners Stück auch deshalb für eine Sensation, weil es im naturalistischen amerikanischen Theater diesen Mut selten gibt.

Und es ist gerade dieser fragwürdige, dieser aufs Ganze zielende Impuls, der das Stück vor den Untiefen der dahinplätschernden, politischen Selbstbestätigung rettet. Denn noch einmal wird hier der Reagan-Ära, wird dem Gier-Jahrzehnt der Marsch geblasen, mit dem Fazit: Es ist nicht schön, nur an sich selbst zu denken.

Das allerdings können mittlerweile schon die eingeschworensten Egoismus-Apologeten der achtziger Jahre mitplappern, all diese nicht mehr ganz jugendfrischen Dreckschleudern der Lifestyle-Presse, die, nach englischen Krawatten und Börsenspielen, tempo, tempo, »soziale Verantwortung« als letzten Schrei für sich entdeckt haben.

Das Stück will aber mehr. Ihm geht es nicht darum, recht zu behalten gegen die Cohns dieser Welt, sondern zu begreifen, worin unsere Sendung und unsere Schuld besteht. Und es trägt seine Anliegen nicht geifernd und eifernd vor, sondern mit einer Heiterkeit, die man himmlisch nennen könnte.

Da sitzen sich etwa Louis und Belize im Café gegenüber, und Louis, der Jude, beschuldigt den schwarzen Belize des Antisemitismus, und Belize revanchiert sich mit dem Rassismusvorwurf, und beide sind schwul und Opfer und reden an ihrer Trauer über den sterbenden Prior Walter vorbei.

Dem erscheinen unterdessen zwei seiner Vorfahren, der eine mit Perücke, der andere im mittelalterlichen Wams, und die Szene ist mit einer Bloch-Formel »Dämmerung nach Vorwärts« überschrieben. Der ältere der beiden hat noch die Pest erlebt, und er erzählt vom Schwarzen Tod. »Der Bote naht«, sagt er schließlich, »bereite den Weg, den endlosen Abstieg. Der Atem, der Hauch ...« Und er tröstet Prior nicht etwa mit seiner dunklen Prophezeiung einer Engelserscheinung – er macht ihm schlicht und einfach angst.

Die Uraufführung von Los Angeles spielte vor der bröckelnden klassizistischen Fassade eines Regierungsgebäudes – Amerika am Wendepunkt, eine politische Parabel. Die Broadway-Aufführung dagegen verzichtet auf Kulissen. Hier ruhen die Scheinwerfer auf den Figuren, hier geht es nicht um den Zustand Amerikas, sondern um den der Menschheit.

Regisseur George C. Wolfe, der so konzentriert bereits das schwarze Musical »Jelly's Last Jam« gegen allen Broadway-Prunk zum Erfolg führte, vertraut ganz auf das Stück und seine Schauspieler. Und auf ein Publikum, das nach Bedeutung hungert, nach einem neuen Ernst. Wann gab es das schon – ein Theaterstück am Broadway, das sich vier Stunden lang Zeit nimmt.

Es nimmt sich Zeit für ein Publikum, das sich, mit der gesamten Nation, seit Monaten in einer absurden Diskussion darüber spaltet, ob Homosexuelle in der Armee dienen dürfen. Diesem prüden amerikanischen Theaterpublikum mutet Kushner Wahrheiten und Härten zu. Da wird der dünne, zerbrechende Körper des aidskranken Prior Walter nackt gezeigt und blutend in seinen Laken. Und Louis, der die Selbsterniedrigung findet im Park mit einem Lederschwulen, beugt sich vor zum Orchestergraben – Analverkehr auf einer Broadway-Bühne, das gab es wohl noch nie.

Die wahrscheinlich größte Zumutung aber ist der Durchbruch des Heiligen in das Profane, die Epiphanie des Göttlichen ausgerechnet im Sterbezimmer eines Aids-Kranken. Es ist der Engel der Verkündigung, der Prior erscheint, und er begrüßt den Kranken als »Propheten«.

Wie aber begegnet man einem Engel? Eine der genauesten Beschreibungen in der modernen Literatur hat Harold Brodkey in seiner »Engel«-Geschichte geliefert. Seinem Helden Wiley Silenowicz erscheint der Seraph auf dem Campusgelände der Harvard-Universität. Wiley empfindet »rauschendes Vergnügen«. Er ist beeindruckt von der Schönheit des Engels, er fühlt sich gedemütigt, er spielt mit dem Gedanken, auf die Knie zu sinken, und er bleibt zurück mit Kopfschmerzen und einer Erektion.

Prior, der Auserwählte in Kushners Stück, kann zunächst nur über die mächtigen Licht- und Soundeffekte stammeln, mit denen der Bote seinen Auftritt vorbereitet. Es kracht, und der Putz bröckelt von der Decke, und violettes Licht wechselt mit rotem und grünem. »Ziemlich Steven Spielberg«, sagt Prior sarkastisch, was ebenfalls eine ziemlich verständliche Reaktion ist – wie sonst wenn nicht sarkastisch soll man mit dem heiligen Schrecken fertig werden?

Wie stellt man einen Engel auf der Bühne dar? Anders als etwa in Wim Wenders Film, in dem die Schutzengel Menschengestalt angenommen haben, zeigt sich der Engel in Kushners Stück in seiner Seraphengestalt. Weißes Gewand, lange weiße Haare, große weiße Flügel. Doch er schwebt nicht, sondern er kracht durch die Decke, er bricht herein wie eine Katastrophe, und die Seilzüge bringen ihn ruckartig zum Stillstand. Und man weiß nicht genau, ob dieser Engel Tröstung bedeutet oder eine apokalyptische Panne?

Der Engel, der diesen ersten Teil des Dramas beschließt, wird im zweiten, dem noch kühneren, »Perestroika« betitelten, als Engel der Beharrung und des Todes deutlich. Und Prior wird mit diesem Engel kämpfen und protestieren: »Wir können nicht ewig aushalten und warten. Wir müssen immer weitergehen. Das ist unsere Natur.« Dieser zweite Teil, in dem der »älteste noch lebende Bolschewik« eine neue Welterklärung verlangt, wird in der nächsten Saison an den Broadway folgen.

Das Schöne an Tony Kushners Theater ist, daß man ihm die Arbeit nicht ansieht. Es stellt sich den zentralen Themen am Ende unseres Jahrhunderts mit einer neuen, undogmatischen Leichtigkeit. Es zeigt eine Utopie, ein beschwingtes neues Denken, das Liebesgeschichten zwischen links und rechts zuläßt und das sich völlig neue Kategorien erobert. Nicht zuletzt die der Erlösung.

# Wer nicht kämpft, ist tot

*Gespräch mit dem Dramatiker Arthur Miller über
Deutschland, Nationalismus und Theater*

*Herr Miller, Ihre Verbindung zu Deutschland reicht weit
zurück. In Ihrer Autobiographie beschreiben Sie, wie Sie als
Kind mit einem deutschen Soldaten-Helm spielen, den Ihr
Onkel aus dem Ersten Weltkrieg mitgebracht hat. Und
schockartig wird Ihnen bewußt, daß Sie, im Spiel, »stolz
darauf« waren, »ein Deutscher zu sein«. Wie erklären Sie
sich die Faszination?*

Mein Großvater sprach ein Deutsch, das in der Gegend
von Krakau gesprochen wurde – und in Wien, wo er eine
Zeitlang gelebt hat. Er war sehr deutsch. Er hatte einen kleinen Bart und imitierte Kaiser Franz Joseph. Das Deutsche
lag sozusagen bei uns in der Luft. Als ich vor Jahren zum
erstenmal nach Wien kam, hatte ich das Gefühl, schon einmal dort gewesen zu sein. Ich kannte den Klang der Sprache. Sie dürfen nicht vergessen: Deutschland war vor dem
Ersten Weltkrieg der Höhepunkt der Kultur. Die Franzosen – das waren die Antisemiten. Die Deutschen waren es
nicht. Sie waren zu intelligent, zu gebildet. Sie waren das zi-
vilisierteste Volk Europas. Das zumindest war der Mythos.

*Im gleichen Zusammenhang stellten Sie lapidar fest, daß Sie
wohl Ihren 30. Geburtstag nicht erlebt hätten, wenn Ihre
polnischen Großväter nicht in die Vereinigten Staaten aus-
gewandert wären. Was empfindet der jüdische Schriftsteller*

*Arthur Miller, wenn er im Fernsehen Bilder von antisemiti-*
*schen deutschen Ausschreitungen sieht?*

Ich habe die schreckliche Ahnung, daß die Deutschen immer noch nicht herausgefunden haben, wer sie eigentlich sind. Sie definieren sich meistens darüber, was sie nicht sind. Das tun zwar viele, aber die Deutschen haben ein besonderes Talent dafür. Diese ethnische Rückversicherung, diese Identität durch Abgrenzung, verrät eine Unsicherheit, von der ich hoffte, daß sie überwunden sei.

*Einigen amerikanischen Kommentatoren gilt selbst die ökonomische Stärke Deutschlands als Anzeichen für einen germanischen Imperialismus. Die nennen Auschwitz und die Bundesbank-Politik der hohen Zinsen in einem Atemzug.*

Diese Paranoia teile ich nicht. Wenn die Deutschen wirtschaftlich besser dastehen, heißt das doch nur, daß sie besser organisieren können.

*Als Sie mit Ihrer Frau Inge Morath zum erstenmal das KZ Mauthausen besuchten, begegneten Ihnen freundliche, friedliche Menschen, von denen Sie wußten, daß sie Jahre zuvor gleichgültig die Transporte in die Lager beobachtet hatten. Die meisten, die heute Nazi-Parolen schreien, waren damals noch nicht einmal geboren. Ist das nicht verwirrend?*

Soziologisch kann man das leicht erklären. Was mich vielmehr beunruhigt, ist die lange Tatenlosigkeit der Regierung. Sehen Sie, ich brauche Ihnen nicht zu erklären, daß es auch in unserem Lande Rassismus gibt. Auch wir haben eine Rechte, die zu allem fähig ist. Aber es gibt in unserer Gesellschaft eine große Mehrheit, die sich zu Protesten mobilisieren läßt und dafür, ihre Freiheit und ihr Land zu verteidigen. Doch in Deutschland blieb eine mächtige Reaktion lange Zeit aus.

*Bundeskanzler Helmut Kohl hat inzwischen Versäumnisse eingeräumt.*

Aber die Frage bleibt doch: Warum so spät? Hielt er die Rechte im Land für so mächtig, daß er es nicht wagte, die simple Feststellung zu treffen, daß da Unrecht geschah?

*Sie hatten im Mai 1990 in einem Aufsatz Bedenken anläßlich der deutschen Wiedervereinigung geäußert. Halten Sie den Rechtsradikalismus für ein Ergebnis der deutschen Vereinigung?*

Wissen Sie, jedes Land hat einen rechten Flügel. Die Briten haben ihn, wir haben ihn. Bei uns war er die letzten zwölf Jahre sogar an der Macht. Doch als er schließlich, bei dem letzten Republikanischen Parteikonvent, sein wahres Gesicht zeigte und Buchanan vom »religiösen Krieg«, sprach, haben ihn die Leute abgewählt. Bei uns gibt es Leute, die das gleiche tun würden wie die deutschen Neonazis. Aber wir haben nie versäumt, klarzumachen, daß das nicht in Ordnung ist.

*Sie mißtrauen, wie Sie schreiben, dem »Tiefgang« der deutschen Demokratie, weil Deutschland nie eine gelungene Revolution gehabt hat und »kein deutscher Soldat je für die Demokratie sein Blut vergossen« habe.*

Von den wenigen Deutschen, die ich kenne, weiß ich, daß sie sehr sensibel auf die Vorgänge reagieren. Und ich glaube immer noch, daß die Mehrheit der Deutschen sich nichts anderes als Demokratie wünscht.

*Hunderttausende Deutsche gehen mittlerweile auf die Straße und demonstrieren gegen den braunen Abschaum.*

Das ist wundervoll. Und ein Zeichen dafür, daß ich mit meiner Zuversicht recht hatte. Aber noch einmal: Die politische Führung verhält sich kläglich. Auf diese Leute muß man doch reagieren!

*So, wie man auf den Linksterrorismus in den siebziger Jahren reagiert hat?*

Genauso!

*Sie haben in dem bereits erwähnten Aufsatz einen interessanten, aber bisher kaum diskutierten Bezug zwischen gesundem Patriotismus und Demokratiefähigkeit hergestellt. Sie beobachteten, daß es unter den Deutschen eine verbreitete Abneigung dagegen gibt, sich mit ihrem Land zu identifizieren. Was ich nicht liebe, muß ich nicht verteidigen.*

Ich kann natürlich nur für die amerikanische Erfahrung sprechen – und auch hier ist einiges schiefgelaufen. Aber Demokratie und Nation sind bei uns von Anbeginn an gleichgesetzt worden. Selbst in Krisen wie dem Bürgerkrieg. Abraham Lincoln hat von diesem Land als »demokratischem Land« gesprochen und nicht von irgendeinem »Vater- oder Mutterland« ohne politische Definition.

*Aus Ihrer eigenen Erfahrung wissen Sie, daß die Identifika-*
*tion mit dem Staat, in dem man lebt, sehr schwierig sein*
*kann. »Right or wrong – my country«?*

Ganz sicher nicht. Ich muß mich auch verweigern können, sonst würde ich zum Gefangenen jeder Art von patriotischer Hysterie, die im Moment an der Macht ist. Ich
würde mich hüten, über jedem Schurken, der bei uns an die
Macht gekommen ist, die Fahne zu schwenken.

*Wer war der größte Schurke in der amerikanischen Ge-*
*schichte?*

Ich will sie gar nicht zählen. Es gibt so viele. Es gibt keine
einfachen Lösungen für lebende Organismen wie den einer
Gesellschaft. Wir alle tragen Tuberkulose mit uns herum,
und wir kämpfen dagegen, daß sie ausbricht. Wir müssen
ständig darum kämpfen, daß die demokratische Seite siegt.

*In Ihrem Stück »Hexenjagd« haben Sie die Entstehung*
*einer Massenpsychose im 17. Jahrhundert beschrieben…*

Die Manipulationsmöglichkeiten haben sich natürlich
im Zeitalter der Massenmedien erheblich erhöht.

*Haben Sie eine Erklärung für die Erfolge rechter Gruppen*
*und Parteien nicht nur in Deutschland, sondern in ganz*
*Europa, in England, Frankreich, Schweden, Ungarn, ja*
*selbst Polen, das unter dem Nazi-Terror am meisten zu*
*leiden hatte?*

Für mich ist es ein Zeichen, daß diese Gesellschaften zu-
sammenbrechen. Es bedeutet ja, daß nichts anderes mehr
funktioniert außer der ethnischen Identifikation, und das

ist ein Rückfall auf eine sehr primitive Organisationsstufe. Das amerikanische Beispiel ist insofern ziemlich einzigartig, weil wir, ohne groß darüber nachzudenken, den ersten modernen multinationalen Staat seit Rom geschaffen haben. Und anders als in Rom hat bei uns jeder, zumindest auf dem Papier, die gleichen Bürgerrechte. Der einzige andere Ort, wo das versucht wurde, ist Jugoslawien – und das zerbricht derzeit in seine ethnischen Bestandteile.

*Weil es ein erzwungenes, künstliches Gebilde war.*

Die ethnische Zugehörigkeit ist die letzte Bastion der politischen Psyche gegen das Chaos. Deshalb ist sie so mächtig. Schauen Sie sich doch die britische Gesellschaft an! Sie ist bankrott. Sie hat keine Zukunft mehr. Jetzt hoffen sie, von den Japanern gerettet zu werden, weil die ihnen ein paar Autofabriken bauen. Den Franzosen geht es ein wenig besser, weil sie immerhin eine mächtige Landwirtschaft haben.

*Sprechen wir über das Theater. Haben Sie mal errechnet, wie viele Stunden Ihres Lebens Sie in Proberäumen, auf Bühnen, in den Theatern der Welt verbracht haben?*

Darüber möchte ich lieber nicht nachdenken. Viel zu viele. Ich hab' wahrscheinlich zuviel da reingelegt. Aber ich vermute, daß es mir eine Menge Spaß gemacht hat.

*Sie besuchen oft, wie jetzt auch wieder, die Proben zu Ihren Stücken, auch wenn Sie nicht Regie führen. Ist das nicht langweilig?*

Das ist es in der Tat. Deshalb gehe ich heute auch früher nach Hause. Aber ganz zu Anfang ist es nicht langweilig. In den ersten drei, vier Tagen kann ich sehen, ob Regisseur oder Schauspieler auf dem Holzweg sind – und kann sie ziemlich schnell zurückbringen. Meistens spürt der Regisseur, wenn etwas schiefläuft. Aber er weiß nicht genau, was. Und da kann ich helfen. Ich kann das Fundament legen, die Situation skizzieren – und dann verschwinden.

*Vielleicht atmet der Regisseur dann sogar auf.*

Wenn ich dieses neue Stück selbst inszenieren würde, würde ich mich zu Tode langweilen, weil ich mich nicht endlos wiederholen kann. Aber Schauspieler mögen Wiederholungen. Weil sie die Umrisse einer Figur schaffen und sie nach und nach zum Leben erwecken. Und ich wäre ihnen immer so weit voraus wie dieser kleine Klugscheißer in der Schule, der immer alle Antworten weiß.

*Warum haben Sie sich für die amerikanische Premiere Ihres neuen Stückes den relativ kleinen »Manhattan Theater Club« ausgesucht?*

Es ist ein kurzes Stück. Nur eine Stunde und 15 Minuten. Am Broadway ist für so etwas kein Platz. Es sei denn, ein Wunder passiert, und alle Leute sind so verrückt nach diesem Stück, daß sich der Broadway wirtschaftlich lohnt.

*Gehen Sie ab und zu ins Theater?*

Es gibt dort wenig, eigentlich zur Zeit nichts, das mich wirklich interessiert. Aber ich bin auch früher, vor 40 Jahren, nicht sehr oft ins Theater gegangen.

*Am amerikanischen Theater lassen Sie kein gutes Haar. Die Schauspieler, sagen Sie, seien durchs Fernsehen verdorben und der Broadway sei ein »Minenfeld«. Warum?*

Sie wissen, daß der Broadway wirtschaftlich eine Katastrophe ist.

*Die letzte Saison war eine der erfolgreichsten in der Geschichte.*

Geld spielen nur die Musicals ein.

*Gehen die amerikanischen Kritiker unfair mit Ihnen um? Etwa, wenn sie Sie als übriggebliebenen Idealisten der vierziger Jahre abstempeln, während die britischen Kritiker viele Ihrer letzten Stücke positiver beurteilt haben?*

Die meisten Kritiker folgen den Trends. Wenn die Röcke kurz sind und sie sehen einen langen Rock, dann ist er nicht gut. Aber, vom Broadway abgesehen, gibt es zur Zeit mehr Aufführungen meiner Stücke als je zuvor, hier und in Europa. Kürzlich hat mir eine japanische Schauspielerin erzählt, daß es in Japan eine Tournee-Aufführung von »Tod eines Handlungsreisenden« gibt, die seit über einem Jahr läuft.

*Wovon handelt Ihr neues Stück, »Der letzte Yankee«?*

Es geht um einen Tischler und seine Frau. Und daneben noch eine andere Frau. Der Mann, der letzte Yankee, ist ein Nachkomme eines der Gründerväter der Vereinigten Staaten, Alexander Hamilton. Seine Frau ist in einem Sanatorium für Geisteskranke untergebracht, weil sie depressiv ist. Sie ist unsicher, und sie zweifelt vor allem an den Werten der Gesellschaft, aus der sie sich zurückgezogen hat. Sie ist in die Depression geflüchtet. Sie wissen, daß Depression die weltweit verbreitetste Krankheit ist.

*Und die Frage ist, ob die Frau mit ihrer Krankheit nur auf eine kranke Gesellschaft reagiert?*

Genau darum geht es. Der Mann ist auch ein wenig depressiv, allerdings ist er, aus welchen Gründen auch immer, mehr dem Leben zugeneigt. Aber es geht zentral um die Werte, die die heutige Gesellschaft anbietet.

*Man hat den Eindruck, daß die Menschen in diesem Lande einen Bedarf an Wahrheit, an ungeschminkten Bilanzen haben. Sie haben die Halluzinationen der Reagan-Ära satt. Glauben Sie, daß sich dieses Bedürfnis in einer Renaissance des politischen Theaters widerspiegeln wird?*

Ganz sicher. Ich habe vor einigen Jahren ein Stück über die Wirtschaftsdepression der dreißiger Jahre geschrieben, »The American Clock«. Und daraus machen sie jetzt eine Fernsehproduktion. Das wäre noch vor einiger Zeit undenkbar gewesen. Kein Fernsehproduzent hätte angenommen, daß es ein Publikum dafür gibt.

*Sie sagten kürzlich, daß Sie sich an keine Zeit erinnern können, in der das amerikanische Volk so illusionslos gewesen sei. Ist der amerikanische Traum ausgeträumt?*

Im Gegenteil. Denn wenn der Traum nicht mehr existieren würde, wären die Menschen nicht desillusioniert. Es ist ein Paradox, aber es trifft zu. Wenn die neue Regierung klug ist, wird sie es verstehen, die Menschen mit dem amerikanischen Traum erneut zu elektrisieren.

*Ein Leben ohne Vision, ohne Ideal oder Religion ist nicht möglich?*

Nein, ich glaube nicht. Ohne einen Sinn im Leben kann keiner existieren. Die Krankenhäuser wären dann überfüllt mit depressiven Menschen. Kein Mensch kann ohne Zukunft leben.

*Was ist Ihre persönliche Vision? Was gibt Ihnen Sinn?*

Ich habe, zum Beispiel, ein sehr gutes Verhältnis zu meiner Familie. Zu meiner Frau. Das hilft. Und ich lebe auf dem Lande, in der Natur. Ich baue mir meine Möbel selber. Ich habe immer etwas zu tun.

*Als der »Tod eines Handlungsreisenden« in Philadelphia voraufgeführt wurde, war der Chef des örtlichen Kaufhauses so ergriffen, daß er am nächsten Tag die Anordnung ausgab, daß niemand mehr aus Altersgründen gefeuert werden dürfe. Haben Sie, von diesem Vorfall abgesehen, das Gefühl, daß Ihre Stücke etwas bewirkt, etwas geändert haben?*

Ich weiß nicht, ob ich etwas erreichen konnte. Aber ich glaube, daß ein gutes Stück die Menschen zur Selbsterkenntnis führen kann. Ob das nun Film oder Theater oder Malerei ist – man vergleicht sich mit den Menschen, die man dort sieht. Und erfährt dadurch etwas über sich selber.

*Wie sehen Sie heute Ihre eigenen Stücke? Was erfahren Sie über sich selber, wenn Sie, wie vor einigen Monaten in Stockholm, Ihren »Tod eines Handlungsreisenden« inszenieren?*

Ich glaube nicht, daß ich heute, in meinem Alter, noch so

ein Stück schreiben könnte. Ich bin philosophischer geworden. Ich bin verwundert, über was ich mich so ereifern konnte *(lacht)*. Aber ich bin froh, daß ich es konnte.

*Ihrem Stück »Nach dem Sündenfall« wurde vorgeworfen, es habe Ihre Beziehung zu Marilyn Monroe ausgebeutet. Dabei ging es in diesem Stück vielmehr um die Frage der Schuld, um das Problem, daß jeder zum Mörder werden kann. Hat es Sie überrascht, daß der Mythos der Monroe jede andere Facette Ihrer Arbeit überschattet hat?*
Ja. Aber das zeigt nur, wie naiv ich war. Natürlich hätte ich nicht überrascht sein dürfen. Es ist erschreckend – meine Tochter hat das Stück gerade in Cincinnati inszeniert, und sie war noch nicht einmal auf der Welt, als ich das Stück schrieb. Sie hat eine wundervolle Inszenierung gemacht.

*Mit welchen Gefühlen denken Sie heute an Marilyn Monroe?*
Ich habe Mitleid mit ihr, im wesentlichen.

*Denken Sie oft an sie?*
Wie könnte ich nicht! Überall gibt es Bilder von ihr, auf Plakaten, auf Zeitschriften. Sie ist immer da.

*In Ihrer Autobiographie erzählen Sie, wie Marilyn Monroe von einem Life-Fototermin aus New York mit dem Helikopter wieder bei Ihnen in Amagansett auf Long Island landet. Der Helikopter entschwebt, und Sie sind allein und schauen sich an, und Sie sind beide verlegen.*

Die ständige Öffentlichkeit war ein großes Problem für unsere Beziehung. Aber ich möchte darüber nicht mehr reden.

*Madonna hat ihre erstaunliche Karriere mit einer billigen Imitation von Marilyn Monroe forciert. Hat Sie das amüsiert oder verletzt?*

Für mich gibt es da überhaupt keine Vergleiche. Aber natürlich ist es ein Akt der Ausbeutung. Sie vermarktet. Sie ist eine fleißige, emsige Verkäuferin. Mehr nicht.

*Es ist natürlich auch ein Statement über unsere Kultur, die immer zynischer nachahmt und ausbeutet.*

Diese Parodien der Vergangenheit sind ein großer Bestandteil unserer Kultur.

*Warum sind sie so erfolgreich?*

Ich glaube, daß die Menschen heute Probleme haben, an ihre eigene Existenz zu glauben. Es gibt eine Ausnahme: die Schwarzen, die Afro-Afrikaner, die immer noch am unteren Ende der sozialen Leiter stehen. Aus dieser Situation heraus kreieren sie wirklich authentische Sachen, wie etwa die Rap-Musik. Ich kann die Texte nicht immer verstehen, aber sie sind interessiert am Heute und beziehen sich auf die Realität. Ich glaube, sie sind die einzigen, die niemanden zu imitieren versuchen.

*Halten Sie denn zum Beispiel Spike Lees Film »Malcolm X« für authentisch?*

Nein, aber gleichzeitig glaube ich, daß der Film eine gesellschaftliche Wirkung hat. Und insofern ist er nicht nur irgendein Film. Ich bin froh, daß er ihn gemacht hat.

*Spike Lee?*

Daß irgendeiner ihn gemacht hat. Denn die Geschichte von Malcolm X ist die Geschichte seiner Bekehrung zu einem System von Werten. Es reicht nicht, daß man alles kaputtmacht. Und der Film zeigt, daß Rassismus, ob er nun von Weißen oder Schwarzen kommt, falsch ist.

*Sie sind seit 30 Jahren mit der Fotografin Inge Morath verheiratet. Was muß eine Frau haben, daß sie es so lange mit Ihnen aushält?*

Unendliche Geduld *(lacht)*. Sie arbeitet ebenfalls sehr viel. Sie hat in den letzten 16 Monaten zwei Bücher gemacht. Und in Deutschland ist soeben eine Monographie ihrer Arbeit erschienen.

*Sie wurden 1957 im Prozeß wegen »unamerikanischer Umtriebe« zu einem Jahr Gefängnis auf Bewährung verurteilt, weil Sie sich geweigert hatten, Bekannte zu denunzieren. 25 Jahre nach Ihrem Prozeß schrieb Ihnen der Neffe des Richters, der Sie verurteilt hatte. Und Sie antworteten ihm, daß Sie dem Richter nichts nachtrügen. Gibt es Menschen, denen Sie nicht verzeihen können?*

Ich vermute es. Aber ich sehe sie nicht mehr. Ich habe alle meine Feinde überlebt *(lacht)*. Ich würde nicht sagen, daß ich ihnen nicht vergeben kann. Sie lösen nur einfach negative Gefühle aus, die ich nicht haben möchte.

*Wer?*

Ich will keine Namen nennen.

*Der Filmregisseur Elia Kazan vielleicht, der vor dem
McCarthy-Ausschuß viele Kollegen denunziert hat?*

Wir haben sehr lange zusammengearbeitet. Und das
kann man nicht, ohne daß ein Band, eine Beziehung entsteht.

*Aber er hat Sie enttäuscht.*

Na klar.

*Gibt es Dinge, die Sie sich selbst nicht verzeihen können?*

Ja, ich habe zuviel Zeit auf Dinge verschwendet, die ich
nicht hätte tun sollen. Aber am Ende sage ich mir – das war
ich nun mal, und um einige gute Resultate zu bekommen,
muß man wohl all die anderen unnötigen Sachen auch tun.
Das Leben ist ein Kampf. Und solange du kämpfst, bist du
nicht tot. Die Toten haben keine Kämpfe mehr. Es gibt niemanden, der völlig zufrieden ist.

*Was war Ihre größte Zeitverschwendung?*

Ich habe viel Zeit damit verbracht, Frauen mißzuverste-
hen. Aber so bin ich nun mal beschaffen, also was soll's.

*Sie haben auf Ihrem Land 6000 Bäume gepflanzt. Sie hak-
ken Holz. Sie tischlern. Was machen Sie lieber: Schreiben
oder Tischlern?*

Tischlern.

*Macht das so viel mehr Spaß?*

Na sicher, es ist qualvoll, das Hirn zu gebrauchen. Tischlern ist nicht qualvoll.

*Sind Theaterautoren für die Kultur noch wichtig, stirbt der Beruf nicht aus?*

Nein, ich glaube, Theater wird es immer geben. Natürlich gibt es Schwierigkeiten. Es ist zum Beispiel unmöglich, Theaterschauspieler oberhalb einer bestimmten Altersgrenze zu bekommen. Weil die guten zum Film gehen und die schlechten früh aussteigen und in andere Berufe abwandern. Bestimmte Stücke lassen sich also gar nicht mehr besetzen. Aber die Idee des Theaters wird niemals sterben.

*Wer sind die drei bedeutendsten amerikanischen Theaterautoren des 20. Jahrhunderts?*

Vor 30 Jahren hätte ich Ihnen sofort ein paar Namen genannt – Namen, an die sich heute keiner mehr erinnert. Im heutigen Theater gibt es Sam Shepard und David Mamet und David Rabe...

*Und auf das Jahrhundert bezogen?*

Eugene O'Neill wird seinen Rang bewahren. Er hat einige wundervolle Sachen geschrieben.

*Warum nennen Sie nicht Arthur Miller?*

Weil ich nicht weiß, was sein wird, wenn ich nicht mehr da bin. Keiner weiß das.

*Ihre Autobiographie schließt mit den Sätzen: »Die Wahr-*
*heit, die erste Wahrheit, ist vermutlich, daß wir alle mitein-*
*ander verbunden sind und einander beobachten. Selbst die*
*Bäume.« Sind Sie zum Buddhisten geworden?*

Ich bin mir klar, daß es da Übereinstimmungen gibt.
Aber ich hänge keiner bestimmten Religion an.

*Glauben Sie, daß nach dem Tode noch etwas kommt?*

Nein, nicht wirklich. Das ist einer der jammervollsten
und ergreifendsten Wünsche, den der Mensch je hatte.
Aber das einzige Leben nach dem Tode ist die Kunst.

# Das Ende der Unschuld

*New Yorker Theaterautor und*
*Schauspieler Wallace Shawn*

Das Victory Theater auf der 42. Straße am Broadway hat bessere Tage gesehen. Damals, vor ungefähr einem halben Jahrhundert, hatten die ganz großen Shows hier ihre Premiere. Jetzt stehen die Pusher in den dunklen Eingängen und zischeln den vorbeihastenden Passanten ihre Angebote zu, und die Nutten warten fröstelnd auf Kundschaft, und die Sekten-Propheten verkünden das Ende der Welt. Das Victory Theater, eine zernarbte Fassade zwischen zwei Peepshows, verrammelt und tot. Tot?

Der Zuschauerraum liegt im Dunkeln. Die Balkons gähnen leer und düster. Doch ganz hinten, auf der Bühne, sind Stimmen. Unter ein paar kleinen Scheinwerfern vor der riesigen geziegelten Brandmauer sitzen Menschen zusammen, die reden. Sie weinen, lachen, schwören sich ewige Liebe und trennen sich. Verlorene Seelen. Phantome in einem verlassenen Theater, die um ihr Leben spielen. Ein paar Männer und Frauen spielen Čechovs »Onkel Wanja«.

Es ist die Komödie um den vergeblichen Ausbruch, um die verschluckte Revolte. Sie haben nur diesen großen Tisch und ein paar Stühle. Und da sie das Stück nur für sich spielen und ihre Freunde, ist da kein falscher Ton. Kein Ausstellen, kein Ausstemmen, sie dürfen flüstern, und ihr Schweigen hat Worte.

Wanja ist ein tragischer und komischer Held. Er hat das

Leben schon zur Hälfte in öden und immergleichen Provinztagen abgebüßt, nur um plötzlich zu begreifen, daß er betrogen wurde. Und dann hat er seine kurzen, heroischen Momente. Er legt auf den Verräter mit dem Revolver an, er begehrt auf, er schießt zweimal – und schießt vorbei. Und am Ende hockt er wieder in seinem Kontor, addiert Zahlen mit kratzendem Kiel. Er sagt: »Alles wird sein wie früher«, und in der Ferne, von der 42. Straße her, sirren Polizeisirenen.

»Ich werde diesen Schluß nie akzeptieren«, sagt Wallace Shawn anderntags. Er ist dieser Onkel Wanja. Er ist klein und glatzköpfig, ein komischer Frosch mit Bauch. »Ich werde nie hinnehmen, daß es so weitergeht. Eher erschieße ich den Professor doch noch. Oder mich.«

Wir sitzen uns in den tiefen Empiremöbeln des »Algonquin« gegenüber. Hier treffen sich die Edelfedern des *New Yorker* zum Nachmittags-Whisky. Die tiefen Teppiche schlucken die Schritte der Kellner, und die Drinks werden leise abgestellt. Hier sind gedeckte Anzüge eine Religion und ausgewogene Ansichten eine Selbstverständlichkeit. Die jüngeren Kellner schauen stirnrunzelnd auf Wallys kanadische Holzfällerjacke. Er paßt nicht hierher. Die älteren nicken ihm freundlich zu. Natürlich paßt er hierher. Er ist der Sohn des legendären William Shawn, der den *New Yorker* herausgegeben hat. Der alte Shawn hielt fast täglich hier hof. Wallace ist in der Lobby aufgewachsen. Und heute trägt er zerbeulte Jacken, und seine Ansichten sind alles andere als ausgewogen.

Systematisch hat sich Wallace Shawn, der Theaterautor, aus dieser Welt herausgeschrieben. Sein jüngstes Stück ist sein radikalstes – der nächste Schritt wäre der bewaffnete

Kampf. Es heißt »Das Fieber« und rechnet ab mit der Lebenslüge des liberalen Bürgertums, mit der Welt des Algonquin, mit der eigenen Kindheit. »Fieber« – das ist die hellsichtigste Selbstzerfleischung.

Aufgewachsen ist Wallace Shawn mit der unerschütterlichen Gewißheit der eigenen Bedeutung und der inneren Pracht eines Kindes, das die Welt als wundervollen, geordneten Garten erlebt. Er war der kleine Prinz der Mittelklasse. Sein Bruder musizierte. Er spielte Theater.

Er schrieb sich seine Stücke selber, Dialoge über den Philosophen Ludwig Wittgenstein oder interessante Verfallsformen chinesischer Dynastien. Als Höhepunkt im Salon der Shawns galt lange eine Aufführung von Miltons »Paradise Lost«. Eine Vier-Stunden-Bearbeitung, dargeboten von Wallace und seinem Bruder, natürlich mit Dinner-Pause.

Klar, daß so einer in Harvard und Oxford studiert und eine diplomatische Karriere anpeilt. Weniger klar ist, daß er mit 23 plötzlich aussteigt und Stücke schreibt, die immer wieder die gleiche Bestie präparieren und aufspießen: den guten, braven, kultivierten Menschen der weißen Mittelklasse. Seinen Lebensunterhalt verdient er zeitweise in einem Fotokopierladen, was für einen Autor, der noch keinen Verlag hat, sehr praktisch ist.

Er trifft auf André Gregory, den Regisseur, der sein Freund wird. Und auf Joseph Papp, den Impresario, der ihn für einen der »wichtigsten Dramatiker unserer Zeit« hält und mit seinem »Public Theater« viele Shawn-Stücke uraufführt.

Es sind Skandalerfolge. Shawn kümmert sich nicht um

die hergebrachten Rezepturen. Die Stücke sind monströs in jeder Hinsicht. Sein »Hotel Play« sieht eine Besetzungsliste mit 70 Mitspielern vor. 50 davon haben Text.

Monströs sind die Stücke vor allem aber, weil sie die Phrasen der Klasse, die im Parkett Platz nimmt, skelettieren und ihre bösen Seiten vorführen. Sie zeigen Menschen wie »Aunt Dan and Lemon«. Tante Dan begeistert sich über Kissinger und seine Außenpolitik. Lemon, eine invalide magersüchtige Blondine, schwärmt von Hitlers Logistik der Menschenvernichtung. In der Londoner Premiere knallen die Türen.

Sein »Thought in Three Parts« – besteht nur aus einem einzigen Akt – dem Geschlechtsakt. Ein weiterer Skandal. Das House of Lords sieht sich genötigt, sich mit dem Autor auseinanderzusetzen. »Marie und Bruce« beginnt im Stil der Commedia dell'arte:

Marie wendet sich zu Beginn an das Publikum und erklärt, daß sie Bruce verlassen will, weil er sie anöde. Dann zerfleischt sie ihren schlafenden Mann. Wort um Wort, und als er erwacht, schlägt er mit gnadenloser Liebenswürdigkeit zurück. Grotesken aus einer Freakshow, die sich Ehealltag nennt. Nicht besonders amüsant für jene Leute, die sich Theaterkarten leisten können. Wally Shawn ist nicht gerade ein Erfolg. Deshalb arbeitet er als Schauspieler.

Für die Miete sorgt nun also Hollywood. Wally Shawn ist genau der Typ, ohne den kein Oscar-Gewinner auskommt: Er ist die ideale Nebenrolle. Sein Fach ist das Opfer. Er ist der Angsthase, der den Coup vermasselt. Der stotternde Liebhaber, dessen Schwarm von seinem besten Freund abgeschleppt wird. Er spielt in »Manhattan«, »Crackers«, »Atlantic City«, »Hotel New Hampshire« und einem Dutzend anderer Filme. »Wenn man einmal auf der Liste der sechs kleinen Glatzköpfe steht, die die Regisseure komisch finden, hat man immer zu tun.« Er spricht darüber, als wundere er sich, womit er sein Geld verdient. Aber womit sonst? Mit Theater?

Diesen Čechov im alten, geschlossenen Victory-Theater zum Beispiel werden sie nie öffentlich aufführen. Sie probieren dort nur Rollen aus, und deren Wahrheit ginge ihnen in einer öffentlichen Aufführung verloren, ihm und seinen Mitspielern und André Gregory, seinem Freund, der es inszeniert hat. Und überhaupt: Wer in New York interessiere sich schon fürs Theater? Und was kann die Kunst überhaupt noch erreichen? Das Theater, das ihm und André Gregory vorschwebt, ist ein anderes: Es ist eines, das den Zuschauer infiltriert, ihn wendet, ihn umgräbt.

Er schrieb seine Stücke für dieses andere, heilige Theater. Und André hat es in Europa gesucht, in den siebziger Jahren, als er in die polnischen Wälder verschwand und auf andere Außenseiter stieß, auf die Experimente und heiligen Riten und Ekstasen von Grotowski – ein Theater, das das Leben intensivieren möchte, statt es zur Kunst umzulügen.

Sie unterhalten sich darüber in dem wundervollen Film »Mein Essen mit André«, der Wallace Shawn einem breiteren Publikum bekannt macht. So wie er in der Lobby des Algonquin sitzt, klein, bedächtig Worte meißelnd, die Stirn zerfurcht vor Anstrengung und einem heiligen, komischen Ernst, ein dramatischer Konversationskünstler, der Pointen ganz nebenbei aus den Mundwinkeln setzt, so saß er im Film André Gregory gegenüber.

Zwei Freunde, die sich unterhalten, nichts als das. Die über die Kunst reden und das Leben, ihre Wünsche und ihre Niederlagen und heimlich nur über eine einzige Frage: Wie leben wir richtig?

Wallace Shawn schrieb diesen Dialog und kümmerte sich um die Finanzierung. »Mein Essen mit André« war einer der ungewöhnlichsten Erfolge in der Geschichte des Kinos. Und natürlich gab es viele Angebote. Das lukrativste kam von einer Fernsehstation. Ein Sieben-Jahres-Vertrag. 20 000 Dollar die Woche für eine Serie – er sollte einen Schimpansen synchronisieren.

Wenn Wallace Shawn redet, ist es wie ein erstauntes Tasten. Redend fügt sich da einer die Welt zusammen und versucht, sich und anderen das rätselhafte Mißgeschick zu erklären, das wir Leben nennen. Es ist eine Kette von Mißgeschicken, ob es sich dabei um ein defektes Bügeleisen handelt oder ein System, in dem ein Künstler nur dann überleben kann, wenn er bereit ist, den Affen zu spielen.

Sein letztes Stück allerdings bemüht sich gar nicht mehr, Rechtfertigungen zu erfinden. Es ist ein großer Kunstmonolog und das Dokument einer Krise, die nicht nur sein Schaffen, sondern sein ganzes Leben in Frage stellte.

Vor einiger Zeit noch schienen ihm sogar seine Extravaganzen als Stückeschreiber die Gültigkeit der Ordnung zu bestätigen, in der sie aufgeführt wurden. Nach einem längeren Aufenthalt in Lateinamerika jedoch kam er verwandelt zurück. Nun konnte er Bilder von Reagan oder Bush nicht mehr sehen, ohne Würge-Anfälle zu bekommen.

Er setzte sich mit einem Theaterstück zur Wehr: »Fieber« ist die gezielte Spiel-Verderberei. Es war, als ereile ihn das Schicksal seiner Theaterfiguren – er fiel aus der Rolle. »Plötzlich habe ich begriffen, daß Sie und ich und all das hier«, er zeigt mit seiner Hand über die Farne, die Teppiche, die Tische mit dem Tafelsilber, »nur möglich sind, weil die Menschen dort unten verrecken.«

Es ist der Monolog eines Mannes, der in einem mittelamerikanischen Land in einem Hotelzimmer zusammenbricht, unter der Hitze, der Malaria, vor allem aber dem hoffnungslosen Elend, von dem er umgeben ist. Es ist Selbstreflexion eines Künstlers, der in der gut abgepolsterten Humanität der besitzenden Klasse erzogen wurde. Und nun schält er sich diese Lebenslüge von den Knochen, die auch die Lüge seines Engagements für die gerechte Sache ist: ein Monolog über das Ende der Unschuld.

»Wir alle sind Bastarde, ruft er aus.« Irgendwo wird gehüstelt. Die Kellner helfen einer älteren Dame aus dem Persianer. Sie nickt dankbar, sie lächelt, sie hat ein intelligentes Gesicht und strahlt die Güte eines Menschen aus, der genug Millionen hat, um Wohltätigkeitsveranstaltungen zu organisieren.

Was schlägt er vor? Waffen kaufen, den Befreiungskampf organisieren, einer anderen Junta, einer revolutionären, zur Macht verhelfen? »Ich weiß es nicht«, sagt Shawn. »Aber ich bin wahrscheinlich der einzige Amerikaner in diesen Tagen, der ausgerechnet jetzt zum Marxismus konvertiert ist.«

»Fieber« probierte er zunächst vor Freunden aus, in den Salons auf der Upper East Side ebenso wie in den Lofts des East Village. Da stand er in Wohnzimmern herum, ein verzweifelter, kleiner Mann mit Stirnglatze, der zu reden begann und nicht mehr aufhörte.

Und da seine Freunde ebenso liberal und kultiviert sind wie er, verstanden sie seine Botschaft genau, und sie diskutierten darüber, und natürlich war allen die eigene Rolle, die sie in der Ausbeutung der Dritten Welt spielten, unbehaglich.

Später führte er »Fieber« in Theatern öffentlich auf, und auch dort erhielt das Stück gute, betroffene Kritiken von Leuten, die auf Kosten der Dritten Welt leben. Die Selbstgeißelung des Bürgertums – in aller Tragik ist dieses Monster-Solo natürlich auch ein schwarzer Witz.

Diese Qualität hat Regisseur Arie Zinger gespürt, der es in Hamburg zur deutschen Erstaufführung bringen will. Zinger, mit der untrüglichen Witterung für böse Komik, will das Monster-Solo als zynischen Mitternachts-Spuk inszenieren, mit dem schmalen, fragilen Roland Renner auf der Vorbühne des großen Schauspielhauses. Shawn hat sich mit Zinger über das Stück gestritten, und er weiß, daß der es ganz anders zeigen wird.

Für einen wie Zinger ist das Wort »Betroffenheit« eine lächerliche bourgeoise Zuckung. Zingers Motto: »Im Moment ist die Welt so pietätlos – was soll da ein andächtiges Theater?« Er weiß: So sicher, wie das Publikum dem Schauspieler applaudieren wird, so sicher werden die brasilianischen Todesschwadronen weiter ausschwärmen und die Kinder weiter in den Straßen krepieren.

Das alles weiß auch Wallace Shawn, und er verzweifelt bei dem Gedanken. Er sitzt in den tiefen Polstern des Algonquin, wo er sich unwohl fühlt, schuldig in der satten bürgerlichen Ruhe, inmitten der Metropole des Kapitalismus. Aber was kann er tun? Als Guerillero wäre er eine

Katastrophe. Als Stückeschreiber ist er einer der wichtigsten dieser Tage, weil er die Ruhe stört. Eine Ruhe, an der das System krepieren wird, wenn es sich nicht selbst als Feind erkennt. Aber wie lebt man richtig in diesen Zeiten?

Am Ende des Čechov-Stückes sagt Astrow, der Arzt, zu Onkel Wanja: »Jene, die hundert oder zweihundert Jahre nach uns leben und uns verachten werden, weil wir unser Leben so dumm und so geschmacklos vertan haben, jene werden vielleicht ein Mittel finden, wie man glücklich wird, wir aber...«

Es ist schon dunkel, als wir uns verabschieden. Wally Shawn rollt seinen langen Schal dreimal um den Hals, gräbt die Hände in die Taschen und marschiert in Richtung Broadway. Dort haben die Pusher und die Nutten, die Armen der Nacht, wieder Posten bezogen. Auch an diesem Abend wird Wallace Shawn wieder Onkel Wanja sein, in einem gespensterhaften, verfallenen Theater auf der 42. Straße. Er wird die Revolte probieren und wieder in sich zurückfallen. Und er wird sich damit nicht zufriedengeben. Wie immer.

# Ein Kraftwerk für Verdi

*Die New Yorker Met, del Monaco und*
*die Produktion »Stiffelio«*

Wie heller Donner knallt die Stimme über die pulsierenden Streicher hinweg. Sie leidet an der Welt, und gleichzeitig bebt sie vor Zorn. Sie singt von dem See aus Sünden, in dem die Menschlichkeit ertrinkt: »...vagar l'umanitàaaa«, und sie schickt diesen letzten Vokal auf eine Reise. Eine lange Reise.

Er schießt von der Riesenbühne über den Orchestergraben hinweg, hinaus, hinauf an die Decke, die aussieht, als habe man monströse Tortenböden aus Gold übereinandergelegt. Der Vokal steht wie ein Laserstrahl über den Samtreihen des Theaters, das riesig ist und gähnend leer an diesem Probenvormittag, und er fährt über die kitschigen 1000-Dollar-Logen aus Goldrippen und afrikanischem Rosenholz bis hin zu den Stehplätzen weit hinten, wo die Tickets nur 10 Dollar kosten.

Und dort hinten steht Regisseur Gian-Carlo del Monaco mit geballten Fäusten, und er nimmt dieses »a« auf, eine Quint tiefer, und dann stößt er die Rechte in die Luft und schreit »Bamm!«, als das Orchester den Schlußpunkt setzt. »Hier kannst du mit Stimmchen nichts anfangen«, sagt er zufrieden, »hier brauchst du Stimmen.« STIMMEN.

Hier, das ist die Met in New York. Vorne auf der Bühne sitzt Plácido Domingo mit verschränkten Armen und lächelt und leidet keine Spur. Aus dem Orchestergraben ragt

317

der Krauskopf von James Levine, der sagt: »Wundervoll, Plácido, ich bleibe mit der Fermate, solange du willst.«

Del Monacos dunkle Augen leuchten. In knapp zwei Wochen ist Premiere. Dann wird er Verdis fast verschollene Oper »Stiffelio« ein für allemal in den Repertoires der Welt verankern, denn er bringt sie an der Met heraus, die ein Gral ist und ein Kraftwerk.

Die Metropolitan Opera: fünf Riesenbögen aus Beton und Glas, halb Komsomolzen-Palast, halb Kultur-Supermarkt, mit knapp 4000 Plätzen der größte Opernklotz der Welt. Die Met muß Kasse machen – sie erhält gerade 1,6 Prozent Subventionen, ein Nichts. Der Ticketverkauf liegt bei 90 Prozent. Jedes Prozent weniger bedeutet einen Verlust von einer halben Million Dollar. So was hält wach.

Während die Künstler auf der Riesenbühne an einem obskuren Meisterwerk arbeiten, sitzt Generaldirektor Joe Volpe in seinem kleinen Büro und amüsiert sich mit dem Nachruf, den er gerade verfaßt. Es ist sein eigener. Er liest ihn vor, mit breitem Brooklyn-Akzent. Fazit: die Met unter Volpe war erfolgreich, aber künstlerisch langweilig.

Es war bei all seinen Vorgängern das gleiche. Diese verzickten Kritiker hauchen nach Avantgarde, aber damit läßt sich der Strom nicht bezahlen. Volpe hält es mit Verdi: der hat sich selbst nach seinem Geniestreich »La Traviata«, der ein Premierenfiasko erlebte, zerknirscht gefragt: »War es meine Schuld oder die der Sänger?« Daß das Publikum sich irren könnte, kam ihm nicht in den Sinn.

Verdis US-Premiere mit »Stiffelio« ist ein kalkulierbares Risiko, denn Domingo, der Tenorgott, singt nahezu alle Aufführungen, und das, obwohl die Met nur 20 000 Mark

Abendgage bieten kann – ein Fünftel dessen, was er in Wien erhält. Warum? »Er mag uns, weil wir der tüchtigste Betrieb der Welt sind.«

Vor knapp 30 Jahren noch sägte Volpe Bretter in der Bühnenwerkstatt. Heute ist er Generaldirektor, und er weiß vor allem eines: Bevor diese Kunstgenies auf der Bühne loslegen, müssen die Bretter richtig vernagelt sein. Da gab es mal zwei ältere Kollegen in der Werkstatt, die seinen Anweisungen nicht folgen wollten. »Ich habe sie gefeuert«, sagt er vergnügt. »Und zwar am Heiligen Abend.« Wer behauptet denn, daß Kunst ein Wohlfahrtsunternehmen ist?

Die Met sicher nicht. Sie war nie subventionierte Volkserziehung durch unkündbare Beamte. Sie begann als Spaß für Eisenbahnmagnaten und Grubenbarone, die ihre Dollars mit europäischer Kultur veredeln wollten – die Original-Met wurde 1880 geplant, weil Frau Vanderbilt in der »Academy of Music« keine Privatbox kaufen konnte.

Bis heute sorgen reiche Gönner für Neuproduktionen. Verdis »Stiffelio« etwa war einer theaterbegeisterten Ölerbin »zwischen 1 und 2 Millionen Dollar« wert. Eine Dramaturgie gibt es an der Met nicht, dafür aber gleich mehrere Marketing-Abteilungen, die Spenden eintreiben. 43 Millionen Dollar kommen so in die Kassen – hier können Spenden, anders als in Deutschland, von der Steuer abgesetzt werden.

Oper in New York ist eine kapitalistische Kalkulation. Und Joe Volpe ist völlig damit einverstanden. Jeden Morgen steigt er gutgelaunt über die Obdachlosen hinweg, die vor seinem Appartement auf dem Broadway liegen, und schreitet hinüber zum Klotz, wo vielleicht gerade die »Bohème« eingerichtet wird. Es geht darin um Armut und Kunst. Die Leute mögen so was.

Auch Volpe liebt die Oper. Und besonders liebt er den Erfolg. Deshalb mag er auch diesen verrückten Italiener aus Deutschland, Gian-Carlo del Monaco, den Bonner Intendanten, der ihm vor zwei Jahren Puccinis »Mädchen aus dem Goldenen Westen« zum Kassen- und Kritikerhit machte. Er hat ihn bereits bis 1996 für weitere Gastinszenierungen verpflichtet. »Wenn er nur nicht diese fürchterlichen Zigarren qualmen würde.«

Die Met macht Stars, und sie kann töten. Manche schaffen den Sprung nie. Verdis »Il Stiffelio« hat 143 Jahre dafür gebraucht. Die Oper wurde bereits vor der geplanten Uraufführung 1850 von der katholischen Zensur geköpft – ein Ehedrama zwischen Bibeln und Gebeten? Unmöglich.

Es ist ein privates, fast inniges Werk, mit dem Verdi, der in einer unehelichen Beziehung lebte, über Kirche und Moral nachdachte. Das Musikdrama, nur wenige Monate vor dem »Rigoletto« entstanden, ist von berückender Melodik, mit spannungsgeladenen Duetten, schimmernden Ensembles, ja sogar Tanzmusiken. Da sind Orgelpassagen wie bei Bach und gleichzeitig Vorgriffe auf den Verismus, auf zeitkritisches Musiktheater. Für Levine ist die Oper ein Meisterwerk, ein »verschollenes Bindeglied zwischen dem frühen und späten Verdi«. Und für del Monaco? »Das Drama um einen Kerl.«

»Stiffelio« verzichtet auf alle Grandiosität. Die Oper erzählt eine Geschichte aus dem puritanischen Milieu. Ein ernster, warmer e-Moll-Auftakt gibt die Stimmung vor. Der Prediger Stiffelio kehrt von einer Reise zur Gemeinde zurück. Er ahnt nicht, daß seine Frau Lina ihn betrogen hat, und zwar mit seinem besten Freund.

Del Monacos Bühnenbildner Michael Scott hat fromme Gotik auf die Bühne gebracht, dunkle Täfelungen, Bücher bis zur Decke, ein Kaminfeuer an der Seite, nordische Wuchtigkeit bis zur Atemnot. Hier könnte Ibsen gespielt werden.

Der passende atmosphärische Rahmen für ein Vater-Tochter-Duett, das alle Nuancen der puritanischen Gefühlswelt ausmißt – Lina bereut ihre Untreue, der Vater wütet, sie möchte ihrem Mann die Wahrheit gestehen, da hält sie der Vater zurück und beschwört sie zu lügen. Schlimmer als die himmlische Verdammnis ist der bürgerliche Skandal. Verdi kannte genau, was er da in Musik setzte.

Für den zweiten Akt, die Friedhofsszene, hat Scott den Entwurf der Uraufführung abgekupfert: Schwere Kreuze, Außenaltäre und Kirchengiebel, die sich gegen einen düsteren Himmel recken, in dem zögernd und wolkenschwer der Morgen dämmert. Hier erfährt Stiffelio die Wahrheit, und hier vergißt er, daß er Gottesmann ist. Er rast und greift zum Degen, um den Verführer zu richten.

Im Kirchenschiff des dritten Aktes steht raumbeherrschend die Kanzel. Aus frommer Höhe herab wird Stiffelio seiner Frau verzeihen – ein haarsträubendes Finale, knapp, wie abgewürgt, in giftigem Kirchen-Gelb. Die Bibel hat gesprochen, doch del Monaco macht klar: die Eheleute bleiben traumatisiert. Wie in Trance steigt Stiffelio von der Kanzel und geht ab.

Opernkunst ist immer Täuscherhandwerk, ein Traum als Taschenspielertrick. Im Kaminfeuer, zwischen den Grabsteinen, hinter der Kanzel, überall auf der Bühne sind Monitore versteckt, die das Bild des Dirigenten übertragen. »Del Monitor« wird der Regisseur von den Sängern genannt. Er will sie dadurch von der Rampe lösen und ihren Blick vom Dirigenten-Graben. Sie sollen spielen, kämpfen, leiden, und zwar miteinander.

Nichts stört ihre Konzentration. Die Umbauten zwischen den Akten sind wie ein Ballett in T-Shirts und Overalls: kaum ein lautes Wort, dafür Hände, die zupacken, Kapitelle und Säulen, die über die Bühne gleiten, Decken, die sich herabsenken, schnell, reibungslos, schnurrend. Der Met-Dampfer hat die beste Technik-Crew der Welt. Sie muß gut sein: Jede Probestunde, hat Volpe errechnet, kostet 25 000 Dollar.

James Levine, Chefdirigent und künstlerische Seele der Met, steht im Orchestergraben wie am Bohrloch und schwitzt. An diesem Probenvormittag trägt er ein grünes Frottee-Handtuch über der Schulter. Er trinkt rund zehn Liter Evian-Wasser pro Tag. Bullig steht er da unten und wühlt, und heraus schießt eine schmelzende Streicherkantilene, und Levine klopft ans Pult und sagt: »Die Violen noch etwas weicher, Linas Schmerz muß fließen.« Ein Kunstwerk wird montiert.

Zwanzig Jahre lang hat Levine mit diesem Orchester geschuftet, um es an die Weltspitze zu führen. Er steht öfter am Pult als seine europäischen Kollegen. Die Met muß über 206 Mal im Jahr spielen, um auf ihren Schnitt zu kommen – die Mailänder Scala begnügt sich vornehm mit 77 Aufführungen.

Levine steht im Graben, und del Monaco tigert auf der

Bühne herum. Geprobt wird das komplizierte Septett im 1. Akt. Levine dirigiert in Hemdsärmeln, und del Monaco schreitet den Chor im Boss-Anzug ab, ein gedrungenes Kraftpaket mit breitem Revers. Er feuert an, faltet Hände, stellt sich neben die Sopranistin und schmettert eine Phrase mit. Dirigent und Regisseur verstehen sich blind. Levine hält del Monaco für den musikalischsten Regisseur der Welt. Und del Monaco? »Er hat recht.«

Oben, auf der Bühne, geht es um Kunst; unten, in der Kantine, um Rekorde. Hier wird von alten Schlachten erzählt, von Gian-Carlos Vater, von Mario del Monaco, dem großen Tenor. Kam als Othello mit dem hohen B vom Thron im Bühnenhintergrund bis zur Rampe, und er hielt das B. Die Vorstellung mußte für zehn Minuten unterbrochen werden, weil der Saal tobte.

Charles Anthony war damals dabei. Früher einmal hieß er Caruso. Natürlich mußte er mit diesem Namen an der Met landen. Und noch natürlicher mußte er einen anderen Namen annehmen. Jetzt ist er seit vierzig Jahren dabei und arbeitet mit dem Sohn des großen großen Mario. Am nächsten Abend wird er 2500 Vorstellungen auf dem Buckel haben.

Über Lautsprecher werden die Proben übertragen. Der junge Peter Riberi aus Youngstown, Ohio, der im »Stiffelio« sein Met-Debüt gibt, ist grün im Gesicht. Der Regisseur hat ihn wieder einmal fertig gemacht. »Kapier endlich, daß du in der Met bist«, hatte er ihn angebrüllt, als er in der Fechtszene wieder einmal falsch stand. »Du hast nur noch acht Tage, um Profi zu werden.«

Plácido Domingo, der seine Cannelloni auf einem Plastiktablett vorbeischaukelt, kennt das alles, die Kunstpriester und die Schleifer, die Probenfegefeuer, die Verrisse, den Jubel, diese ganze parfümierte, hysterische Kunstwelt. Er ist ein Kumpeltyp, weit entfernt von den gelackten Latin-Lover-Fotos, mit denen die Plattendesigner seine Arien verhökern. Wen haben die nur als Zielgruppe im Auge? Butterfahrten? Die Brille baumelt ihm vor der Brust, und er trägt Jeans und sieht aus wie ein freundlicher Inspizient.

Riberi, der Debütant, ist mit ihm zu Beginn des dritten Aktes allein auf der Bühne. Neben sich die Stimme eines Gottes, vor sich der Riesenrachen des New Yorker Premierenpublikums. Er weiß noch nicht, ob er darüber lachen oder weinen soll.

Einige Tage zuvor war Domingo als Cavaradossi in »Tosca« wie üblich gefeiert worden, in einem hollywoodreifen Zeffirelli-Spektakel, das die komplette Seitenkapelle von Sant' Andrea della Valle auf die Met-Bühne bringt – nur größer. Nicht jede Stimme kann diesem Pomp die Show stehlen. Aber seine.

Domingo erzählt, daß er mit seiner Schlußarie eine Wette gegen seinen Freund und Rivalen Luciano Pavarotti gewonnen hat. Pavarotti hatte sich auf der gemeinsamen Met-Gala zwei Wochen zuvor beklagt, daß er in jeder zweiten Arie für Domingo Reklame machen müsse. Immer wieder tauche »placido« auf, ein italienisches Allerweltswort, das soviel wie »ruhig« heißt. Aber nirgendwo gäbe es ein »Luciano«. Domingo bewies ihm das Gegenteil: Statt »E lucevan le stelle« sang er »E Luciano le stelle«.

Die Lautsprecher übertragen Linas Arie aus der Friedhofsszene. Oben, zwischen welkem Laub und dunklen

Kreuzen, singt Sharon Sweet verzweifelt am Grab der Mutter. Unten, im nüchternen Kantinenlicht, stochert man in den Nudeln. »Jetzt kommt gleich das hohe A«, sagt einer trocken, und nach einer kurzen Pause, nicht unzufrieden: »Zu tief«.

»Morgens kann man einfach nicht singen«, meint Bariton Sherrill Milnes, »hat schon Schaljapin gesagt – der hat morgens noch nicht mal gesprochen.« Folgt eine Fachsimpelei über die Techniken und Regeln des stimmschonenden Probesingens, samt Rezepten gegen gerötete Bänder und die Frage, ob sich Keuschheit vor Auftritten lohne. Die Gegner überwiegen.

Domingo erhebt sich. »In hundert Takten bin ich dran«. Oper als Schichtarbeit. Nach einer Weile kommt Gold aus dem Lautsprecher: »Santo è il loco che sì profanate«. Offenbar ist Domingo rechtzeitig auf dem Friedhof angekommen, um das Duell zwischen Linas Vater und ihrem Verführer zu verhindern. Am Kantinentisch schweigt man. Schließlich meint Sherrill Milnes »Dann gibt es Sänger, für die Regeln sowieso nicht gelten.«

Wer an der Met arbeitet, braucht nicht nur Musikverstand, sondern Nerven wie ein Bungee-Springer. Gian-Carlo del Monaco hat beides. Er trägt große Karos und raucht kubanische Zigarren und tut alles, was Leute, die kleine Karos tragen, in Rage bringt. Er ist in seinem Auftreten bisweilen von atemberaubender Zweitklassigkeit. Doch hinter der Großmaulfassade verbrennt sich ein Bühnenwahnsinniger, der mehr Musikverstand im kleinen Finger hat, als die meisten Intendanten großer Bühnen zusammen.

Er ist einen langen Weg zur Met gegangen, dorthin, wo sein Vater zur Legende wurde. Ab und zu besucht er ihn. Sein Ölbild hängt in der Reliquiensammlung im Parterre, gleich neben der Callas: Stolzer Blick, Renaissancebrokat, Mario del Monaco im Othello-Kostüm. Lächelnd und versöhnt steht der Sohn davor. Das war nicht immer so.

Sein Vater hatte ihn auf dem Schoß gehalten, als er sich in seine Heldenrollen einsang. Bevor er denken konnte, hörte er den Cavaradossi, den Othello. Er kennt rund 150 Opern auswendig. Über Stimmen weiß er alles. »Wenn mir ein Sänger sagt, das geht nicht, mache ich ihm das vor.«

Er hat eine volle, schmetternde Mittellage, und er macht gerne vor. An diesem Morgen ist Domingo der Leidtragende. In einem der unzähligen Probenräume der Met, umsorgt von gut gedrillten, hauseigenen Regieassistenten, proben die beiden eine Fechtszene. Domingo ist ein Instinktschauspieler. Er begreift schnell. Und er vertraut del Monaco blind. Er hat schon ein Dutzendmal mit ihm gearbeitet: »In seinen Inszenierungen hat die Stimme immer Halt.«

Nach Domingo ist Anfänger Riberi an der Reihe. Riberi schlottert. Er hat Mühe. Er ist steif. Plötzlich steht del Monaco über ihm, mit blankem Degen, Mordlust in den Augen – er würde töten für einen Erfolg.

Lange sah es für den Regisseur nicht nach Met aus. Vor elf Jahren, da stand er am Grab seines Vaters und gleichzeitig in den Trümmern seines eigenen Lebens. Italien beweinte den Tod Mario del Monacos, und er selber war gerade als Intendant einer deutschen Provinzbühne gefeuert worden. Die Thebaldi folgte dem Sarg des Vaters in Treviso, und die Verwaltungsbürokraten aus Kassel schickten dem Sohn beleidigte Briefe. Das war der Unterschied damals: Treviso und Kassel, Thebaldi und Beamte, Himmel und Hölle.

Er war vor der Legende des Vaters nach Deutschland geflüchtet, nach Ost-Berlin, zu Felsenstein. Es war gleichzeitig eine Flucht aus dem Opernplüsch ins Vernunfttheater, aus der Klangbesoffenheit in die Kunstrationalität, so trist sie auch sein mochte. »Mein Vaterland hätte ich für ein Engagement in Karl-Marx-Stadt gegeben.«

Er lernte und kraftmeierte mit Schockinszenierungen wie alle damals, die nach oben kommen wollten, und er rakkerte und lärmte sich von Ulm nach München, bis er einen eigenen Namen hatte – eine Knüppelstrecke von rund 150 Inszenierungen. Einer wie er hatte gar keine Wahl: Entweder er schafft die Met, oder er springt vors Auto.

Damals, als sein Vater gestorben war, seine Karriere in Scherben lag und eine große Liebe zerbrochen war, wählte er den Sprung vors Auto. Ein Fremder riß ihn zurück: »Du bist zu jung zum Sterben«, sagte er. So blieb nur noch die Met.

Del Monaco ist ruhiger geworden. »Wir haben damals nicht den Dünkel aus den Häusern vertrieben, sondern die Schönheit – und das war ein großer Fehler.« Nach den paradoxen Avantgarde-Attacken der sechziger Jahre, die die Selbstabschaffung der Oper zum Programm hatten und ins Leere liefen, finden nun Besinnungen statt, Hinwendungen zu einem Publikum, das einst als »Abonnentenpack« bekämpft wurde. Doch Regisseur del Monaco hat sich in jener Rebellionsphase nicht beschädigt, sondern bereichert. Er vereint beides: die Verachtung der konventionellen Schmiere, aber auch die Lust an großer Oper.

Am Morgen vor der letzten großen Regieprobe, der Klavierprobe sechs Tage vor der Premiere, versammelt er seine Protagonisten in einem kleinen Raum, den die Met-Veteranen das »grüne Zimmer« nennen. Sie sitzen im Kreis um ihn herum wie Spieler um ihren Trainer. Del Monaco geht von Stuhl zu Stuhl. Er fixiert seine Stars: »Du bist kein Sänger, du bist Schauspieler«, sagt er beschwörend, zu jedem einzelnen. Er will das Musik-Drama, nicht die Rampengeste. Dann schickt er sie hinaus.

Knappe sechs Wochen hatte er, um aus einem Libretto dieses Spiel im Arenaformat zu schaffen. Nebenbei arbeitete er für die Bonner Zukunft. Die Met ist die Wall Street der Oper, eine Börse für Stimmen – wann immer er Zeit hat, läßt er sich vorsingen. Da hat er, in der Met-eigenen Gesangsschule, einen »sensationellen« 24jährigen Mezzosopran gehört. Auf dem Flur zur Bühne redet er auf das zögernde Mädchen aus Colorado ein. Sie ist groß wie ein Schrank, hat lange blonde Haare und ist schüchtern.

Del Monaco malt die dichte Opernlandschaft Deutschlands in den allerschönsten Farben. Sie traut ihm nicht. Der Kerl mit der Zigarre sieht aus wie ein Boxpromoter, der nach Fallobst für einen gezinkten Kampf sucht. Seine Assistentin Franziska Severin tippt Zahlen in den Taschenrechner. Del Monaco nickt und macht sein Angebot. Nun wird das Mädchen nachdenklich. Anfänger verdienen nicht schlecht in Deutschland.

Und einige kehren von dort im Triumph zurück. Sharon Sweet, die auf der Titelseite der *Opera News* bereits als neue

Diva gefeiert wird, war von amerikanischen Häusern jahrelang abgelehnt worden. Sie ging nach Dortmund. Ihr Bühnendebüt war die Elisabeth im »Tannhäuser«: »Ich bin praktisch von Null auf Hundert gegangen.«

Als Lina im »Stiffelio« hat sie nun ihr Met-Debüt. Die füllige Sopranistin sitzt schwer und schwitzend in ihrem schwarzen Kleid auf einem Stuhl neben der Bühne und fächelt Luft. Sie weiß, daß sie zu dick ist. Aber was soll sie machen, sie ißt einfach gerne. Sie ist nervös wie alle und zählt die Tage bis zur Premiere. Noch vier. Sie will es hinter sich bringen. Del Monaco muntert sie auf. Er hat ihr vorteilhaftes Licht gegeben, sparsame Bewegungen. Er begründet dies mit der »protestantischen Starre der Figuren«. Sie liebt ihn dafür.

Daß die Met ein Dampfer ist, der mit ruhiger Hand geführt wird, bedeutet nicht, daß die Offiziere nicht nervös werden, wenn Eisberge in Sicht sind. Die Generalprobe, drei Tage vor der Premiere, ist öffentlich: Zum ersten Mal sitzt da draußen Publikum.

Sharon Sweet kocht, weil die Kostümschneiderei ihr Kleid zum zehnten Mal ändern will. Domingo murmelt: »Schwere Partie, keine einzige große Arie.« Eigentlich meint er: Er hat einen Haufen wunderschöner Ariosos, aber keine einzige Stelle, an der die Handlung so lange stockt, daß das Publikum ihm applaudieren könnte. Er bekreuzigt sich, bevor er hinausgeht.

Die Ouvertüre geht baden. Levine ist nervös, übermüdet, er läßt sogar einen Schlag aus. Doch dann, zehn Minuten im ersten Akt, ist der magische Moment erreicht. Die Bretter heben ab. Ein Klotz namens Met fliegt. Musik und

Bühne, Stimmen und Gesten fügen sich zu einem Zauber, der weit mehr ist als nur die Summe der mühsam erschufteten Details.

Das Orchester strahlt. Sharon Sweet singt von ihrer Liebe, und sie ist ein schlanker Engel, und Bariton Tschernov glänzt, und Plácido Domingo steht im düsteren Schloßsaal am Kamin, den Widerschein des Feuers im Gesicht, und er singt von seiner Pilgerreise: »Vagar l'umanità!«

Man vergißt, daß er dabei auf einen Monitor schaut. Daß die Techniker auf das Zeichen zum Umbau warten. Daß Joe Volpe Geld zählt. Daß del Monaco vor Ehrgeiz glüht und der Debütant schlottert und der Met-Veteran an die Kantinenpause denkt.

Es ist auch völlig egal in diesem Moment, wer was verdient und ob ein Theater privat wirtschaftet oder subventioniert wird. In diesem Moment träumen die Menschen im Parkett zur Bühne hin, und die erwidert diesen Traum, in einem wundersamen Idiom aus Melodie und Licht, das nur im Herzen verstanden werden kann.

Drei Stunden später ist Domingo gelöst. Er schwebt. Er weiß, daß er gut war. Verehrer und Kollegen drängen sich vor seiner Garderobe. Domingo steht in seiner Priesterkutte, die obersten Knöpfe geöffnet, und er strahlt wie ein unrasierter Bankräuber, der sich nach einem gelungenen Coup aus dem Kostüm pellt. Huldvoll gibt er Autogramme. Und ein französischer Fernsehsender, der einen Haufen Geld an die Met gezahlt hat, um die Stars hinter der Bühne besuchen zu dürfen, stellt die Frage der Fragen: »Was ist eigentlich die Handlung von ›Stiffelio‹?«

Der einzige, der jetzt stänkert, ist Gian-Carlo del Monaco. Wie eine Bulldogge steht er vor dem Star, einen Kopf kleiner, und er sagt: »Du warst gut. Aber du hast noch mindestens 15 Prozent mehr drauf.« Er ist glücklich über jeden Fehler, den er finden kann.

Er schiebt sich fast wütend durch die Fans nach draußen. »Wenn die jetzt denken, sie sind überm Berg, dann krachen sie in der Premiere ein.« Nur weg hier. Er eilt über den Vorplatz, der in einer milden Herbstsonne badet, dann bleibt er stehen und wirft einen langen Blick zurück. Da steht der Kasten, riesig, hochmütig, häßlich. »Ein schönes Haus«, sagt er leise und lächelt. Er wirkt wie einer, der seine Angst verloren hat.

Drei Abende später funkelt der Kasten wie ein riesiger Schrein in der Nacht, und sein Schimmern nimmt dem Haus alle Schwere. Nicht endende Ströme aus gelben Taxis und langen, schwarzen Limousinen brechen sich an den marmornen Klippen des Vorplatzes und werfen Myriaden von Abendkleidern und Smokings an Land. Met-Premieren: Diamant-Nächte für New Yorks alten Dollar-Adel.

Del Monacos junge, schöne Frau trägt ein tiefes Decollete und ist blaß, und Bühnenbildner Michael Scott klammert sich am Arm seines Freundes fest, der aus Deutschland gekommen ist. Del Monaco bleckt sein Gebiß wie ein Pokerspieler, der über seinen Höchsteinsatz hinweglächelt. Doch dann wird das alles weggewischt wie mit einem Zauberstab, mit dem ersten Takt der Ouvertüre, der James Levine alle Zartheit, alle Farbigkeit, alle Trauer abgewinnt, die Verdi seiner wundersamen Oper beigab.

Schon mit dieser Ouvertüre wird klar, warum Verdi seinem Freund De Sanctis 1854 schrieb, daß er, von allen seinen wenig gespielten Werken, gerade den »Stiffelio« vor dem Vergessen bewahrt wissen möchte.

Und bereits nach dem ersten Akt haben James Levine und die Sänger und del Monaco gewonnen. Minutenlang werden sie nach dem Schlußvorhang gefeiert, und die Kritiker, die sich im Presseraum treffen, sprechen von einem »großen Abend«, von einer »Entdeckung«.

Auf der Premierenfeier im oberen Foyer treffen die Sänger mit den Magnaten, den Industriellen und Wall-Street-Königen zusammen, die die exklusive obere Ebene der Met-Förderer bilden. Nirgendwo auf der Welt wird so deutlich wie hier, daß Oper und ihre Wunder vor allem eines sind: Geldsache.

Joe Volpe, die Hand in der Hosentasche, steht am Mikrophon und adressiert die Runde. Die Lautsprecheranlage gibt unangenehme Rückkoppelungs-Geräusche von sich. »Leider«, sagt Volpe, »kann ich den Toningenieur nicht feuern – es ist mein Sohn.« Der Sohn fummelt an den Knöpfen und schwitzt und findet seinen Vater nicht komisch.

Volpe bedankt sich bei den Sängern und bei dem Dirigenten, und dann nimmt er sich del Monacos an. Er ist froh, schließt er, daß er ihn für die nächsten Jahre ans Haus binden konnte. »Wenn er nur nicht diese schrecklichen Zigarren rauchen würde.« Es gäbe zwei Möglichkeiten, sagt Volpe: entweder das Haus gewöhne sich an die Zigarren, oder del Monaco stelle die Qualmerei ein. »Ich glaube, es wird auf die zweite Lösung hinauslaufen.« Gian-Carlo del Monaco läßt seine Havanna aufglühen und pafft und grinst.

Der eigentliche Gewinner des Abends aber fehlt in diesem Pfauenzirkus. Sein Name wurde in den Ovationen am Schluß der Vorstellung gefeiert – immer wieder riefen die Zuschauer: »Verdi«.

Was kann Oper heute, was die bürgerliche Kultur überhaupt nach ihrem unwiderruflichen Untergang, Schöneres und Sinnvolleres leisten, als in einem großen Schwanengesang jene zu feiern, denen sie sich verdankte?

# Literatur

## Betriebsausflug nach Gagaland
### *Die amerikanische Buchmesse in Anaheim*

Noch während die Laserkanonen und Feuerwerke den
Nachthimmel über Fantasy-Land illuminieren, ziehen
Putzkolonnen und Mechaniker ins dunkle Gelände. Sie säubern und reparieren den »glücklichsten Flecken der Erde«:
Disneyland.

Am nächsten Morgen liegt dort die Mainstreet mit ihren Spielzeughäusern fleckenlos und lieblich vor den Besuchern, die sich anstellen, um ins »Abenteuerland« oder
ins »Zukunftsland« zu streben, freundliche Gegenden für
glückliche Menschen.

Doch zwei sind darunter, die sich streiten. Sie ereifern sich
über ein Buch, das sie gelesen haben. Sie ereifern sich über
den Holocaust. Sie merken nicht, daß sie feindselig angestarrt werden. Schließlich erscheint ein livrierter Wärter
und bittet sie leise, ihre Diskussion an einem anderen Platz
fortzusetzen. Disneyland duldet keinen Schmutz und erst
recht keine Probleme. Die Unschuld wird wiederhergestellt, barbarisch und rührend, und rührend falsch.

Denn nicht Disneyland ist bedroht, sondern die Wirklichkeit. Nicht die Unschuld des Kinderparadieses steht auf dem Spiel, sondern die Schuldfähigkeit der Erwachsenenwelt draußen, ihr Realitätssinn, ihre Politikfähigkeit. Alles ist Disneyland. Das ist die Gefahr.

Im Wirbel der Zeichen und Bilder, der News-Shows und Serien ist der Referenzpunkt »Wirklichkeit« längst ertrunken. Daß der Vizepräsident der Vereinigten Staaten den Aufruhr in Los Angeles mit dem Zerfall der Werte erklärte und insbesondere den Lebenswandel der Journalistin Murphy Brown kritisierte, die ein uneheliches Kind geboren hatte, ist keine politische, sondern eine semiotische Katastrophe: Murphy Brown ist eine Erfindung, Heldin einer Soap-opera, ist Fiktion, nicht Wirklichkeit.

Die beiden Streitenden auf dem Disneygelände sind Besucher der amerikanischen Buchmesse, die ein paar hundert Meter weiter, im Convention Center von Anaheim, stattfindet. Anaheim ist eine autogerecht planierte Marslandschaft aus Parkplätzen und Hotels für die Besucher der autofreien Phantasiewelt Disneyland. Anaheim, das in diesen Tagen 27 000 Buchhändler, Verleger, Agenten, Journalisten und ihre Familien beherbergt, ist ein trostloses Dokument der Zerstörung zugunsten einer bunten Fiktion.

Nicht der schlechteste Tagungsort für eine Buchmesse. Hier, an der Schnittstelle zwischen Traum und Alptraum, nur wenige Kilometer von den Schwarzenghettos in South Central Los Angeles entfernt, könnten neue Fragen gestellt werden. Und wenn schon die Wirklichkeit als Referenzpunkt nicht mehr taugt – so könnte ihn doch die Literatur bereitstellen.

Eine Buchmesse, knapp vier Wochen nach dem Aufruhr der Armen, der Schwarzen, ein Treffen von Nachdenk-

lichen, in einer zerstörten Stadt auf einem zerstörten Planeten, ein Treffen mit Diskussionen über den gestörten Wirk-
lichkeitssinn, eine Kulturdebatte hier vor den Toren Dis-
neylands, eine politische Debatte, in der sich die resignierte
intellektuelle Elite des Landes neu formieren könnte – was
für eine Chance!

Sie wird nicht genutzt. Das Rollenmodell dieser Messe:
Mickey Mouse. Auf dem Ausstellungskatalog der Buchmesse liegt Mickey in einem gemütlichen Ohrensessel vor
dem Kamin und schmökert in einem Buch. Das Motto der
Messe: Wir brauchen neue Leser. Die geheime Botschaft
des Bildes: Jeder Widerstand gegen die Trivialkultur ist
zwecklos! Die Messe feiert die fröhliche Kapitulation vor
dem wachsenden Analphabetentum des Landes, feiert den
Abschied von der Schriftkultur, willkommen in Gagaland!

Die Messe erinnert daran, daß der Wilde Westen vor
knapp hundert Jahren vor allem mit zwei Büchern alphabe-
tisiert wurde: mit der Bibel und mit dem Warenkatalog des
Versandhauses Sears, Roebuck and Co. Sie kreist um zwei
Themen: um den Kampf gegen das Böse und die Freude an
bunten Bildern.

Den Agenten *dieses* Buchmarktes ist die Literatur herz-
lich egal. Sie puschen ihre debütierenden Hormon-Babys,
ihre Schauspieler-Kretins, ihre Fernsehkomiker-Biogra-
phien. Mitmachbücher sind »in«, Computerbücher, in die
der eigene Name eingesetzt werden kann. Bilderbücher,
Audiobücher, Celebrity-Memoiren, Spiderman und, immer wieder, Dinosaurier, die Renner der Saison, die freundlichen Urviecher, die es lange vor dem Menschen gab und
noch länger vor der Erfindung der Schrift.

Für jeden, der Respekt vor Büchern hat, vor intellektuellen Leistungen, beginnen die Tage von Anaheim mit einem Brechreiz. »Frühstück« heißen die Zirkusnummern, in denen den Buchhändlern des Landes Autoren vorgeführt werden, die »hitverdächtig« sind. Das heißt, daß nichts von dem, was sie sagen, eine Idee enthält. Immerhin, die Tage beginnen kalorienarm.

Doch eigentlich könnten Buchhändler und Buchhändlerin im Bett bleiben. Ein eigener Messe-Fernsehkanal berieselt die Hotelzimmer mit den immergleichen Interviews mit immergleichen Prominenten. Nicht nur die Literaturvermarktung hat die Talsohle erreicht, sondern auch der Journalismus. »Idiotenkultur« nennt ihn in einem Artikel der *New Republic* der Watergate-Reporter Carl Bernstein. Bernsteins Artikel ist ein Aufschrei gegen den »Infotainment« genannten Quatschjournalismus, der die Wahrheit gründlicher erledigt als jede Zensur.

Für eine erholsame Störung immerhin sorgt der Science-fiction-Autor Douglas Adams. Auf die dümmste aller Fragen gibt er die beste aller Antworten. »Woher beziehen Sie eigentlich immer Ihre Ideen?« will der Fernsehreporter wissen. »Von einem Versandhaus in Indiana«, antwortet ein todernster Adams und beendet das Interview.

Zu einem Frühstück mit General Schwarzkopf drängen sich 2000 Besucher in den großen Ballsaal des Marriott-Hotels. Der General dankt den Buchhändlern, daß sie »meine Jungs an der Front« mit Büchern versorgt haben. Am nächsten Tag steht eine Diskussionsveranstaltung zum Thema »Zensur während des Kuweit-Kriegs« auf dem Programm. Im Seminar-Raum verlieren sich 30 Leute.

Sicher ist es unfair, eine Promotion-Show wie diese Messe als Qualitätsbestimmung der amerikanischen Literatur zu lesen. Aber sie sagt etwas über das Publikum, mit dem sie in Zukunft rechnen muß. Vor der Kongreßhalle, auf einem Rasenflecken zwischen zwei Parkplätzen, sitzt die 40jährige Denise Frias, eine korpulente Programmiererin aus Los Angeles, und blättert in einem Bilderbuch. Es heißt »Sammys fantastische Reisen mit den Helden des Alten Testaments«. Sie mag dieses Buch. »Weil da nichts Böses drinsteht, anders als die Waldo-Bücher, in denen Hexen vorkommen.« Auch die Waldo-Bücher sind Kinderbücher.

Ferner mag Denise die »Pop-up«-Bücher, in denen kleine Pappfiguren aufspringen, wenn man die Seiten öffnet. Und Hörbücher. Stolz ist sie auf das Buch, das sie an einem Stand ergattert hat. Es ist die Abenteuergeschichte eines Blinden, dessen Hund ihr das Buch mit einem Pfotenabdruck signiert hat.

Denise Frias geht es nicht mehr um Literatur, die ein Schlüssel zum Verständnis ihrer Wirklichkeit sein könnte, sondern um die Abschottung dagegen. Hilflos, sympathisch verwirrt, klammert sie sich an Bilderbücher, in denen alles gut ist. Wie alle Fundamentalisten, wie ihr Präsident und sein Vize träumt sie von einer Welt vor dem Sündenfall, träumt einen gnostischen Traum, der täglich zur Revision anliegt.

Ihr Rezept gegen das Unglück in dieser Welt ist einfach. Es sind die Rezepte einer regressiven Disneywelt. Die Probleme in Los Angeles, so Denise, gäbe es nicht, wenn man das Böse verböte. So, wie nachts die Wärter in Disneyland aufräumen, so sollte die Literatur durchforstet werden, um allen Schmutz zu beseitigen.

Wenn es derzeit auch keine vernehmbare intellektuelle Debatte in Amerika gibt, so gibt es doch diese moralische. Es geht um »liebe« Bücher und um »böse« Bücher. »Böse« Bücher sind etwa die von Hemingway und Salinger, die aus einigen Schulbüchereien verbannt worden sind, sowie alles, was pornographisch ist.

Da der Kampf gegen die Zensur schon zum intellektuellen Reflexapparat gehört – Engagement also billig zu haben ist –, sammeln sich Verleger und Autoren in Anaheim in einer Initiative zur Verteidigung des »First Amendment«, das die Freiheit der Rede, der Presse und auch der Kunst garantiert. Selbst John Irving, einer der Großen der amerikanischen Literatur, verschwendet sich in der *New York Times Book Review* in einer Polemik gegen rechte und linke Puritaner, einer Ersatzhandlung also, die die Lähmung überspielt, die Amerikas liberale Intelligenz während der Reagan-Bush-Jahre befallen hat.

Als stünde tatsächlich die »Freiheit der Kunst« auf dem Spiel und nicht die Freiheit zum billigen Ramsch, der mittlerweile auch die Literatur erobert hat. Als ginge es um Václav Havel und nicht um die zynischen Ergüsse von Bret Easton Ellis. Daß sich liberale Intellektuelle gezwungen fühlen, Ellis' Killer-Porno »American Psycho« zu verteidigen, nur weil unter denen, die das Buch provoziert, Reaktionäre sind, die es verbieten wollen, ist die unappetitliche Dialektik dieser Diskussion. In Deutschland schnappte diese Falle bei dem »Babyficker«-Text des Klagenfurter Wettbewerbs im vergangenen Sommer zu.

Die Debatte unterschlägt, daß es nicht die Zensoren sind, die die Literatur bedrohen. »Zensoren, immerhin einige unter ihnen lesen«, sagt Sean Konnecky, ein Kleinverleger aus New York. Und er erzählt, daß die Universität von Wisconsin kürzlich Hemingway von der Literaturliste eines Seminars strich, nicht weil er pornographisch, sondern weil er »zu schwierig« sei. Das ist die schlimmere Form von Zensur: die des Analphabetismus.

Es geht nicht mehr um Bücher, sondern um den Celebrity-Status ihrer Autoren. Die Person ist das Programm. Jimmy Carter wird mit nostalgischer Hingabe gefeiert. Verständlich in einem Präsidentschaftswahljahr, in dem mit Ross Perot ein knorriger texanischer Milliardär zur Rettungsphantasie der schweigenden Mehrheit geworden ist, ein Kandidat, der noch vor wenigen Wochen nichts von einem Umwelt-Gipfel in Rio de Janeiro wußte und der Politik-Entscheidungen über Ted-Abstimmungen am Fernsehen treffen möchte.

Jimmy Carter spricht an diesem Morgen über seinen Einstieg in die Politik, über jene Tage in Georgia, 1962, als er und ein paar seiner Freunde einen Wahlfälscher vor Gericht brachten.

Immerhin: Carter zeigt einen politischen Kompaß, der verlorengegangen zu sein scheint. Es ist ein Kompaß, der auch im amerikanischen Literaturmarkt dieser Tage nur schwer zu erkennen ist. Nämlich, daß einer politisch handelt, daß einer nachdenkt und schreibt, weil er mehr bewirken möchte, als das eigene Konto zu füllen.

Daß es in der Literatur um mehr gehen kann, als ihre Agenten sich vorstellen können, wird auf der Abschlußveranstaltung deutlich, zu der die »First Amendment«-Gruppe bittet. Sie lädt ins Territorium des Gegners ein, ins Disneyland-Hotel. Und da liest einer Salingers »Fänger im Roggen« und ein anderer Walt Whitmans »Leaves of Grass«, und es sind sentimentale Reminiszenzen an Zeiten, in denen Bücher Generationen in Bewegung setzten. Bücher, die das Leben feierten, furchtlos und großartig, eine Populärkultur, wie sie so nur die amerikanische Literatur hervorbringen konnte.

Später ziehen sie alle in den Cowboy Boogie Club, wo eine Rockband aus Bestseller-Autoren ein Benefizkonzert gibt. Amy Tan trägt ein schwarzes Glitzerkleid, und Stephen King, hochgewachsen und schüchtern, hält sich an seiner Gitarre fest und singt im blauen Bühnennebel »Sea of Love«, und auf dem Tanzboden trampeln Buchhändler und Power-Agenten und schieben sich Visitenkarten zu.

Ganz hinten in der Ecke hat einer seinen Büchertisch aufgeklappt. Dino aus Los Angeles. Dinos Gedichte sind Rap. Eher gesprochene als geschriebene Gedichte, auch sie also Literatur der Zukunft. Doch sie sind so wenig amüsant wie rostige Rasierklingen. Sie heißen »Reicher Mann, armer Mann« oder »Der letzte Schuß« oder »Träumer«. Während die Band auf der Bühne herumkracht und Disneys Putzkolonnen draußen dafür sorgen, daß der glücklichste Flecken der Erde auch der sauberste ist, liest Dino eines seiner Gedichte. Es berichtet von einem Land, in dem es nur für die Reichen Gerechtigkeit gibt, in dem Menschen am Straßenrand krepieren und Drogen die einzige, kurze Hoffnung sind. Ein Land, das auf einem ganz anderen Planeten als Disneyland liegt. Zufällig heißt es ebenfalls Amerika.

Es ist kein besonders gutes Gedicht. Aber es enthält in einer Zeile mehr Wahrheit als das bunte Dröhnen einer ganzen Buchmarktwoche.

# Die Kunst des Verlierens

*Leonard Gardner und sein Boxerroman »Fat City«*

Stockton, eine Geisterstadt rund 100 Kilometer östlich von San Francisco. Ein scharfer Nordwind treibt den Staub der abgeernteten Tomatenfelder durch die Main Street und läßt einen entwurzelten Busch am Billard-Saloon vorbeikollern, vor dessen blinden Scheiben Dealer auf Kundschaft warten. Der Wind beißt in den Augen. Er rüttelt an den rostigen Feuerleitern einer Absteige, die in einem Anflug grimmigen Humors vom Besitzer »Star Room Hotel« genannt wurde.

Im »Herbs«-Kaufhaus ist ein Schaufenster für die Vereinigten Staaten von Amerika reserviert. Kleine Sternenbanner stecken in Sandhügeln, dazu ein Schild: »Herbs unterstützt unsere Truppen«. Der Wind rüttelt an der Scheibe. Dahinter werden T-Shirts verkauft, Marke »Desert Storm«. Mittlerweile sind sie auf 9,75 Dollar herabgesetzt.

Amerika hat den Krieg in der Wüste gewonnen. Und Stockton hat verloren. Stockton hat verloren, seit es die Stadt gibt, eine Ansammlung von Baracken für die Saisonarbeiter aus Mexiko, die morgens um drei hinter den Bahngleisen auf die Lkw warten, um sie auf die Felder zu bringen, wo sie den Rücken krümmen für ein paar Dollar am Tag, als Zwiebelstecher, Pfirsichpflücker, Walnußsammler. Wer in Stockton lebt, hat Routine im Verlieren.

Doch manchmal ist Stockton »Fat City«, das gelobte

Land. Ein zahnloser Mexikaner schiebt seine Habseligkeiten, alte Zeitungen und leere Flaschen, in einem Einkaufswagen über einen Parkplatz an der Market Street, wo Nutten in rosa Stretch-Minis in der Sonne stehen. »Ich kenne ›Fat City‹«, kichert er. »Ich war mal dort. Das war, als ich auf einen Schlag 100 Dollar in der Hand hatte.« »Fat City« – ein mythischer Ort.

»Fat City« ist ein Roman. Ein Roman über Stockton und über das Amerika am Tag *nach* den Konfettiparaden für Kriegsgewinner. Der Mann, der ihn geschrieben hat, steht dünn und groß neben dem Mexikaner und sagt: »Hey, Fletch, kennst du mich nicht mehr?« »Leonard«, sagt Fletch, »was macht der linke Haken? Immer noch im Training? Foreman wird es diesem Youngster zeigen, nicht wahr?« »Klar, Fletch, Big George gewinnt.«

Der Alte kennt Leonard Gardner nicht als Schriftsteller, sondern als Boxer. Aber wer behauptet, daß Schreiben kein Kampf ist? Heute ist Leonard Gardner 57, und dieser Kampf hat sein Leben verschlungen. Gardner, das ist der Mann, der vor Urzeiten »Fat City« geschrieben hat.

Gardners Roman erzählt von zwei Boxern. Von Billy Tully, der seine besten Jahre hinter sich hat, und von Ernie Munger, dem Jungen, der erst am Anfang steht. Mit Tully und Munger hat Gardner Archetypen geschaffen. Die Welt, wie er sie sieht, zerfällt in zwei Sorten von Menschen: in die, die bereits wissen, daß sie verloren haben, und in die anderen, die es noch nicht wissen.

»Fat City« ist ein Boxerroman, doch er greift weit darüber hinaus: Er zeigt eine Welt ohne Erlösung, geschrieben mit eisiger Kontrolle, knappe 200 Seiten wie ein mörderischer Kampf, mit Sätzen, die treffen wie Uppercuts, zielgenaue Jabs und linke Haken.

Jetzt, nach 22 Jahren, wurde er erneut aufgelegt. Jetzt erscheint er auch zum erstenmal auf deutsch, und es sieht so aus, als ob diese knappen 200 Seiten Prosa zu den wichtigen der kommenden Jahre gehören. Das Jahrzehnt der schnellen Siege, der glänzenden Bluffer, der Hochkonjunktur auf Pump ist vorbei. Der Kriegsschauplatz der 90er Jahre heißt: Alltag, in einem Land, in dem jedes achte Kind hungert, und in dem jede Woche mehr Amerikaner auf offener Straße erschossen werden als während des ganzen Golfkrieges. Hier gibt es keine Siege, die Bestand haben. »Fat City« handelt vom Verlieren.

Es ist zwei Uhr nachmittags, und die Market Street liegt verlassen in der Hitze. »Das Stockton, das ›Fat City‹ war«, sagt Leonard Gardner, »wurde abgeräumt. Da ist keine Skid Row mehr, nur leere Straßen und manchmal Teenager mit Maschinengewehren.« Gerade wird gegen eine Jugendbande verhandelt, die ein Blutbad an einem Imbißstand angerichtet hatte. In Stockton ist die Kriminalitätsrate hoch.

Ein weicher, brauner Fedora wirft Schatten über seine grünen Augen. Haut wie Papier und ein sensibler schmaler Mund. Es ist das Gesicht eines traurigen Träumers, wäre da nicht die Nase, breit, mehrmals gebrochen und schlecht zusammengeflickt. Die Nase eines Kämpfers. »Da drinnen«, sagt er, und deutet auf eine Tür, »da hat sich nichts geändert.«

Am Ende einer schmalen Stiege liegt eine Halle mit Boxring. Schwarze, getrocknete Blutflecken auf dem Boden.

Keuchende Kämpfer, die klatschend ihre Sandsäcke bearbeiten und Punchingbälle rattern lassen.

Zwei Sparringboxer umkreisen sich im Ring, und auf der Bank sitzen drei alte Trainer, ein antiker Chor, der den Kampf kommentiert und das Leben, und in den Kommentar mischen sich Erinnerungen an große Kämpfe. »Nimm die Fäuste hoch, Eddie« und »Yaqui wußte noch, wie man einen Körperhaken schlägt«. An den Wänden hängen Zettel. »Keine Drei-Tage-Bärte« steht da und »Keine Pferdewetten«. Und unten am Eingang, seit genau 22 Jahren, das Schild »Fat City Gym«.

Dempsey und Tunney sollen hier schon gesparrt haben. Gardners Vater hat hier trainiert, mit seinem Sohn. »Leonard war zwar nur Haut und Knochen«, sagt George Enebrad, sein alter Trainer, »aber er hatte ein starkes Herz.« Das heißt, er ist wieder aufgestanden, wenn ihn eine Gerade erwischt hat. »Enebrad«, sagt Leonard, »hat immer nur Nieten erwischt.« Derzeit hat er drei Filipinos unter Vertrag. Fallobst.

»Hier ist wieder Hochbetrieb«, sagt Enebrad, »offenbar haben sie die Gefängnisse aufgemacht.« Da ist Fred Hutchings, der vor Jahren von Hearns in einem Titelkampf ausgeknockt wurde. Er ist auf Bewährung draußen. Drogen, Raub, Knast, der alte Kreislauf. Es gibt viele desillusionierte Billy Tullys im Gym. Und es gibt die Ernie Mungers, Teenager mit hoffnungsvollen Augen. Das ist die Welt, in der Leonard Gardner groß geworden ist, die Welt von »Fat City«.

Billy Tully ist 29 und hat verloren. Er liegt, zu Beginn des Romans, in seiner Absteige und versucht sich vergebens an den Abend zuvor zu erinnern. Er weiß nur eines: »Sein Leben schien zu Ende zu sein. In einigen Tagen würde er 30 werden.«

Als Leonard Gardner 29 ist und sein Leben schon zu Ende scheint, schlägt er zurück – er beginnt ernsthaft zu schreiben, über das Gym und die Trainer, über seinen Job an der Tankstelle und die Arbeit auf den Feldern, und schreibend kämpft er gegen das Schicksal Billy Tullys, das jeden in Stockton ereilt, und schließlich hat er gewonnen.

Als »Fat City« erscheint, jubelt *Newsweek*: »Eine grandiose Vorstellung.« Joan Didion schreibt, daß kein neuerer Roman sie so sehr berührt habe, und Walker Percy applaudiert: »Ein guter Job.«

Das Buch ist wie ein Kampf über 24 Runden. 24 Kapitel, und immer am Rundenende wird gepunktet. »Er ging in den Waschraum und stand mit geschlossenen Augen unter der Dusche und spürte, wie der gesplitterte Knochen pulsierte.« Oder: »Bevor er sein Hotel erreichte, überfiel ihn eine Welle der Verzweiflung, und er wußte ganz sicher, daß er verloren war.«

Keine Heldengeschichte, kein »Rocky«-Märchen. »Rocky« – das ist Hollywood, das sind die achtziger Jahre. Hier geht der Kampf ums Überleben, gegen die Langeweile und die Plackerei: der Kampf um einen Zipfel von »Fat City«. Die Hintermänner in der Ringecke? Genauso arme Schweine wie die, die sich da die Seele aus dem Leib prügeln. Boxen ist hier eine ganz einfache Kalkulation: Wo gehst du eher drauf – beim Zwiebelstechen auf den glühendheißen Feldern oder im Ring?

Billy Tully versucht es im Ring und zieht den kürzeren.

Leonard Gardner versucht es an der Schreibmaschine und gewinnt. »Fat City«, das war der Weltmeistertitel in der Literatur-Arena. Und danach? Fast nichts. Ein paar Kurzgeschichten, ein paar Drehbücher, von denen er recht und schlecht lebt, ein paar Artikel für Box-Magazine. Ansonsten: Leerlauf und Depressionen vor dem weißen Blatt Papier. Es scheint, als habe er mit »Fat City« sein eigenes Lebensdrehbuch geschrieben: Längst hat ihn Billy Tully, der Verlierer, wieder eingeholt.

An schlechten Tagen geht er in Blues-Kneipen und läßt sich vollaufen. An guten Tagen glaubt er an ein Comeback. Er wird den Roman wiederaufnehmen, der in einem seit Jahren ungeöffneten blauen Metallkoffer neben seinem Bett liegt. An solchen Tagen macht er sich Mut. »George Foreman ist auch wieder zurück«, sagt er, »er wird es allen beweisen.« Es ist die Woche vor dem Kampf gegen Holyfield. Der alte Foreman wird gewinnen, und er, Gardner, wird seinen zweiten Erfolgsroman schreiben.

Die Sonne fällt schräg durch die schmutzigen Scheiben des Gym, und die Kämpfer greifen nach ihren Kleiderbündeln. Die jungen Boxer im Ring sind am Ende ihrer Kräfte. Ein großgewachsener, gutaussehender Mexikaner nimmt den einen beiseite und spricht auf ihn ein, und der Junge nickt ehrfürchtig, als seien die Ratschläge des Älteren die Bibel. Alle hier respektieren ihn. Es ist Alvaro (»Yaqui«) Lopez, der ewige Herausforderer, das größte Talent, das Stockton je hervorgebracht hat. Fünfmal hatte Yaqui nach dem Weltmeistertitel gegriffen. Fünfmal hat er verloren. Doch das alles ist schon lange her.

»Du hast Blut auf deinem Shirt«, sagt Yaqui zu seinem

durchgeschwitzten Schützling. »Wen kümmert's«, sagt der, »ist nicht meines.« Yaqui klapst ihm auf die Schulter. »Geh endlich zum Augentest, am 11. ist dein Kampf.«

Yaqui bleibt allein im Ring zurück. Staub wirbelt in den Sonnenbahnen, und die Halle liegt leer und verlassen, und Yaqui tanzt, schwarz im Gegenlicht, ein geschmeidiger Schatten, der fintiert und jabt und taucht, um der Geraden eines imaginären Gegners auszuweichen, dieses Schattengegners, der ihn fünfmal bezwungen hat, doch Yaqui tanzt wie ein Gewinner, stolz, und er genießt seine Kraft und seine Schnelligkeit. »Er hätte es verdient«, sagt Gardner, der bewundernd zu ihm hinüberschaut, leise, »verdammt noch mal, er hätte es verdient gehabt.«

Später, in dem Bungalow hinter den Bahngleisen, wo Yaquis Frau Tortillas zubereitet, flackern Bilder von heimkehrenden Soldaten im Fernseher, und Whitney Houston singt die amerikanische Nationalhymne für die Kriegsgewinner, und Leonard Gardner verzieht das Gesicht. »Arme Schweine«, murmelt er, »die denken wirklich, sie hätten gewonnen.« Was dieser Nation abgehe, sagt er, sei der Sinn für Tragik.

Yaqui ist stolz auf Amerika und auf seinen Fernseher, den er sich nach dem Kampf gegen Mike Rossman zugelegt hat. Er ist stolz auf das, was er erreicht hat, und er würde alles noch einmal genauso machen. Er kam in einem Kaff in Mexiko zur Welt, in einem fensterlosen Raum unter einer Stierkampfarena, und er träumte davon, einmal Matador zu sein.

Jetzt, zehn Jahre nach seinem letzten Kampf, arbeitet er bei der Müllabfuhr. Morgens um drei Uhr raus, zehn Stunden Tonnen schleppen, und danach ins Gym. Er ist in Form.

Kürzlich hat er sich die Narbenteppiche um die Augenbrauen entfernen lassen. Er hat seinen Job, seine Familie und die Erinnerungen an die Titelkämpfe auf Video.

Er schiebt eine Kassette ein, und Whitney Houstons gelacktes Sternenbanner-Propaganda-Gesicht verschwindet, und statt dessen erscheint das blutüberströmte von Yaqui, der im Madison Square Garden Mike Rossman auseinandernimmt. Yaquis Brauen sind geplatzt, sein Gesicht ist blutüberströmt, und er gewinnt den Kampf mit einer Serie von Körperhaken, und er verliert ihn trotzdem, weil er hinterher in die Mikrophone sagt, er sei glücklich, daß er es diesem Judenbengel einmal gezeigt habe.

»Du hirnverbrannter Idiot«, stöhnt Jack Cruz, sein Schwiegervater, der massig im Lehnstuhl sitzt, »wir haben nie wieder einen Kampf im Square Garden bekommen, das hat uns 100 000 Dollar gekostet.« »Er hat mich stinkender Mexikaner genannt«, verteidigt sich Yaqui und grinst gutgelaunt. »Bueno, ich bin dumm, aber ich lasse mich nicht beleidigen. Ich bin genausogut Amerikaner wie er.«

»Wie bist du mit den Schmerzen fertiggeworden«, fragt ihn Gardner. »Haben mich immer stimuliert«, sagt Yaqui. Im Leben und im Boxen gehe es doch nur um drei Dinge: »pain, punishment and hard work«. Darauf komme es an: »Einstecken, Austeilen und harte Arbeit.«

Das ist die Stockton-Philosophie, sagt Leonard Gardner später, auf dem Highway nach San Francisco. Die Philosophie, mit der auch er großgeworden war. Er erzählt von seinem Vater: »Er boxte noch im Fitzsimmons-Stil.« Er hält die geballten Fäuste weit vor die Brust. »Noch mit 70 hat er damit einen Halbstarken in der Skid Row fertiggemacht.«

Sein Vater, Spezialagent bei der Post, hatte zu Anfang des Jahrhunderts noch mit berittenen mexikanischen Banditen zu tun. Er war ein leidenschaftlicher Amateurboxer, ein Held aus der alten Zeit. Sein Vater wollte einen Kämpfer aus ihm machen, doch Leonard war fragil, und als er sieben Jahre alt war, wurde er von einem rheumatischen Fieber befallen, das ihn vier lange Jahre ans Bett fesselte. »Ich spielte mit Zinnsoldaten und stellte Schlachten aus dem Bürgerkrieg nach«, sagt er. »Am Anfang war ich auf der Seite der Yankees. Doch als sie gewannen, wechselte ich zu den Südstaatlern über.«

Später begann er mit dem Boxen, und er kämpfte zäh und verbissen am Sandsack, den ihm sein Vater in der Garage aufhängte.

Leise erzählt er von dem Tag, an dem ihm zum ersten Mal der Tod begegnet ist. Er war 14, als er mit Freunden auf einen Jagdausflug ging. Sie lagen im Schilf, und plötzlich löste sich ein Schuß aus dem Gewehr seines Freundes, der sein Herz nur knapp verfehlte. Und während die anderen auf eine Farm rannten, um Hilfe zu holen, lag er auf der Erde und sah, wie das Blut aus seinem Herzen quoll. Er spürte, wie ihm kalt wurde, spürte seine Ohnmacht, seine Einsamkeit. Und dann fühlte er den Tod.

Damals ist seine Zuversicht zerbrochen. Das Boxen half ihm, ins Leben zurückzufinden und den Tod zu besiegen, das Boxen und später das Schreiben.

Auf dem North Beach San Franciscos liegt der »Saloon«, einer der ältesten Blues-Keller San Franciscos. Die vier Weißen auf dem Podium zerhämmern lärmend »I'm A Man«. Eine Trinkerin krakeelt am Tresen, »mein Gott, ich habe diesen Saukerl geliebt«, und ein bärtiger Alter gibt ihr noch einen aus, und in der Ecke sitzt ein blasses, ernstes Mädchen und streichelt sich über die Hand.

In diesem verschworenen Verein verlorener Seelen sitzt Leonard Gardner über seinem Whiskey und sagt: »Damals hätte ich den Laden übernehmen können, für ganze 13 000 Dollar.« Er schaut in den Qualm und murmelt: »Wozu das alles«, und dann setzt er hinzu: »Bevor du's richtig merkst, ist dein Leben schon vorbei.« Und in diesem Moment sieht er aus wie Billy Tully, der weiß, daß er kein Comeback schaffen wird.

Verloren sitzt er am Tresen, wie Stacy Keach in der Verfilmung von »Fat City«, zu der Gardner das Drehbuch schrieb. Es ist fast ein Dokumentarfilm, in kühlen Grau- und Grüntönen, mit Kampfszenen aus der Totalen, ohne spektakuläre Schnitte, einer der großen Filme John Hustons. Kürzlich lief er auf dem Festival »Produziert und vergessen – die schönsten Filme, die man nie zu sehen bekommt«.

In der Schlußszene des Films sitzen Stacy Keach und Jeff Bridges, sitzen Billy Tully und Ernie Munger in einem Billardsaloon und beobachten einen 90jährigen Chinesen, der den Kaffee serviert. »Stell dir vor«, sagt Tully, »du wachst eines Tages auf und bist er.« »O Gott«, sagt Ernie und setzt verzweifelt hinzu: »Vielleicht ist er glücklich.« Tully rührt in seinem Kaffee und sagt, nach einer quälend langen Pause: »Vielleicht sind wir alle glücklich.«

Am anderen Vormittag ist San Francisco die goldene Glitzerstadt an der Bucht, und »Fat City« ist weit weg. Nur in den Eingängen des mondänen Kaufhauses Macy's lagern ein paar Vorposten des Elends, bettelnde Obdachlose, an denen Leonard Gardner vorbeigeht, während er suchend die Hand in die rechte Hosentasche schiebt. Nach zehn Schritten macht er kehrt und schmeißt ein paar Dimes auf die Pappkartons. Jedesmal das gleiche: vorbeilaufen, zögern, zurückschleichen, abliefern – als sei seine Mildtätigkeit etwas Obszönes.

Auf dem North Beach scheint die Sonne leuchtender, die Häuser sind bunter, der Schritt ist leichter. Auf dem North Beach ist das Leben ein Fest. Seit den fünfziger Jahren, seit dem Aufruhr der Beat-Poeten, hat es sich kaum verändert. Jeder ist jung, jeder ist ein Genie, und die Trottoirs werden eher von Ernie Mungers als von Billy Tullys bevölkert.

Im Caffè Trieste singt die Callas »Tosca«, und Leonard Gardner tunkt sein Hörnchen in einen Cappuccino. Hier in der Nähe hat er als Parkwächter gearbeitet in den frühen sechziger Jahren, als er aus Stockton geflohen war, und unten am Strand spielte er den Aufpasser in einer Jahrmarktsbude, wo es darum ging, Pingpongbälle in aufgesperrte Clownsmünder zu schmeißen.

In der Armee hatte er eine Kurzgeschichte geschrieben. Er war unglücklich verheiratet, lebte in einem Hühnerstall und war »beat up by life«, vom Leben geschlagen. Als er von den Beats hörte, dachte er, sie schrieben genau darüber. Und dann las er Kerouac, las die ekstatischen Gedichte Ginsbergs. »Das war ein furchtbares Mißverständnis. Für die war das Leben eine Party!«

Er blieb ein Einzelgänger und schrieb seine Skizzen zu »Fat City«, und es war, als hätte sich John Steinbeck in die Psychedelic-Ära verirrt und arbeite an »Früchte des

354

Zorns«, während die Blumenkinder von Bewußtseins-erweiterung faselten.

Ein paar Meter weiter liegt Ferlinghettis »City Lights«, wo Kerouac las und Allen Ginsberg auf einen Stuhl sprang und sein »Howl« herausbrüllte: »Ich sah die besten Köpfe meiner Generation, vom Wahnsinn zerstört...«

Die Straße hinter dem Buchladen heißt »Kerouac Street«. Gegenüber, klein und schmal, die »Saroyan Lane«. Gardner hält das für ziemlich ungerecht. Er mag Saroyan. Saroyan, der kurz vor seinem Tode sagte: »Ich wußte immer, daß ich mal sterben muß. Aber ich habe immer gehofft, daß Gott für mich eine Ausnahme macht.«

Mit quietschenden Reifen hält ein Taxi vor »City Lights«. Allen Ginsberg springt heraus. Er stürmt, auf der Woge des Lebens, in den Laden, um sein neues Buch zu signieren. Ein Fotobuch, ein Totenbuch mit Schwarz-weiß-Porträts von Kerouac und Neal Cassady aus den fünfziger Jahren. Ginsberg malt eine Sonnenblume in das Buch und eine Schlange, und in das Blütenkissen der Blume schreibt er »AH«, die kosmische Ursilbe.

Ob er »Fat City« kennt? »Was soll das sein?« fragt er irritiert. »Wahrscheinlich der beste Roman der sechziger Jahre.« »Wovon handelt er?« »Vom Leben und vom Boxen.« »Wo ist er erschienen?«

Leonard Gardner hilft aus. »Ich glaube, Vintage hat ihn jetzt neu aufgelegt.« »Ah ja«, sagt Ginsberg desinteressiert. »Heute abend lese ich in Oakland. Aber es ist schon alles ausverkauft«, und dann springt er wieder ins Taxi.

In Mill Valley, einer verschlafenen Künstlerkolonie im Norden, wohnt Gardner in einem freundlichen alten Holzhäuschen am Waldrand. Er teilt sich das Obergeschoß mit seiner Lebensgefährtin, einer Schriftstellerin. Sie bewohnt das hellere Zimmer, das sich zum Tal hin öffnet. Er hat die Rückseite, wo der Berg in sein Gesicht hineinwächst, wenn er am Schreibtisch sitzt. Auf den Redwood-Dielen liegt ein Navajo-Teppich mit rot-schwarz gewebten Treppenmustern, der seinen Eltern gehörte. An der Wand eine Landschaft, die er selber gemalt hat. Die Sonne ist schwarz. Sie sieht aus wie ein Einschußloch.

Die Schreibmaschine, die alte seines Vaters, steht in der Mitte eines riesigen Schreibtisches, wie ein Museumsstück. Am Bett ein schmales Bücherbord mit dicken Manuskriptstapeln von Freunden, die ihn um Rat bitten.

»Hier, das ist mein Vater«, sagt er und zeigt einen vergilbten Zeitungsausschnitt. Die *San Francisco Evening Post* vom 23. Januar 1913. Der Boxer Bud Gardner steht dort mit vier anderen Kämpfern, mit hoher Stirn, herausfordernden Augen, energischem Kinn, und er hat die Fäuste im Fitzsimmons-Stil vor die Brust gestreckt, und alle schauen optimistisch und ernst in die Zukunft, und darunter steht: »Amateurboxer für ihre Kämpfe bestens vorbereitet.«

Der alte Gardner starb ein Jahr, bevor sein Sohn, aus dem nie ein richtiger Boxer wurde, mit »Fat City« seinen größten Triumph verbuchte. Seit 23 Jahren ist sein Vater tot, und in dem blauen Metallkoffer, der neben seinem Bett steht, ist er noch einmal begraben. Dort liegen die Skizzen zu Leonards zweitem Roman, dessen Held sein Vater ist.

»Ich spüre aber, daß ich es bald wieder aufnehmen kann«, sagt er. Und er läßt offen, ob er seinen Roman meint oder seinen Vater. Auf dem Tisch liegt ein Gedichtband des Zuchthäuslers Timmy Santiago Baca: »Auf Händen und Knien /

rutschte ich durch / das fruchtbare Nest aus Asche / in meinem Schreibzimmer.«

Zehn Tage später ist Gardner eine ruhige Stimme am Telefon. Am Nachmittag hat er an seinem Roman weitergeschrieben. Und abends war er bei Freunden und hat sich den »Battle of the Ages«, den Kampf der Generationen, angeschaut, zwischen Evander Holyfield und George Foreman.

»Ich fühle mich wie George vor der ersten Runde«, sagt er. »Aber Foreman hat verloren.« »Na und«, sagt Leonard Gardner, »er hat doch phantastisch gekämpft, oder?«

# Herzschmerz einer Litfaßsäule

*Saul Bellow und sein Roman » Mehr noch sterben*
*an gebrochenem Herzen «*

Benn Crader, der bekannte Botaniker, wird nach dem Unglück von Tschernobyl um seine Expertenmeinung gebeten. Welche Folgen der Reaktor-Unfall für die Menschen, für die Natur habe? Sicher, sagt Crader, sei die Radioaktivität ein schlimmes Problem. »Aber mehr noch sterben an gebrochenem Herzen.«

So achselzuckend obenhin antworten nur Zyniker; so weltfern, so hellsichtig, so tief nur Heilige. Eine Antwort, die aufs Ganze geht, die einen ganz anderen Störfall, einen gewaltigeren, im Auge hat. Nämlich den, daß die Liebe verschwunden ist. Dostojewskis Fürst Myschkin wäre zu einer solchen Antwort fähig gewesen.

Benn Crader ist kein Zyniker, sondern ein naiver Held, ein Mensch unter Menschendarstellern, ein innengelenkter Sonderling unter lauter postmodernen Poseuren. So, als Modell einer reinen Seele, muß ihn sich Saul Bellow vorgestellt haben, als er ihn für seinen Roman »Mehr noch sterben an gebrochenem Herzen« erfand.

Spätestens seit dem Grübler Herzog, der in Briefen an Nietzsche über den Übermenschen nachdenkt, während ihm die Frau das Konto leerräumt (»500 Dollar für Umstandskleidung? Wer soll denn zur Welt kommen – Ludwig XIV.?«), sind Bellows bildungsbepackte Sitzriesen, die schon beim Frühstücksei an Spinoza denken und am miesen Alltag verzweifeln, die prominentesten Räsoneure des American way of life. Und es fällt immer schwerer, Saul Bellow, den kulturkonservativen Großwesir der amerikanischen Literatur, von seinen düsteren Alleswissern und Durchblickern, den Humboldt und Corde und Sammler zu unterscheiden: Seine Bücher bestehen zunehmend aus galligen, monologischen Episteln, die angedickt sind durch überbordende Zettelkästen über Gott (tot) und die Welt (kurz davor).

Benn Crader soll da anders sein, ein guter »Idiot«, der von Algen alles versteht und von der Welt nichts. Seine Augen haben die Form einer liegenden Acht, und sein Gesicht sieht aus »wie der Mond, bevor wir auf ihm landeten«. Benn Crader ist ein Superwissenschaftler, ein Mann der Vernunft also, der sich nach nichts sehnt als nach Liebe. Seit 15 Jahren verwitwet und müde der erotischen Blessuren, die er sich bei Vortragsreisen rund um den Globus zugezogen hat, will er wieder heiraten, nur schön muß sie sein und herzensgut.

Irgendwann, sehr früh, muß Bellow aufgegangen sein, daß er es keine 450 Seiten mit einem lieben Pflanzendoktor auf Kontaktsuche aushalten wird und daß Algen nicht bestsellerfähig sind. Deshalb installiert er als Erzähler einen von seinem Schlage, einen, der Swedenborg nicht für Knäckebrot hält: Kenneth Trachtenberg, der Neffe des Botanikers, schmal, groß und irgendwie »an Jesus« erinnernd, ist Dozent für russische Literatur und damit, eine amerikanische Binsenwahrheit, Spezialist für Seelentiefe.

Mit Trachtenberg hat Bellow seinen Grundeinfall – eine Meditation über die emotionale Verarmung – schon im Ansatz verraten. Da ist kein Schock, keine Lähmung, keine Stille. Nur noch: Bellow-Sound. Trachtenberg wird von ihm engagiert, um Onkels Liebessachen »Niveau« einzuhauchen. Ein rhetorischer Flakhelfer voller zündender Verweise auf Hegel und Blake, ein Einfallspinsel, dem bei Schneetreiben »das astrale Stürmen auf einem der Nachthimmel van Goghs« kommt und der über die schlampig geknöpfte Kleidung des Onkels – diese schusseligen Professoren! – in die Erinnerung an ein Schostakowitsch-Konzert abdriftet, genauer: an »den Aufschrei der Streicher im 14. Quartett«, und er spekuliert: »Vielleicht wird der Künstler durch gewisse Verpflichtungen den Mitmenschen gegenüber am vollständigen Zuknöpfen gehindert.«

Fast überflüssig zu sagen, daß auch Kenneth Probleme mit dem anderen Geschlecht hat. Treckie, seine masochistische Kindfrau mit den blaugetretenen Schienbeinen, treibt es mit einem Skilehrer.

Kenneth schwärmt für seinen Botanikeronkel und fragt sich, ob dessen Pflanzen-Hellsicht auch für Menschen gilt. Die Antwort: Nein, gilt nicht. Denn Onkel fällt Matilda in die Hände, die zwar jung und schön und kultiviert ist, aber eine kalte Bestie wie fast alle Frauen in Bellows Romanen. Matilda will den Onkel nur, weil naive Fachidioten mit Professorentitel genau die Gediegenheit versprechen, die man offensichtlich braucht, um im sozialen Highlife Chicagos die Nummer eins zu sein, erste Partyadresse für »Besucher… wie Dobrynin, Kissinger, Balletttänzer, Günter Graß«. Und Matildas Vater ist mit dem neuen Schwiegersohn einverstanden, weil er ihn als nützlichen Idioten braucht, um den Mafioso Vilitzer über den Tisch zu ziehen.

In der kalten Top-Apartment-Welt Matildas verlagert sich Onkels Sehnsucht mehr und mehr auf eine Azalee, die er nur durch einen Türspalt erspähen darf. Doch auch dieses Symbol der Schönheit und Reinheit trügt – Onkel stellt irgendwann fest, daß er auf eine Plastik-Imitation made in Hongkong hereingefallen ist. Angewidert von der Welt der Täuschungen, der Pornoshows, Hitchcock-Filme und geldgierigen Maschinenmenschen flüchtet er am Schluß des Romans an den Nordpol, um seine Algen zu studieren.

Kenneth' »éducation sentimentale« verläuft weniger dramatisch: Er einigt sich mit Treckie über das Sorgerecht der gemeinsamen Tochter und erwärmt sich für Dita. Dita, die einst sein »Seminar 451 über ›Die Bedeutung der Liebe‹« besucht hatte und ihn vergöttert, hat im Vergleich zu Treckie zwar nur eine häßliche Noppenhaut, »aber sie hatte zehnmal mehr Herz, und dies gab ihr eine Schönheit, die uns fremd war«. *Uns* heißt in Bellows Büchern: der gesamten westlichen Welt.

Kenneth ist ein lausiger Erzähler. Er haspelt (»Ich werde diesen Strang in Bälde aufnehmen«) und springt und zappelt in Wiederholungsschleifen und beginnt zu stammeln, wie alle Schwätzer, wenn sie versehentlich einer Wahrheit zu nahe kommen. Nebenbei ist Kenneth ein Bildungsschmock, der weit über seine Verhältnisse denkt und selbst für Platitüden noch erste Adressen der Weltliteratur anpumpt: »Nicht jede menschliche Angelegenheit läßt sich, wie James Joyce einmal sagte, schwarz auf weiß beschreiben.« Das kann schon sein, wie Kant einmal sagte, oder »hm«, um Herodot zu zitieren. Oft schießt Kenneth so ungenau aus der Hüfte, daß er zweimal abdrücken muß:

»Schopenhauer hat gesagt, daß Geld abstraktes Glück sei. Könnte auch Hegel gewesen sein.«

Seine fixe Idee ist eine Ähnlichkeit zwischen St. Petersburg 1913 (wo Bellows Vater lebte) und dem amerikanischen Mittelwesten in dieser »Mischung aus Barbarei und ausgelaugter humanistischer Kultur«. Obwohl er gleich im nächsten Satz bedenkt, daß die Kultur im Mittelwesten »niemals eine große Chance gehabt hatte zu florieren«, die Mischung also nicht mehr stimmt, glaubt er, »berauschende Analogien« zu entdecken, »vor allem ödipale«, und amüsiert sich mehr als uns mit seinen »erheiternden Reflexionen«.

Mit schlechten Erzählern hat ein Autor das gleiche Problem wie ein Schauspieler, der einen schlechten Schauspieler zu mimen hat: Hier sind nur Pyrrhussiege möglich, je besser sie gelingen, desto mehr öden sie an.

Trotz meisterhafter Skizzen, die lässig ins Gerede eingestreut sind – der Cäsarenkopf eines alten Gangsters, eine Hotelhalle, die Haare einer schlafenden Frau –, gibt der Leitartikler Bellow dem Romancier nie wirklich eine Chance. Onkel, der naive Held mit dem wunden Herzen, ist schnell abgemeldet. Statt dessen geht es darum, Marguerite Duras zu behecheln (»existentialistisch-politische Geilheiten«), Wim Wenders »Amerikanischen Freund« (»verlogen und erfunden«) und Hitchcock-Filme (»Keine Katharsis«, »nur Respiration, Herzklopfen, Blutdruck«).

Ein großes Thema, das der Liebe, wird vergeigt. Immerhin, es hätte eine Intellektuellen-Satire werden können: Zwei Einäugige im Minenfeld der Liebe, einsame Männer, die vorwiegend am Telefon, vorwiegend nachts, über

Frauen schnattern und über Edgar Allan Poe, der eine geistig Behinderte vorzog, während es die Romantiker eher mit Bäuerinnen hatten. Ziemlich früh schon spürt Onkelchen, daß er Matilda nicht wirklich liebt: Ihre Brüste stehen zu weit auseinander, und vormittags schläft sie lange. In Kioto einst, da hat er Frauen gesehen, die auf Knien Holzpfosten schrubbten und sicher »wunderbare Ehefrauen« abgeben würden. Kenneth dagegen entdeckt, daß er Treckie »nicht antörnt«, was auf seinem penibel geführten »Schmerzkatalog« Höchstwerte einbringt.

Doch mehr und mehr vergeht bei der Lektüre das Lachen. Selbst die Satire funktioniert nicht, denn Bellow meint seine plappernden Kraftmeiereien ernst. Immer deutlicher verätzt fundamentalistischer Ingrimm den Text, ein misogyner, humorloser, besserwisserischer Tonfall erkältet ihn. Im scheinbar spritzigen Parlieren schimmert verbiestertes politisches Unterfutter durch: Die Moderne ist pervers, die Playboy-Life-Style-Kultur (zu spät, zu spät!) des Teufels, die Frauen wollen keine Seelenriesen, sondern Muhammad Ali (dito) und lassen lauter gebrochene Herzen zurück, »ohne daß dagegen auf der Straße demonstriert würde«.

Obwohl Bellow seinen Kenneth aufdringlich mit Dostojewski parfümiert (»Man hat kein Recht darauf zu existieren, wenn man nicht davon überzeugt ist, sein Leben zu einem Wendepunkt machen zu können. Zu einem Wendepunkt für alle – für die gesamte Menschheit«), läßt er ihn in diesem Roman doch herumstehen wie eine Litfaßsäule, ziemlich hohl und mit tausend Zetteln beklebt. Auch wenn er ihn fortwährend von »höheren Werten«, von »Bildung der Seele«, von »dem Leiden in der Welt« schwatzen läßt, nie stößt er an die Wurzel vor, nie riskiert er tatsächlich den Blick in den Abgrund.

Statt dessen rechnet er Beschädigungen gegeneinander auf: die des Westens gegen die des Ostens, die radioaktiven von Tschernobyl gegen die seelischen der Peepshows. Tatsächlich bemerkt Kenneth, nachdem Treckie ihn wieder einmal abgewimmelt hat: »Es mag merkwürdig erscheinen, unsere Gefahren, die erotischen zum Beispiel, in einem Atemzug mit Kriegen oder Zwangsarbeit zu nennen; aber man muß alles mitrechnen, was die Seelen zu Hunderten oder Millionen dahinmäht.«

Bellow, der Savonarola aus Chicago, läßt seinen Kenneth gegen »dieses erbärmliche, stinkende Zeitalter« wüten und wettern: »Amerika braucht eine neue Prüfung größeren Ausmaßes – eine Prüfung alten Stils.« Um sodann über russische Konzentrationslager zu schwafeln wie ein wildgewordener Barhocker: Gebildete Menschen können den Osten nur beneiden, da dort mehr gelitten wird, was wiederum der Kultiviertheit zugute kommt. »Bei uns ist das Leiden trivial«, meint er bedauernd, »keiner wird für seine Meinung in Stücke gehackt. Das bedeutet, daß man genausogut Backgammon spielen kann.«

Kenneth diskutiert darüber mit seiner Mutter, die sich als Helferin in einem somalischen Flüchtlingslager engagiert, um der Pariser Dekadenz zu entrinnen: »Es war Nacht, und die Flüchtlinge hatten sich unter ihren Dornbüschen niedergelassen, ihr Leiden war nicht mehr erkennbar... Ich öffnete ein paar Dosen Charcuterie von Fauchon, und wir beschlossen die Mahlzeit mit einem erstklassigen Calvados ... Die Kombination von Hungersnot und pâté brachte mich in Schwung.«

Obszön befeuert von den Delikatessen in der Wüste diskutiert Kenneth die sittliche Versteppung des Westens und die Gefühlstiefe der Russen. Der moralische Schock, den diese Szene haben müßte, läuft allerdings merkwürdig ins Leere, er bleibt ein Gag unter vielen anderen, eine kalte Versuchsanordnung, denn hier geht es nur um die rohe Arithmetik: Was zählt mehr, Hungersnot oder Herzeleid? Das ist kein Romanstoff, sondern ein widerwärtiges Partyspiel. Kenneth, der Leidensprofi, posaunt: »Erst wenn die äußeren Notwendigkeiten wegfallen, beginnt sich das unergründliche Leiden zu regen.« Bei Dostojewski stimmt es. In Bellows bildungsgepolsterten Salons ist es Blabla.

In seiner Nobelpreisrede von 1976 polemisierte Saul Bellow als großer Unzeitgemäßer gegen die postmodernen Theoretiker, die den Roman und seine Charaktere Mumien aus dem 19. Jahrhundert nannten. Immer noch, so Bellow dagegen, gebe es das Verlangen »nach dem Einfachen und Wahren«, und er nannte als vornehmste Aufgabe des Schriftstellers den Appell »an unser Mitleid und unseren Schmerz, an das latente Gefühl der Verbundenheit mit allen Geschöpfen«. Immer noch sei es möglich, »das wirbelnde Hirn eines modernen Lesers zu erreichen ... durch den Lärm zu dringen und die Ruhezone zu erreichen«. Die Kunst müsse dem Publikum geben, was die Naturwissenschaft nicht leisten kann. Nicht die Romankunst sei eine Mumie, sondern »diese Ideen, die den ganzen üblichen Kram über die Massengesellschaft, die Entmenschlichung und alles übrige behaupten«.

Sein Roman behauptet diesen ganzen üblichen Kram über die Massengesellschaft, ohne mit der Wimper zu zukken, er schwadroniert über Sittenverfall und Hegel und die allzu wählerischen modernen Frauen mit der gleichen Betonschnäuzigkeit, Ansichten, die ihm fast wörtlich so auch in zahlreichen Interviews von den Lippen fließen.

Bellows Bildungsfuror ist dabei sehr zeitgemäß. Mit seinem halbgaren Gedanken-Gulasch verramscht er noch einmal die großen Namen, die Seher, von Pascal bis Dostojewski, nie auch nur am Rande der Ruhezone, ein großartiges Trivial Pursuit für amerikanische Partyschwätzer, die »this European bildung« einfach zum Schreien schick finden (»Ach nein, Hegel hat wirklich seine Phänomenologie im Kanonendonner von Jena vollendet?«).

Saul Bellow: Im Kostüm des Moralisten nur ein Discjockey der Postmoderne. So ist die Antwort auf Tschernobyl, die seinem Bestseller den Titel gibt, »Mehr noch sterben an gebrochenem Herzen«, doch nicht die Antwort eines Heiligen. Es ist das Achselzucken der neukonservativen Gleichgültigkeit.

# Die Abendröte des Westens

*Der Schriftsteller Cormac McCarthy*

»Irgendwann muß jeder lernen, sich selbst zu ertragen«, sagt die Stimme. »Meinen Sie nicht?« Eine ruhige Stimme. Eine, die Pausen liebt. Eine verdammt selbstsichere Gottvater-Stimme, schwer wie Fels im Rauschen der Leitung und ebenso einsam.

Er lebt allein, in einem kleinen, weißen Steinhaus in El Paso, an der mexikanischen Grenze. Bei ihm ist es mittags. Draußen brennt die Sonne den Boden rissig. Rund 40 Grad, schätzt er. Die Klimaanlage taugt nicht viel. Ab und zu unterbricht er das Gespräch, um sich Wasser über Kopf und Arme laufen zu lassen. Sein Schlafzimmer ist dunkel, und neben dem Bett stapeln sich Bücher, viele davon offen. Zur Zeit liest er Ray Monks Biographie über Wittgenstein.

Es wird nur Telefongespräche geben, über Tage hinweg nur die Stimme, das ist die Vereinbarung. Und sie macht Sinn: Cormac McCarthy ist ohnehin nicht mehr als ein Phantom im Literaturbetrieb. Ein Insidertip, ein Schriftsteller für Eingeweihte, ein geflüsterter Name, der meist im Zusammenhang mit zwei anderen genannt wird: Joyce und Faulkner. Die meisten seiner Romane sind den Stiftungen und Akademien gewidmet, deren Stipendien sie ermöglicht haben – verkauft hatten sie sich bisher nie.

Das Foto zeigt einen Mann Ende 50. Hohe Stirn. Große, wache Augen. Cormac McCarthy ist eine Stimme, ein paar tausend Kilometer weit weg, und die sagt: »Ich habe Glück gehabt im Leben – ich habe nie eine einzige Zeile geschrieben, um Geld damit zu verdienen.« Wenn er Bücher hätte verkaufen wollen, wäre er Händler geworden und nicht Schriftsteller. Öffentliche Auftritte nennt er »Hurerei«, und Interviews lehnt er normalerweise ab.

»Für Wittgenstein war Schreiben eine Maschine, um anständig zu werden.« Er lacht in sich hinein wie über eine Pointe, die nur er versteht: »Man macht das, was man gut kann.« Selbstzweifel kennt diese Stimme nicht. Aber sie kennt den Preis, den man dafür bezahlt, wenn man nicht bereit ist, sich zu verkaufen.

Seinen Roman »Suttree«, der jetzt, 13 Jahre nach der amerikanischen Erstveröffentlichung, auf deutsch unter dem Titel »Verlorene« erscheint, hat er bezahlt. Ein Buch wie ein Monolith in der amerikanischen Literaturlandschaft, schwarz, mächtig, geheimnisvoll. Cornelius Suttree, der College-Abgänger, der auf einem Hausboot in Tennessee lebt, der sich vom Fluß ernährt, der stinkenden Kloake, in der Fische und Abfälle und Kinderleichen treiben, ist ein mythischer Held mit modernem Bewußtsein, geschichtsschwer, listig, unabhängig, ein Stephen Dedalus in der Phantasmagorie des Westens.

Wie der »Ulysses« spielt auch »Suttree« mit Verweisen auf die antike Mythologie. Der Fluß, der die »Welt der Gerechten« vom Reich der »gröberen Lebensformen« trennt und die Lebenden von den Toten, ist der Styx, und Suttree ist ein Schatten unter Schatten, die in Höhlen und Fässer und unter Brücken fallen.

Es ist wenig, was man von Cormac McCarthy weiß, und

das wenige findet sich, verrätselt, in »Suttree« wieder. Wie Suttree hat auch Cormac McCarthy unter Brücken gelebt und ist in Gefängniszellen aufgewacht, in Tennessee in den fünfziger Jahren. Sein Vater war ein wohlhabender Anwalt. Großes Herrschaftshaus, Dienstpersonal, katholisch, klassische Bildung, das war die Umgebung, in der Cormac McCarthy aufwuchs. Er liebte Bücher, aber noch mehr die Wildnis draußen, das Leben auf der Klippe.

Die Stimme am Telefon erzählt von jener Zeit widerstrebend zunächst, dann behutsam, als wolle sie keine Wunden aufreißen: »Viele der Menschen, von denen in ›Suttree‹ berichtet wird, leben noch.« Sein Vater, zum Beispiel.

Sowenig wie Suttree, das Kind eines Predigers, interessiert sich Cormac, der Anwaltssohn, für die Karrierevorgaben seines Vaters. Er meldet sich freiwillig zur Air Force und verbringt vier Jahre in Alaska, in denen er vorwiegend liest. Dann kehrt er zurück und beginnt zu schreiben und tut sein Leben lang nichts als das.

Er vagabundiert durch den Südwesten, er lernt alles über Klapperschlangen und über Pferde, er meidet die großen Städte. Er lebt in Motelzimmern, er heiratet zweimal, seine Frauen verlassen ihn, und er schreibt, und er liest und lagert seine Bibliothek, rund 7000 Bände, in Schließfächern ein. »Bücher werden aus Büchern gemacht«, sagt die Stimme und erledigt damit alle weiteren Fragen nach biographischen Details. »Wenn Schreiben mit dem Leben zu tun hätte, wäre jeder Schriftsteller.«

Seinen Erstling »The Orchard Keeper« schickt er an den Verlag Random House. Dort fällt das Manuskript Albert Erskine in die Hände, dem legendären Lektor Faulkners, und Erskine sieht sofort, daß hier eines der größten Talente der amerikanischen Literatur schreibt – und daß sich seine Bücher nicht verkaufen werden. »The Outer Dark« und »Child of God«, die Folgeromane, geben ihm recht. Es sind dunkle, sprachgewaltige Parabeln auf die blinden Kinder der Wildnis, die von einigen wenigen Kritikern hoch gerühmt werden – und ohne Leserschaft bleiben.

20 Jahre lang schreibt McCarthy an »Suttree«, seinem Opus magnum: ein barockes Nachtwerk über das Leben und seine trotzigen Wucherungen, über Blinde und Krüppel und falsche Prediger, die ihre Taufen im Rinnstein abhalten, über das hartschalige Gekrabbel in einer zerstörten, zweiten Müll-Natur im Hinterland der Stadt, und mitten unter ihnen Suttree, ein Trunkenbold und gleichzeitig die zarteste Seele unter der Sonne.

Der Roman, von Hans Wolf kongenial übersetzt, beginnt mit einer intimen Anrede, und es ist eine Stimme, die vom Totenreich herüberdringt: »Lieber Freund, jetzt in den staubigen, zeitlosen Stunden der Stadt, wo die Straßen schwarz daliegen und im Kielwasser der Sprengwagen dampfen... wird keine Seele gehen außer dir.« Und es folgt ein 650 Seiten starker, trunkener, funkelnder Gesang auf die Zerstörung und das Leben und ein Abgesang auf die Wildnis des Wilden Westens.

Suttree fischt, Suttree säuft, er schließt Freundschaft mit einem Indianer, der Schildkröten fängt, er liebt, er lebt mit einer Prostituierten, er redet mit einem Lumpensammler über Gott, und seltene Briefe, die er von seiner Familie erhält, zerreißt er ungelesen. Im Knast trifft Suttree auf Harrogate, der auch Huckleberry Finn heißen könnte und der aufgegriffen wurde, weil er nachts in einem Feld Melonen gevögelt hat. »Der Scheißkerl hat praktisch schon's ganze Feld gepimpert«, sagt der geschädigte Bauer fassungslos. »Tcha«, sagt sein Nachbar, »der hält sich wahrscheinlich für'n mordsmäßigen Stecher.«

Später rettet Suttree seinem Freund das Leben – Harrogate legte Dynamit in Höhlengängen unter der Stadt an, um an ihren Reichtum zu kommen, und natürlich trifft er nur die Kanalisation, und die Kloake reißt ihn davon. »Suttree« ist ein melancholischer und ein hinreißend komischer Roman.

Faulkner beschrieb die zerbrechende Ordnung des Südens. McCarthy beschreibt einen neuen Dschungel jenseits aller Ordnung, einen Ort aus Müll und giftigem Wildgewächs am Ende der Zivilisation. Nur manchmal tauchen an ihren Horizonten knüppelschwingende Polizisten auf, sinnlose Totschläger in einer Welt, die von Irren und fanatischen Predigern bevölkert wird und von Toten, die sich unter die Lebenden mischen:

*Er keuchte meinen Namen, sein Griff strafte seine Gebrechlichkeit Lügen. Sein ausgehöhltes und verbrauchtes Gesicht. Wenn sie könnten, würden die Toten die Lebenden mitnehmen, ich riß mich los. Saß in einem Efeugarten, wo es Eidechsen gab, ein ledernes Dahinhuschen ohne Ende...*

Auch über Suttrees schlieriger Höhlenwelt funkeln Sterne, und ein unstillbarer und unwiderstehlich komischer Drang nach Erlösung beseelt ihre verwehten Bewohner, den

Schwarzen Jones oder den Lumpensammler, den Geiß-
bockprediger oder die Prostituierte Joyce. Und da Bücher
aus Büchern gemacht werden, begegnen wir auf Suttrees
Reise den Archetypen der Weltliteratur – Macbeths Hexen
und Odysseus' Sirenen, einem Penner namens »Ulysses«,
den Schimären der klassischen Walpurgisnacht und Büch-
ners »Lenz«.

Denn wie Lenz bricht Suttree eines Tages auf in die Wälder, und er verliert seinen Verstand wie Lenz, über den
Büchner schrieb: »Müdigkeit spürte er keine, nur war es
ihm manchmal unangenehm, daß er nicht auf dem Kopf
gehen konnte...«

»Büchner?« fragt die Stimme am Telefon, plötzlich hellwach. »Schreibt er gut?« Und dann hört er einer anderen
Außenseitergeschichte zu, einer der großen Einzelgänger-
geschichten der deutschen Literatur, und in seinen spora-
dischen Fragen liegt die intuitive Solidarität mit einem
Nonkonformisten aus einer anderen Zeit, einer anderen
Welt.

In unseren Tagen, sagt die Stimme schließlich, so ruhig
wie ein Arzt, der einen Exitus feststellt, gehe es nicht mehr
nur um den Verfall der Kultur, sondern um die Bilanz
endgültiger Verluste. Dichtung, Malerei, Musik, unwieder-
bringlich dahin, versandet, verraten ans Mittelmaß oder
an die Paralyse der Moderne. »Wir sind wie primitive
Stämme, die aus ihrer Kultur vertrieben sind und ihre
Orientierung, ihre Identität, ihre Lebensfähigkeit verloren
haben.«

Einer wie Cormac McCarthy beteiligt sich nicht an den
literarischen Modediskussionen der Feuilletons und noch

weniger an den politischen der Leitartikler. Politik hält er für ein geschwätziges Beschwichtigungssystem, das nicht in der Lage ist, die wesentlichen Menschheitsfragen überhaupt zu berühren.

Einige Tage später allerdings spricht die Stimme am Telefon leidenschaftlich von den serbischen Konzentrationslagern und von der Verpflichtung einzugreifen. Sie tut es mit einer überraschend blutigen Metapher. Es gebe die moralische Verpflichtung, sagt sie, »die Hand abzuschneiden, die sich an die Kehle des Bruders legt«.

Es ist ein archaisches Bild, und Cormac McCarthys Romane, die »Suttree« folgen, zeigen eben das: eine archaische Welt, in der Verlorene, Entwurzelte über die Schlachtfelder des Lebens irren wie die tragischen Helden der Antike, die vergebens ihrem Schicksal zu entkommen trachten. Blut wird vergossen, und Blut wird zum heidnischen Ritual der Reinigung.

Um für seinen Roman »Blood Meridian« zu recherchieren, zog McCarthy vor rund 20 Jahren nach El Paso, an die mexikanische Grenze. Hier, im erst seit knapp hundert Jahren »zivilisierten« Südwesten der Vereinigten Staaten, in dessen Rissen bereits die alte, neue Wildnis wuchert, hat McCarthy die ideale Landschaft gefunden für seine Beschreibungen der blinden und heroischen, der gewissensschweren und der reflexionslosen Bestie Mensch.

Er schildert die Geschichte eines Jungen ohne Herkunft, der sich dem grotesken Beutezug verwahrloster Killer und Skalpjäger in den Ausrottungskriegen gegen die Indianer in der Mitte des vorigen Jahrhunderts anschließt. Ein Buch wie die grausamsten Radierungen aus dem Dreißigjährigen

Krieg. Eine delirierte Gespensterlandschaft mit Bäumen, von denen tote Kinder hängen, Leichenfeldern, bleichenden Skeletten. Es ist ein allegorischer Maskenzug, der da den Tod bringt und dem Tod entgegenreitet.

Da ist das »Kind«, da ist der Ex-Priester, da ist der Narr. Und da ist vor allem der Richter, ein glatzköpfiger Teufel, der Erlösung durch Blutvergießen predigt, ein schreckliches Jüngstes Gericht, gleichzeitig im Bunde mit Gott und der Barbarei, dem Ideal und dem Terror.

Wie paßt das zusammen? Und wie paßt diese Stimme, die so mühelos über Hegel und die Astrophysik, über Dostojewski und die Dichter der Antike redet, geduldig, ruhig, kultiviert, zu dem Grauen, das in diesen Seiten ausgebreitet wird, zu den Monstern und den Schrecken und den wortarmen Pistoleros des Wilden Westens?

Endlos erstreckt sich der Friedhof El Pasos am Highway-Gewirr der mexikanischen Grenze entlang. Wie bleiche Spinnenarme ziehen sich die Betonbänder hoch vorbei, über den Rio Grande hinweg, in den noch ärmeren Süden, hin zu den lärmenden Spelunken und Bordellen und Baracken von Ciudad Juárez.

Der Friedhof von El Paso ist eine rissige, struppige Geröllwüste, und zwischen den verwitterten Holzkreuzen rollen entwurzelte Tumbleweed-Sträucher im heißen Wüstenwind. Die Stadt der Toten wirkt so provisorisch wie die Stadt der Lebenden. Über den Mexikaner-Gräbern liegen Papierblumen, und die Gräber der Juden haben einen Hain für sich, und dort, wo die Grabsteine bereits zerbrochen sind von der Zeit, zwischen Kakteen und Konservenbüchsen, eine verwitterte Umfriedung und auf einer Metallplatte ein Name: John Wesley Hardin.

Hardin, eines der Ungeheuer aus der blutigen Gründergeschichte Amerikas. Er könnte McCarthys »Blood Meridian« entstammen – der wahrscheinlich sadistischste Killer Texas' war Sohn eines Predigers. Im Alter von 15 erschoß er sein erstes Opfer, einen Schwarzen. »Die meisten Revolverhelden haben früh angefangen«, sagt McCarthy. »Hardin hat später die Seite gewechselt. Er studierte Recht. Und wurde in einem Saloon in El Paso erschossen.« McCarthy mag diese Pointe.

Es gibt Zeiten für Vereinbarungen und Zeiten, wo Vereinbarungen gebrochen werden müssen. Schließlich kommt es doch noch zum Zusammentreffen zwischen Schriftsteller und Reporter.

Er ist kleiner als erwartet. Er wirkt kompakt, athletisch, und das offene Gesicht ist jünger als das auf den Fotos. Graugrüne Augen mit langen Wimpern und die ruhigen, sicheren Bewegungen eines Mannes, der weiß, wie man in der Wüste überlebt.

Er hat an den Korrekturen zu seinem neuen Roman geschrieben, dem zweiten Teil einer Trilogie, und er hat, wie jeden Tag, von sieben bis zwölf Uhr mittags gearbeitet. Mit dem Schreiben, sagt er, habe er nie Probleme gehabt.

Nun allerdings hat sich die Geschäftsgrundlage seiner Arbeit geändert. Seit Wochen behauptet sich der erste Teil seiner Trilogie, »All the Pretty Horses«, in der Bestsellerliste der *New York Times*, und sämtliche seiner Romane werden zur Zeit neu aufgelegt. McCarthy, der Autor, erlebt einen regelrechten Boom. Der Outlaw der amerikanischen

375

Literatur wird für die Kaufhausketten entdeckt. Der Gedanke daran ist ihm unbehaglich.

Er hat nie einen Gedanken an Leser, an ein Publikum verschwendet. Und nun, mit 59, droht ihm plötzlich der späte Erfolg. Er wird sich die Haare färben, sagt er, und einen falschen Paß zulegen und abtauchen über die Grenze. »Bestsellerlisten haben nichts mit Literatur zu tun.« Er schüttelt den Kopf. »Haben Sie sich die Titel einmal angeschaut, die dort auf der Liste stehen? Meinen Sie etwa, es ist schmeichelhaft, in dieser Gesellschaft zu sein?« Sein Erfolg – ein entsetzliches Mißverständnis.

Vielleicht hat er recht. Auf den ersten Blick mag »All the Pretty Horses« tatsächlich konventioneller wirken als alle vorangehenden Bücher. Der Roman erzählt von zwei texanischen Halbwüchsigen der fünfziger Jahre und ihren Abenteuern: John Grady und sein Freund reiten über die mexikanische Grenze und arbeiten auf einer Hacienda. Grady verliebt sich in die Tochter des Hacienderos, er überlebt ein mexikanisches Gefängnis, er kehrt heim.

Doch kreist der Roman, der nahezu ausschließlich aus knappen, zielsicheren Dialogen zwischen zwei Jugendlichen besteht, um Themen wie Liebe und Ehre und Tod. Vor allem aber schildert der Roman eine Reise – eine Suche nach Identität und nach der Geschichte Amerikas.

»Wie kein anderes Land der Erde ist Amerika ein Provisorium«, sagt Cormac McCarthy. »Eine Erfindung ohne Geschichte.« Hier, auf dem blutigen Meridian des Südwestens, wo die Städte, die Highways und die Shopping Malls in der Wüste liegen wie flüchtig aufgeschlagene Zelte und selbst Glaspaläste wirken wie Provisorien, hier liegt die archaische Vorgeschichte noch offen, noch obenauf. Die Zeitung meldet eine Schießerei unter Teenagern und berichtet über Ermittlungen gegen einen falschen Prediger, der seine Gemeinde betrogen hat. Wahn und Waffen, McCarthy-Land.

Er erzählt von seinen Trips nach Chihuahua, von den Ranches und von den Pferderassen der Gegend. Seine Freunde interessieren sich mehr für die Pferde als für Bücher, und selbst in seiner Nachbarschaft weiß kaum einer, daß er Romane schreibt. Unter seinen Freunden sind keine Literaten. Aber einige Mathematiker und Physiker.

Er ist fasziniert von der Perspektive, in die die Astrophysik die Menschheitsgeschichte rückt. Es ist die Perspektive der Götter – dort unten das sinnlose Gekrabbel der Menschheit und ihr Leiden.

Es spricht einiges dafür, sagt er, daß es mit dem Experiment Menschheit bald vorbei ist. Und merkwürdig – wie die Prediger in seinen Romanen ist auch Cormac McCarthy ein Moralist. Weniger fanatisch, resignierter. Wenn er vom Untergang redet, spricht er nicht von ökologischen oder ökonomischen Katastrophen, sondern vom Sterben des inneren Menschen, vom Sinn-Tod. »Wie kann man ohne Moral leben?« sagt er irgendwann.

Wir sitzen im Flughafen-Restaurant von El Paso und schauen in die untergehende Sonne, rotglühend über den violetten Hügeln am Ende der Rollbahn. Die »Abendröte des Westens« hat er seinen Roman »Blood Meridian« im Untertitel genannt, ein Buch, das wie die Schreckensgemälde von Hieronymus Bosch Metaphern bereitstellt für den Untergang der Menschlichkeit und damit der Menschheit.

Er wird weiter darüber schreiben in einer glühenden, festlichen, lyrischen Sprache, wie sie kein zweiter schreibt – und dann werden auch seine Bücher verweht sein, da ist er sicher. Und er lacht.

# Tod in New York

*Die Aids-Erkrankung des Schriftstellers Harold Brodkey*

Es ist das gleiche Wohnzimmer, hoch und luftig auf der Upper West Side in Manhattan, gleich neben der Kuppel einer Synagoge. Es sind dieselben bemalten Holzenten, die Bauerntruhen, das dunkle, unbearbeitete Holz. Und doch ist alles anders: Nun steht da, raumbeherrschend, ein großes, weißbezogenes Bett.

Harold Brodkey ist schnell erschöpft. Er muß sich oft hinlegen, doch heute geht es ihm besser. Er hat ein gutes Wochenende auf dem Land hinter sich, und nun steht er ausgehfertig im Zimmer, groß, gebeugt, voller im Gesicht als noch vor einem halben Jahr. »Die Klimaanlage ist ausgefallen«, sagt er und greift seinen Hut, seinen Stock. »Laß uns irgendwo hingehen, wo es kühler ist.«

Es ist das gleiche Café am Broadway. Vor vier Jahren, nach einem schweißtreibenden Training im Fitneßkeller, saß er hier und zeichnete, viril und dampfend vor Zuversicht, mit einer farbigen Ölkreide auf dem Papier-Tischtuch die Frontverläufe des New Yorker Literaturbetriebs. Und nun spricht Harold Brodkey, der Schriftsteller, über den Tod und über die »seltsamsten, überraschendsten zwei Wochen« seines Lebens.

»ICH HABE AIDS.« Mit diesen drei Wörtern beginnt ein Brief »An meine Leser«, den er kürzlich im Magazin *The New Yorker* veröffentlicht hat. »Ich bin selbst überrascht, daß ich es habe. Ich habe mich seit den siebziger Jahren keiner Ansteckungsgefahr mehr ausgesetzt.« Es folgen drei Seiten Prosa über die Krankheit, über das Leben, das hinter ihm liegt, und den Tod, der ihn erwartet. Schonungslos, klug, unsentimental. Er schließt mit den Worten: »Mehr habe ich im Moment nicht zu sagen. Betet für mich.«

Brodkeys Brief ist ein geduldiger, ein ruhiger Abschied. Der Schriftsteller, der wie kaum ein anderer in der amerikanischen Literatur um die Geltung seines Werkes gekämpft hat, nimmt Abschied vom Schlachtengetümmel. »Ich glaube, daß mein Werk weiterleben wird. Und ich bin müde, es zu verteidigen, müde, mein Leben dafür zu geben.«

Ganz sicher enthält dieser Brief die versöhntesten Sätze, die der Autor je geschrieben hat. »Mein Leben hat sich in diesen Tod verwandelt, unwiderruflich. Aber ich glaube nicht, daß mich dieses Todesurteil beunruhigt.«

Drei Seiten Prosa, die wie ein großes Aufatmen sind: »Ich sehe den Tod als eine Stille, als Stille und Privatangelegenheit und Unberührbarkeit, als Verzicht auf Antworten und Meinungen, als Erleichterung und Privileg, eine glückliche und wundervolle und ausgewogene Stille, für die man nur dankbar sein kann.«

Der Tod ist unermeßlich, er hat Würde, er verspricht die Auflösung des Selbst, die Metamorphose in einen »Tanz aus Partikeln und in die Unhörbarkeit«. Harold Brodkey, der sein Leben in Literatur verwandelt hat, der Kindheitsmomente und erste Lieben und tiefste Verletzungen festgehalten hat wie unter Bernstein, philosophiert nun, an den Grenzen der Sprache, über den Stillstand am Ende seines Lebens.

Vor vier Jahren noch schien Harold Brodkey die öffentliche Instanz, ein unverwundbarer Star in der Talmi-Hölle New Yorks. Er genoß seinen Ruhm mit der Naivität eines Kindes, das Wahrheiten sagt und glaubt, unbestraft davonzukommen. Er war spöttisch, hochfahrend, klug und einsam.

Seine »Nahezu klassischen Stories«, gesammelte Kurzgeschichten, waren erschienen. Brodkey war mit Recht als Genie gefeiert worden, und das Lob, das ihm gezollt wurde, schien nur ein schwacher Vorglanz dessen zu sein, was kommen sollte – endlich, nach Jahrzehnten angestrengter Arbeit, sollte sein großer Amerika-Roman, sein Lebenswerk, erscheinen.

Doch als der Roman vorletztes Jahr tatsächlich herauskam, war das gebildete Lese-Publikum, für das er schrieb, verschwunden. Kaum einer noch mochte sich den mäandernden Bewußtseinsströmen seines literarischen Experiments aussetzen.

Brodkey, der vom Lorbeer geträumt hatte, von der Heimkehr in die amerikanische Öffentlichkeit und ihrer Zuwendung, stürzte vom Hochseil. Das Immunsystem »Ruhm«, das ihm Schutz vor den Beschädigungen des Lebens zu versprechen schien, war zusammengebrochen.

Und Brodkey begann, schon jetzt, zu sterben.

Ihm dämmerte, daß er unzeitgemäß geworden war in all den Jahren, in denen er seinen Brocken gewälzt hatte. Nun war Sisyphus am Ziel. Was gab es noch zu tun?

Er nahm Abschied. Er kehrte dem überfieberten Bestsel-

lergeschrei des »literarischen Lebens« Amerikas den Rük-
ken. Er fuhr nach Venedig, müde wie einer, der bereit ist,
loszulassen.

Doch in diesem Loslassen gelang ihm noch einmal ein
Meisterwerk. Ganz unangestrengt, innerhalb weniger Wochen inmitten der verzauberten, wintrigen Lagunenstadt,
schrieb er eine Geschichte, die zum Schönsten gehört, was
je über die Stadt geschrieben wurde – den Roman »Profane
Freundschaft«.

Er erzählt darin von der Liebe zwischen zwei Jungen vor
dem Zweiten Weltkrieg. Ein Buch über die Wahrheit und
die Verstellungen, die Unterwerfungen, die Hingabe und
den Schmerz dieser Liebe.

Darüber hinaus ist es ein Buch über die »perlenge-
schmückte« Pracht einer vergangenen Epoche. »Brodkeys
Venedig«, sagt sein deutscher Verleger Michael Naumann,
»ist wie eine Stadt, die noch leuchtet, wenn die Sonne schon
untergegangen ist.« Und natürlich ist es auch das Venedig
Thomas Manns, in dem Leidenschaft und Tod eins sind.

Ende vergangenen Jahres zog Brodkey für mehrere
Wochen nach Berlin, dem deutschen Publikum näher, das
im Vergleich zum amerikanischen »redet, statt zu schrei-
en«. Hier in Berlin waren Freunde über sein Aussehen
erschrocken – er selber war es nicht. Er schrieb seinen Ge-
wichtsverlust der makrobiotischen Diät zu, die ihm seine
Frau Ellen Schwamm verordnet hatte.

Nur als Journalist noch war Brodkey mit seinen amerikanischen Lesern verbunden, über scharfe und scharfsinnige
Polemiken im *Observer* und im *New Yorker*. Er schrieb
über die Verschlampung des kulturellen Lebens, über die

Verrohung der literarischen Kriterien im TV-Zeitalter, und es waren Abschiedsgrüße eines Autors an eine Zeit, die das Lesen verlernt hatte.

Und noch einen anderen Abschied nahm Brodkey. Für den *New Yorker* fuhr er im Frühjahr zur Oscar-Verleihung, wo Elizabeth Taylor für ihre Aids-Kampagne ausgezeichnet wurde, und er schrieb das melancholische Porträt einer Göttin, die den Wechsel vom Leinwandhimmel ins Fernsehformat nicht überlebt hatte. Und Brodkey feierte noch einmal ihren verblaßten Glanz, ihre Schönheit.

Auf dem Rückflug von Los Angeles brach die Krankheit aus, als böse Lungenentzündung. Er schien unberührt von der Diagnose, daß er HIV-positiv sei. »Ich hatte solche Schwierigkeiten, überhaupt zu atmen, daß es mir vollkommen gleichgültig war.« Zu dem Brief »An meine Leser« und damit zur Öffentlichkeit entschließt er sich, leidlich erholt, auf Anraten seiner Frau. »Das Geheimnis hätte mehr gekostet, als es wert ist.« Es ist anstrengender zu lügen, als die Wahrheit zu sagen.

Paradoxerweise werden ihm erst jetzt, im Moment der körperlichen Kapitulation, Liebe und Anerkennung zuteil und jener Respekt, der ihm im Moment seines letzten großen literarischen Gefechts weitgehend versagt geblieben ist.

Brodkey ist kein einzelner mehr. Jeden Tag sterben in New York Menschen an Aids. Die mit Aids verknüpften Metaphern haben ihren Charakter verändert. Aids stigmatisiert nicht mehr durch Ächtung, sondern durch Sympathie. Das rote Band der Aids-Aktivisten tragen Hollywoodstars wie Ehrenabzeichen. Die achtziger Jahre der

Verdrängung sind vorbei. Nun herrscht die Offensive der Umarmung. Pausenlos geht bei Brodkey das Telefon. Ellen sortiert Berge von Briefen.

Nun also hat Harold Brodkey einen neuen Lebensmittelpunkt. Denn Aids ist mehr als eine Krankheit, Aids ist eine Identität. Harold Brodkey, der Meister der Verwandlungen und Relativierungen, ein Verführer und Zauberer, richtet sich in dieser letzten Identität ein. Ein letztes Drama, Tod in New York.

»Ich habe keine Ahnung, wie man sich als Aids-Kranker benimmt«, sagt er. »Was weißt du über Aids?« Er schaut über die Tische des Szenelokals, als schaue er über Abgründe hinweg. Aus den Lautsprechern dröhnt Rap. Die Kellnerinnen sind jung und schön und gelangweilt und blühend. »Keiner weiß, was es ist«, sagt Brodkey. »Ich weiß nur, daß ich mein Enkelkind nicht mehr küssen möchte.« Und nach einer Pause: »Offenbar rieche ich noch nicht nach Tod. Ich merke es an den Reaktionen von Kindern und von Tieren.«

Die Krankheit hat ein Doppelgesicht. Sie errichtet eine Kontaktsperre, eine ständige Infektions-Wachsamkeit, eine Mauer zum Leben und zu denen, die er liebt. Und doch klingt Brodkey auf eine berührende Weise zu Hause, geborgen in der Krankheit.

Ja, zum erstenmal in seinem Leben gehört Harold Brodkey, das Adoptivkind, der entwurzelte Nachkomme osteuropäischer Juden, der Schriftsteller, der ein Leben lang Außenseiter war, einer Gruppe an. Im *New Yorker* schreibt er über das »düstere, aber nicht grimmige Fest«, zu dem er sich eingeladen fühlte, als ihm der Doktor die Diagnose mitteilte – eingeladen in die wachsende Gemeinschaft der Aids-Kranken.

Ich habe Aids. Das ist kein Hilferuf. Das ist Selbstbehauptung, in Großbuchstaben. Er weiß, daß Aids mittlerweile, nicht nur in New York, fast als sozialer Heldentod gilt. Nicht ohne eine letzte, lächelnde Selbstheroisierung schreibt er darüber: »Mir scheint es, als sei ich umgeben von Tapferen ohne Zahl, als sei ich eingereiht in eine Phalanx von Sterbenden, die wild zum Leben entschlossen sind, und ich fühle mich geehrt, daß ich sozusagen in der Gemeinschaft solcher Menschen sterben soll.«

Aber natürlich hat Brodkey auch hier das Talent, enttäuscht zu werden. Am Tag nach der Veröffentlichung des Briefes im *New Yorker* ruft ihn ein Leidensgenosse an. Einer aus der Gemeinschaft der Tapferen – ein Reporter der *New York Times*, der um ein Gespräch bittet. Brodkey, der die Selbstgefälligkeit und Schludrigkeit des Blattes noch vor kurzem öffentlich kritisiert hatte, gewährt es prompt.

Zwei Stunden unterhalten sich die beiden. Brodkey fragt. Er öffnet sich. Er will wissen, wie ein Leben mit Aids zu führen sei. Zwei Tage später erscheint der Artikel unter der schnoddrigen Überschrift »Brodkey und Aids: Ein bißchen Lachen, ein bißchen Weinen«. Brodkey, so dürfen die Leser des Metropolenblattes erfahren, sei trotz seiner Krankheit immer noch der alte Poseur. Ein bißchen Tränen, Tralala.

Das Leben, schreibt Brodkey in seinem Brief, ermüde ihn. Die Feinde schonen auch die nicht, deren Kräfte erlahmen. Im Gegenteil. »Die Niederträchtigen blühen dann geradezu auf.«

Das liegt hinter ihm. Er kümmert sich nicht mehr darum. Trotz allem, sagt er, fühle er sich diesem Reporter näher als jedem anderen, der die Krankheit nicht in sich trägt.

Er hat Pläne. Er möchte dazu beitragen, daß die Krankheit »demythologisiert« werde. Dann wieder sagt er, daß er »Entscheidungen treffen müsse«. Aktivist oder Journalist oder Schriftsteller. Die Zeit wird knapp. Er rechnet mit 18 Monaten. An guten Tagen kann er für drei Stunden arbeiten. Als ihn die Ärzte über seinen Zustand aufgeklärt hatten, warf er sich mit neuem Elan auf die Korrekturen zu seiner Venedig-Novelle. Sie ist fertig.

# Kunst

## Klarheit der Träume
### Der Zeichner Saul Steinberg

»Vielleicht verstehen Sie mich gar nicht«, sagt Saul Steinberg melancholisch, »ich komme mir oft vor wie ein Monster, das nur von anderen Monstern Bestätigung erfährt.«

Ein Monster mit bekümmertem Briefträger-Gesicht. Hohe Stirn, dicke Brillengläser, blaues Polohemd, Leinenhose mit Bügelfalte. Er steht in seiner peinlich ordentlichen Upper-East-Side-Wohnung, als hätte er Haltung angenommen. Neben ihm auf einem Stuhl ein billiger Plastikventilator.

New York in diesen Tagen ist schwül wie der burmesische Dschungel, und Steinberg erinnert an Alec Guinness in dem Film »Die Brücke am Kwai« – er steht stramm vor seinem Arbeitstisch, als trüge er eine Uniform und inspiziere ein absurdes Bauwerk in der Wildnis, pflichtbewußt bis zum Wahnsinn und zivilisiert bis in die polierten Rockknöpfe. »Arbeit«, sagt er, »ist die einzige Möglichkeit, der Verzweiflung zu entrinnen.«

Er spricht über diese Arbeit, als erläutere er theoretische Physik. Er ringt um die richtige Formel. Das heißt: Er baut Brücken und sprengt sie in die Luft, und er bemüht sich in beiden Fällen um Präzision. Was schöner ist, als verstanden zu werden? Eine Idee, die beim Reden entsteht, ein Gedanke, der ein Blitz ist und ein Rätsel, klar wie im Traum. Später wird er sich und dem Besucher einen Exzeß gestatten – eine Dose koffeinfreie Diät-Coca-Cola.

Saul Steinberg, vor 78 Jahren in der rumänischen Kleinstadt Râmnicu-Sarat zur Welt gekommen, ist einer der letzten Heroen der Moderne. Ein später, standhafter Soldat der Avantgarde und der pathetischen Unabhängigkeitserklärungen der Kunst, und natürlich weiß er selber am besten, wie erhaben und gleichzeitig komisch diese Position ist.

Er hat sie in einer Zeichnung eingefangen, die er »Parade« nannte: In einem Triumphzug tragen Strichmännchen die Insignien aus diesem Reich der Freiheit mit sich herum, und sie präsentieren ihre Pinselstriche und Farbkleckse so stolz wie Soldaten ihre Gewehre oder Bauern ihre Ernteerträge.

»Natürlich haben die Pop-Art-Leute diese Idee übernommen«, sagt er. Natürlich. Saul Steinberg, der schon in jungen Jahren ein Star war, kennt seinen Wert. Er läßt keinen Zweifel daran aufkommen, daß vieles, was in den letzten zehn Jahren in den Madison-Avenue-Galerien teuer gehandelt wurde, wertloser Unsinn ist: Bei Erwähnung einiger der heißesten Namen zieht er nur erstaunt eine Augenbraue in die Höhe.

In der Zeichnung »Künstlerdenkmal« hat er das Selbstgespräch des Betriebs mit einer absurden Allegorie gefeiert. Hoch oben, auf dem Sockel, natürlich der Kunsthändler. Zu seinen Füßen der Künstler, stranguliert vom Verlangen nach »Schönheit«. Und dann ist da die Historie, die sich endlos verzückt im Spiegel betrachtet. »Nichts vergiftet die Kunst so sehr«, sagt Steinberg, »wie ihre eigene Geschichte.« »Aber der Künstler muß doch wissen, was war, um es anders zu machen«, wirft der Besucher ein. »Sie haben soeben einen schlechten Künstler beschrieben«, sagt Steinberg.

Die Kunstgeschichtler ihrerseits hatten mit Steinberg immer Schwierigkeiten: Museumsehren für einen Cartoonisten? Ein Illustrator von Höllenwitzen, ein Zeitgenosse – im Olymp? Friedrich Dürrenmatt, einer seiner Anhänger, schrieb: »Saul Steinberg bewundere ich nicht, ich habe keine Zeit dazu. Unter Zeitgenossen gibt es keine Bewunderung, nur Mitgefühl: Wir stecken alle in der gleichen Scheiße.« Und dann setzte er hinzu: »Ich halte ihn für wichtiger als Picasso.« Besser hätte er, Steinberg, das auch nicht sagen können.

Saul Steinberg, das berühmteste Phantom New Yorks: Das einzige autorisierte aktuelle Foto zeigt ihn mit einem Blatt, das er sich vors Gesicht hält. Er spielt mit Stilen und Masken, er liebt es, unsichtbar zu sein. Die Welt der Eindeutigkeiten und ihren bürokratischen Papierkrieg hat Steinberg, der Immigrant, schon immer verspottet: In vielen seiner Zeichnungen finden sich fingierte Dokumente, pompöse Unterschriften, Phantasie-Stempel. Das Firmament seines Bildes »Utopia« findet er so schön, daß er es abgestempelt hat: ein Himmel, Güteklasse A.

Mit so einem haben Paßbeamte ihre Probleme, in der Kunst wie im Leben. Als der rumänische Zeichner Steinberg, in Italien bereits ein Star und mit einem Architektur-Diplom des Königs versehen, das ihn als Angehörigen der »jüdischen Rasse« abstempelt, 1941 in die Vereinigten Staaten einwandern wollte, wurde er zunächst abgewiesen – er hatte die falschen Papiere.

Er schaffte die Einreise doch noch, über Santo Domingo. Und von Santo Domingo aus entdeckte Steinberg Amerika. Denn daran besteht kein Zweifel: Amerika wurde von Saul Steinberg entdeckt, oder, wie es sein Kritikerfreund Harold Rosenberg ein wenig genauer ausgedrückt hat: »Amerika wurde für Saul Steinberg gemacht.«

Man muß von außen kommen, von weit außen, um Amerika so vollständig zu verstehen, wie es Saul Steinberg tut. Seine berühmteste Zeichnung zeigt die Welt, wie sie von »Hell's Kitchen« aus wahrgenommen wird, der abgewrackten Kriminellen- und Analphabeten-Gegend auf Manhattans West Side: Breit die Neunte Avenue, dann der Hudson, dahinter Kansas als kleine grüne Wiese, der Pazifik als schmales blaues Band – und die winzigen Würstchen am Horizont sind Japan, Rußland und China.

Die Idee Amerikas ist die der ständigen Neuerfindung. Eine Erkundung in die leere Fläche, ohne das Gepäck von Dogmen und Regeln und Vorschriften – wie die Abenteuerfahrten mit der Hand eines Künstlers, die mit einem Punkt beginnen. Daß dem Ideal des wahrhaft freien Künstlers nichts so nahe kommt wie der Archetyp des amerikanischen Selfmademans, hat keiner besser verstanden als Saul Steinberg, der aus der Alten Welt vertriebene Intellektuelle, der Weggefährte Giacomettis und Bretons: Amerika ist ein weißes Blatt Papier, das darauf wartet, vollgezeichnet zu werden.

Über 50 Jahre lang hat Steinberg den amerikanischen Traum und seine Nachtseite mitgestaltet. Von der ersten

Zeichnung im *New Yorker*, bereits 1941, bis zu den späten Blättern der neunziger Jahre – ein Logbuch amerikanischer Phantasmagorien, das nun als Sammlung vorliegt: »Die Entdeckung Amerikas«, das ist die Summe Amerikas und die Saul Steinbergs.

Das Leben, sagt Steinberg, komme ihm oft vor, als sei es in einen dichten Nebel eingehüllt. »Nur in der Liebe und in der Kunst gibt es Momente von Klarheit.« In seinen Amerika-Zeichnungen fallen sie ineinander, die Liebe und die Kunst, und sie erhellen blitzartig die Seelenlandschaften eines Kontinents.

»Monument Valley« ist so eine Zeichnung. Der Highway besteht aus ein paar Strichen in den endlosen Horizont. Die Berge links und rechts davon sind gerippt wie die Art-Déco-Friese des New Yorker Chrysler Buildings, sind Kunstgebirge, Stadtnatur. Die Autos wie kleine Spielzeuge vor den Pranken der amerikanischen Sphinxe, jener Kitsch-Mysterien, die in den turmhohen Neonarchitekturen am Las Vegas Strip als Symbole für Luxus und Sünde Gestalt angenommen haben.

Uncle Sam und der Indianer, der Kinovamp und die Majorette der Siegesparaden – amerikanische Embleme. Dazu Mickey Mouse, eine »ziemlich gemeine Mickey Mouse«, wie Saul Steinberg findet, »eher eine Mickey Kuh«, sowie ein Cowboy mit Totenschädel: »Die Erfüllung des Cowboys, seine wahre Liebe ist der Tod«, sagt Steinberg. »Er hat die Eleganz eines Skeletts, und die Knöpfe und polierten Metallstücke in seiner Kleidung sind wie Einschußlöcher – der Cowboy ist der heilige Sebastian des Wilden Westens.«

Unversehens kommt Steinberg auf den Irak-Krieg zu

sprechen und dessen Schreckensästhetik – wie in einem Videospiel habe man den »Glamour des Krieges« erlebt. Steinberg spricht von den barbarisch-schönen »Skulpturen« der Kampfjäger, geflogen von »gefährlichen Bestien«, und unversehens erinnert seine Todes- und Technik-Faszination an die des Futuristen Marinetti, den er in den dreißiger Jahren in Italien erlebt hat: Krieg als Objekt der Kunstkritik. Natürlich sind Künstler Monster.

Alles ist Kunst, weil alles *gemacht* ist, das ist Steinbergs Position. So kann er gar nicht anders, als die Kunstgeschichte zu zitieren, ihre Standards, ihre Formeln, ihre Siege.

Sein »Paar« von 1953 zeigt die »Hochzeit von Wesen, die nicht zueinander passen«. Zunächst nichts als das: einen Mann, eine Frau. Der Mann weist scharfe Umrisse auf, schwarze Schatten, die »harten, kubistischen Kanten des 20. Jahrhunderts«. Die Frau an seiner Seite ist üppiger, ausschweifender gestrichelt: »So wie das 17. Jahrhundert, wie Poussin.« Für Steinberg ist der Geschlechterkampf in erster Linie ein Kampf zweier unverträglicher Kunst-Stile.

Und natürlich haben auch die ersten frischen Eindrücke des Amerika-Ankömmlings Steinberg mit Kunst zu tun. Er war überwältigt, erinnert er sich, von den Frauen New Yorks in den vierziger Jahren. »Sie waren so fröhlich, so naiv, so geschmückt, und sie waren alle weniger zynisch als heute.«

Was liegt da näher, als die »Drei Mädchen in der u-Bahn« als pfauenprächtige Sirenen der Art Déco darzustellen? Und wie sie den rechten Arm zu den Halte-Riemen emporstrecken, entdeckt Steinberg, nicht zuletzt ein großer Humorist, in ihnen das Monument von Liberty Island – drei Freiheitsstatuen auf dem Weg zur Arbeit, den Blick stolz nach vorn ausgerichtet.

Steinberg, der Entdecker, reist sein Leben lang. Er kommt, kaum eingebürgert, als amerikanischer Soldat nach Kalkutta und ins chinesische Kunming. Er wohnt, als Korrespondent des *New Yorker*, den Nürnberger Kriegsverbrecher-Prozessen bei. Sein stärkster Eindruck? »Das grüne Gesicht des Offiziers, der Hermann Görings Selbstmord meldete.« Er bereist Lateinamerika, Rußland, Südeuropa und läßt sich in den fünfziger Jahren, für eine Weile, in Paris nieder. Nicht lange genug, um wirklich seßhaft zu werden – das Medium des Entdeckers ist die Bewegung. »Ich liebe neue Orte, die noch den Hauch von Erfindungen haben.«

Nur folgerichtig, daß er in Hollywood landet. Er wird 1951 für den Film »Ein Amerikaner in Paris« verpflichtet. Das heißt: Seine rechte Hand wird verpflichtet – sie soll die von Gene Kelly doubeln. Innerhalb von Stunden verkracht er sich mit dem Produzenten und steigt aus. Aber er entdeckt Los Angeles für sich, die Highway-Stadt mit ihren Architektur-Parodien, die farbige Phantastik von Santa Barbara, und er erkennt ihre Künstlichkeit als zeichnerisches Problem: »Es ist eine Falle – wie das Malen von Clowns.«

Kreuz und quer bereist Steinberg den amerikanischen Kontinent, ein Ethnologe, der Inventare über ein unbekanntes Naturvolk anlegt; er ist unterwegs mit dem Baseball-Team der »Milwaukee Braves«, und er sieht den Sport als »Allegorie auf Amerika: ein poetisches Spiel aus Mut, Glück, Furcht und Geduld«. Es sind Zeichnungen eines

»durch eine gutmütige Kultur verzauberten, gutmütigen Fremden«, wie der Kunsttheoretiker Arthur C. Danto in einem hellsichtigen Essay schreibt.

Doch in den siebziger Jahren verdüstern sich Steinbergs Zeichnungen. Amerika ist zum gewalttätigen, klaustrophobischen Alptraum geworden. Wesen der Finsternis kriechen aus Gullys und übernehmen die Stadt, und Mickey Mouse und Minnie Mouse sind altersschwache Terroristen, die sich hinter schwarzweißen Masken verbergen.

Steinberg macht deutlich, daß die Unschuld Amerikas und seine Grenzenlosigkeit nur noch als Klischee zu haben sind, daß etwa der Traum der ungehinderten Mobilität längst ein Alptraum geworden ist – in seiner »Taxi«-Zeichnung sind Menschen in Autos eingeschachtelte Insekten: »Das Auto hat zu einer ungeheuerlichen Brutalisierung geführt.«

Steinberg sieht ein erwachsenes, ein alterndes, ein krisenhaftes Amerika, das ihm sympathisch ist. Die Triumphe der Pubertät sind Vergangenheit. Nun geht es um Korrekturen. »Man darf sich nicht zum Sklaven seiner Träume machen«, sagt er. Die gegenwärtigen Probleme – eine heilsame Phase der Revisionen und Selbstüberprüfungen. »In Tolstois ›Tod des Iwan Iljitsch‹ wird beschrieben, wie wichtig und schön es sein kann, sich von der Macht zu verabschieden und von den Irrtümern der Jugend.«

Saul Steinberg ist gemeinsam mit Amerika gealtert, und manchmal, in merkwürdig hellen Träumen, kehrt er zurück an die Stätte seiner Kindheit: Dann kann er den Schnee riechen, der auf das kleine rumänische Städtchen Râmnicu-Sarat fiel. Eine der schönsten Zeichnungen seines Buches ist die »Autobiographische Landkarte«, die hier zum erstenmal veröffentlicht ist.

Es ist eine private Version der New-York-Karte. Da ist sein Zeichentisch und seine Manhattan-Wohnung. Nummer 103, Ecke Lexington. Da ist Amagansett auf Long Island, wo er mit seiner Lebensgefährtin wohnt. Und da sind die Viertel und Straßen seiner Jugend, sind Bukarest und Mailand und Paris.

Doch hinten, am Horizont, taucht noch einmal das gelobte Land der europäischen Emigration auf: Manhattan – der Vorposten Amerikas. Und was in der Wirklichkeit unmöglich ist, gelingt dem Künstler mühelos: sich einmal, um die ganze Welt herum, selber in den Rücken zu schauen.

# Malerei als Schauprozeß

*Die Kultur der »Politischen Korrektheit«*

Nan Goldin steht vor ihrer Fotowand im New Yorker Whitney Museum und kommentiert. »Die Bilder zeigen Grenzüberschreitungen von einem Geschlecht zum anderen, sie zeigen Menschen, die durchs Feuer gegangen sind.«

In das Make-up ihrer Mundwinkel graben sich tiefe Falten des Grams. »Leben ist Sex«, sagt sie, »und Sex ist Politik, und Politik ist das Leben.« Und es klingt so endgültig wie eine Grabrede.

Sie spricht noch lange so, ohne Punkt und Komma, in Plakatworten, die wie bittere Anklagen klingen, »Differenz« und »Identität« und »Andersartigkeit«, und mit allem sagt sie nur eines: Ich stelle mich dem Elend der Welt – aber du Museumsbesucher-Depp, du Upper-Westside-Bourgeois, du Kritiker-Kretin, lebst in deiner biederen Lebensnische, bist weiß und ein Mann und noch nicht mal schwul und damit als dumpfer Reaktionär ausgewiesen.

Nan Goldins Bilder zeigen »die Menschen, mit denen ich lebe«, und andere, die inzwischen gestorben sind. Sie zeigen ihre Freundin in der Küche und auf dem Klo, sie zeigen Aids-Kranke zu Hause und im Klinikbett, und sie zeigen sie selber, träumerisch aus dem Abteilfenster eines Zuges blickend.

Da ihre Fotos in einem der wichtigsten Museen der Gegenwartskunst hängen, sind sie nicht einfach nur Fotos, sondern Botschaften. Sie rufen: Seht her! Aids! Tut etwas für die Kranken! Schluß mit der Verteufelung der Homosexualität! Liebe ist Politik ist Liebe ist Politik! Wie merkwürdig ihre stillen, schönen Bilder von diesen Subtexten und Kommentaren beschädigt werden.

Daß der Künstler – wie ungefähr auch immer – »politisch« ist, genau das ist der letzte Schrei, der neueste Gag auf dem Kunstmarkt, den das New Yorker Whitney Museum of American Art in seiner Biennale 1993 spiegelt. Es ist eine Wiedergutmachungs-Show am Ende des Gier-Jahrzehnts: die Kunst des sozialen Gewissens, ein tastender Vorgriff des geänderten Händlergeschmacks auf die Ästhetik der anbrechenden Clinton-Ära.

»Ich bin seit 23 Jahren politisch«, sagt Nan Goldin hastig, um allen Einwänden zuvorzukommen. »Ich hänge mich nicht an irgendwelche Trends an.« Doch der Trend, das ist nicht zu übersehen, meint es gut mit ihr.

Vorbei das Jahrzehnt der Kunstkunst, der lauten bunten Leinwände, der ichversessenen Wunderkinder und neoprimitiven Superstars, die es nur mit sich selbst und dem Markt zu tun hatten und damit rechnen konnten, daß eine hohe Börsennotierung zum ästhetischen Mehrwert beitrug.

Jetzt produziert der Künstler Kommentare zur Zeit – ohne den Umweg über die Kunst. Er richtet sich an eine neue Klientel, die gelernt hat, jede Äußerung, und erst recht jede Kunstäußerung, auf das abzutasten, was sie »political correctness« nennt: politische Korrektheit.

Es ist diese Klientel, die die Werbeleute der Champagner-Marke »Salon« mit einer wundervoll bösen Anzeige im *New Yorker* ins Visier nahmen. »Die achtziger Jahre sind vorbei; eine Ära der Gier, des Exzesses und der rücksichtslosen Geldverschwendungen ist zu Ende.« Und kleingedruckt darunter, wie geflüstert: »Um darauf anzustoßen – dürfen wir eine Flasche Champagner zu 150 Dollar empfehlen?«

Allerdings: Lust, Witz und Ironie sind den politisch Korrekten fremd. Im Whitney Museum an der Madison Avenue, dem Trendsetter-Tempel, ist eine Sammlung von verbiesterten Rechthabern und larmoyanten Dilettant/Innen zu besichtigen, ein Sammelsurium von feministischen und ethnozentrischen Bekenntnissen hochgesponserter Akademiker – und gleichzeitig der Ausverkauf des politischen Bewußtseins als Masche.

Die politisch korrekte Show im Whitney Museum rennt mit Kriegsgeheul offene Türen ein: Politisch korrekt ist es, gegen Neonazis zu sein, gegen die Unterdrückung der Frauen und der Schwarzen und der Indianer und der Schwulen. Und da wahrscheinlich nur wenige Museumsbesucher für die Wiedereinführung der Sklaverei und Schleierpflicht sind, hat die Unternehmung den Schockwert einer Butterfahrt. Und daneben den unangenehmen Geruch der Gesinnungsstreberei.

Politische Korrektheit ist zur Neusprechfloskel geworden, die in Wahrheit Inkorrektheit bedeutet, eine Liturgie der inhumanen Denk- und Kampfschablonen, des linken Konformitätsdrucks und letztlich der Zensur. Gegenwärtig scheint sie die Antwort der westlichen Intelligenz auf die atavistische Aufsplitterung der östlichen Gesellschaften zu sein. Sie richtet sich gegen den Konsens. Sie liebt das Kampfgeschrei.

Politische Korrektheit schlägt Kapital aus dem schlechten Gewissen des Establishments, welches allen Grund zu Schuldgefühlen hat, denn die Verfehlungen lauern überall. Die Studentenvertretung des Smith College hat eine Liste verschiedener Formen von Unterdrückung veröffentlicht – für Leute, die sonst zu spät »merken, daß sie unterdrückt werden«.

Einer der Verstöße wird unter dem Stichwort »Könnerismus« notiert. Es bezeichnet als Fehlverhalten gegenüber Behinderten die »Herrschaft derjenigen, die etwas können, über diejenigen, die es gerade nicht können«. Der Jubel über die Goldmedaille im 400-Meter-Lauf wird damit zum Element einer raffinierten Herrschaftsstrategie. Ebenso inkorrekt wie etwa das Bedürfnis nach einem Rendezvous mit einer hübschen Frau, einem gutaussehenden Mann. Hier heißt die Sünde »Äußerlichkeitismus«, die Benachteiligung weniger gutaussehender Menschen.

Ganz oben auf der Liste der Verfehlungen: »Heterosexismus: Unterdrückung von schwulen und lesbischen Orientierungen, oder auch deren Verschweigung«. Nach den Regeln der politischen Korrektheit wird damit jeder, dem die Offensiven schwuler Selbstdarstellung auf die Nerven gehen, zum reaktionären Heterosexisten. Als ein eigener schwuler Block im traditionellen irischen »St. Patrick's Day«-Umzug in New York von den Organisatoren untersagt wurde, blieb Bürgermeister David Dinkins dem Umzug aus Gründen der politischen Korrektheit fern.

»Sicher«, sagt Nan Goldin, »es gibt viele mittelmäßige Sachen hier, gerade auch von Künstlerinnen.« Sie legt eine Pause ein, wie um zu überlegen. Aber dann kommt doch nur das Erwartete: »Ich finde es gut, daß Frauen zurückschlagen. Diese weibliche Wut... das ist politisch ungemein wichtig.«

Sie steht mit dem Rücken zu einer Installation von Ida Applebroog und stolpert fast über eine auf den Boden montierte Tafel, die ein gefesseltes Baby zeigt. Dahinter eine andere, auf der eine Gouvernante mit Axt zu sehen ist. »Marginalia« heißt das Stück, und der Rätselcharakter dieses Kunstwerks ist erschöpfend entschlüsselt im Aufruf: Du sollst dein Kind nicht verprügeln!

Nan Goldin sagt, nicht ohne genießerisches Lächeln: »Warten Sie, bis Sie den dritten Stock sehen – dagegen sind diese Sachen hier Glückwunschkarten aus dem Kaufhaus.« Tatsächlich: Der dritte Stock bietet »feministische Wut« in geballter Ladung. Cindy Sherman, die früher märchenhaft mit Film-Mythen der fünfziger Jahre gespielt hat, zeigt nun weibliche Genitalien aus Sex-Shops und Klinikprothesen, eine Art haßerfüllter surrealer Pornographie. Ach ja, die Frau ist entwürdigt, und die Zeiten sind hart!

Sue Williams legt eine Frauenfigur in die Ecke, die nackt ist und befleckt von Fußabdrücken, und in einem Bekenntnis-Schreiben spricht sie von der ehelichen Gewalt, die sie erdulden mußte, und daß ihre Skulptur ein Symbol dafür sei. Daß Kunst manchmal Therapie ist, aber Therapie noch lange keine Kunst, gehört in dieser Show zu vernachlässigten Weisheiten: Neben fast jedem der Werke hängen Tafeln mit den Credos der Künstler, Tafeln, die zeigen, wie wenig sie ihren Werken trauen.

Nur wenige Stücke in diesen vier vollgestopften Museumsetagen verpacken ihre Botschaften zumindest irritierend: etwa »Family-Romance« von Charles Ray mit den auf die Größe der Eltern mutierten Monsterkindern, unschuldig nackt wie Modelle aus dem Biologiebuch und gräßlich, wie Mutationen nach Nuklearkatastrophen, in Alpträumen nur sein können.

Da ist die Installation »Die Szene des Verbrechens (wessen Verbrechen?)« von Pepsón Osorio – die penible Rekonstruktion eines Mordes und seiner Verwertung durch die News-Shows. Doch auch diese Arbeit wird schnell von der Penetranz politischer Korrektheit eingeholt, durch den Hinweis darauf, man möge sich doch »bitte nicht lustig machen« über den kunstvoll arrangierten Kitsch in der Puertoricaner-Wohnung, der »meist unter vielen Entbehrungen zusammengetragen worden ist«. Aber gerade der absichtsvoll übertriebene Kitsch trägt doch nicht unwesentlich zum Unterhaltungswert der Installation bei!

Die Museumswände werden zu großen Klagemauern gesellschaftlichen Unrechts. Auch Ikonen früherer Shows bleiben nicht ausgenommen. In einer Serie von Mapplethorpe-Fotos sind Zitate seiner schwarzen Modelle zu lesen, die über die Ausbeutung ihrer Körper durch den weißen (an Aids verstorbenen) Fotografen reden.

Kaum eine Installation, die mehr verlangt als die Bereitschaft, sich zu empören oder zu büßen. Der Museumsbesucher erhält eine Plakette, die besagt: »Ich kann mir nicht vorstellen, daß ich je weiß sein wollte.« In diesem Klima aus liberalem Flagellantismus und »radical chic« wird selbst George Holliday zum Künstler – der Amateur-Videofilmer, der die brutale Mißhandlung Rodney Kings durch vier weiße Polizisten aufgenommen hat, ist im Ausstellungskatalog vertreten. Der Prügelfilm von Los Angeles – eine Video-Performance?

Die Schau im Whitney Museum zeigt politische Korrektheit als einen Diskurs der Fraktionierung. Schwarz gegen weiß, schwul gegen hetero, Frau gegen Mann. Die einst frischen Emanzipationsbewegungen scheinen die Reagan-Bush-Jahre nur in der stalinistischen Verhärtung überlebt zu haben. Nun zelebrieren sie die innergesellschaftliche Balkanisierung, und das schon seit geraumer Zeit.

So bestand der brillante Stückeschreiber August Wilson etwa auf einem schwarzen Regisseur für die Verfilmung seines Stückes »Fences«. Wilson: »Machen wir doch einfach zur Regel, daß Schwarze nicht bei italienischen Filmen Regie führen und Italiener nicht bei jüdischen und Juden nicht bei schwarz-amerikanischen Filmen.« In Zukunft, erwiderte ein empörter Kritiker, dürfe auch Richard III., aus Gründen der politischen Korrektheit, nur noch von Buckligen inszeniert werden.

Politische Korrektheit ist die Ideologie der gesellschaftlichen Fragmentierung, und sie profitiert von paranoiden Vorstellungs-Systemen. Rund 60 Prozent der Schwarzen glauben, daß die Regierung Drogen in den Ghettos einsetzt, um die schwarze Bevölkerung zu zerstören. Und 29 Prozent glauben, daß das Aids-Virus von weißen Rassisten erfunden wurde, um Schwarze zu töten.

Die Kampf-Antwort der politisch Korrekten: Aufkündigung der ideellen Zugehörigkeit zur amerikanischen Gesellschaft, moralische Rechtfertigung der Gewalt wie etwa der Plünderungen von Los Angeles. Vor allem aber: romantische Selbstafrikanisierung – einer der verlogensten Mythen der politisch Korrekten.

Im Whitney Museum ist eine großzügige Installation von Fred Wilson. Unter dem Titel »Re: Claiming Egypt« sind Abgüsse ägyptischer Statuen ausgestellt, behängt mit afrikanischen Paraphernalien. Damit beweisen die Afrozentristen sich und ihren Anhängern: Die Wiege der abendländischen Zivilisation ist schwarz.

Die afrozentrischen Anstrengungen kommen jedoch an einem merkwürdigen Paradox nicht vorbei, das der Historiker Pearce Williams so beschreibt: »Schwarze Intellektuelle verdammen die westliche Zivilisation – und versuchen dauernd zu beweisen, daß sie von ihren Vorfahren begründet wurde.«

»Politische Korrektheit«, so der Historiker Arthur Schlesinger, Kennedys liberaler Berater, »droht ein Mittel zur Kontrolle von Curricula und Fakultäten zu werden.« In seinem brillanten Buchessay über die Zersplitterung Amerikas nimmt er sich unter anderem der Afrozentristen an: »Der Westen braucht keine Belehrung über die höheren Tugenden der afrikanischen ›Sonnenmenschen‹, die so lange an der Sklaverei festhielten, bis sie der Westen abgeschafft hat... Weiße Schuldgefühle können auch überzogen sein*.«

Weniger siegessicher als seine Kollegin Nan Goldin im Whitney Museum wirkt John Ahearn, der an der Jerome

---

* Arthur Schlesinger: »The Disuniting of America«. Norton & Company. New York; 160 Seiten.

Avenue in der South Bronx vage in die Gegend weist und sagt: »Hier haben sie gestanden.« Ahearn ist hochaufgeschossen und groß und von stiller, eindringlicher Freundlichkeit. Hier, an der Kreuzung zur 169. Straße, sollten seine Heldenstatuen eigentlich stehen. Doch sie sind vor einigen Wochen abmontiert worden – aus Gründen der politischen Korrektheit. Ahearn hat nicht protestiert.

Sie standen nur fünf Tage, dann kam der LKW. Heute sind sie auf dem Parkplatz des »PS1«-Museums in Long Island City zwischengelagert: Raymond und sein Pitbull, Daleesha mit den Rollerskates, Corey und sein gewaltiger Ghetto-Blaster. Alle drei sind Nachbarn Ahearns aus der South Bronx, und er hatte sie in Bronze gegossen.

Er war mit den dreien nicht gerade befreundet, aber er kannte sie gut und mochte sie. Er hatte sich die Statuen heroisch gedacht, wie die Heldendenkmäler auf dem Paseo de la Reforma in Mexiko-Stadt – Denkmäler für die Überlebenden des Ghetto-Alltags.

Raymond und Corey und Daleesha waren stolz auf die Skulpturen. Sie waren plötzlich Berühmtheiten im Viertel. Doch dann erhielt Ahearn die ersten Anrufe aus dem Rathaus. Schwarze Bürokraten meldeten sich, Komitee-Mitglieder. Und plötzlich waren die Statuen keine Heldendenkmäler mehr, sondern »negative Rollenmodelle«. Ahearn, so sagten sie, habe die Not der Straße glorifiziert, statt für leuchtende Beispiele zu sorgen. Warum, wurde er allen Ernstes gefragt, habe er keine schwarzen College-Abgänger dargestellt? Warum keine Denkmäler für Martin Luther King, Michael Jordan, Bill Cosby?

Der Einwand, daß diese in der Realität der South Bronx

schwer zu finden seien und daß es ihm auf die Realität angekommen sei, verfing nicht. Im Rathaus wollte man eine
Kunst der positiven Beiträge. Einen Sozialistischen Realis-
mus fürs Ghetto sozusagen, glückliche Bäuerinnen beim
Ernteeinsatz auch in der South Bronx!

John Ahearn beugte sich dem Druck. Im Stil der sozialistischen Selbstkritik meint er heute: »Ich hätte weniger
über Kunst nachdenken sollen als darüber, was die Leute
hier glücklich macht.« Am meisten jedoch litt Modell
Raymond unter dem Abriß. Sein Pitbull war eingegangen,
und Raymond war so stolz darauf, daß der Hund zumindest als Kunstwerk fortleben sollte.

Ins Whitney Museum nach Manhattan würde sich Raymond kaum je verirren und die Besucher des Museums
kaum in die South Bronx. Vielleicht hätte Raymond an den
goldbepinselten Basketball-Schuhen von Gary Simmons
seine Freude. Und wenn man ihm erklären würde, daß sie
einige zigtausend Dollar wert seien und von schwarzem
Selbstbewußtsein handelten und von ihm, Raymond, würde er sein Pokerface aufsetzen und ernst nicken. Und er
würde sich später totlachen über die Begeisterung, mit der
der weiße, liberale Mittelstand büßt im Fegefeuer der politischen Korrektheit und deren Chiffren zu enträtseln versteht.

Wie verstörend aber für diese Klientel, was sich seit einigen Wochen im »Orpheum«-Theater im East Village
Manhattans abspielt, nämlich eine Monstertragödie zur
politischen Korrektheit, die seit Monaten ausverkauft ist:
»Oleanna«. In diesem bitterbösen Theaterthriller führt

David Mamet vor, wie der Jargon der politischen Korrektheit zur nahezu tödlichen Waffe werden kann.

In »Oleanna« ist Carol zunächst eine blasse, nicht sehr auffassungsfähige Literaturstudentin, die sich an ihren Professor wendet, da sie droht durchzufallen. Der hat gerade den Sprung auf eine gutdotierte Stelle geschafft. Er muß nur noch von einem letzten Gremium bestätigt werden, reine Formsache. Das Haus ist bereits angezahlt, seine Frau sucht schon die Tapeten aus, der Professor ist in Weltmeisterlaune.

Er spricht Carol Mut zu. Er möchte ihr die Angst vor der Prüfung nehmen. Er reißt Witze über den Lehrbetrieb. Er legt kameradschaftlich seinen Arm um sie. Er macht ihr ein Kompliment. Mit all dem schaufelt er sich sein Grab.

Denn bald stellt sich heraus: Weniger unter ihrem eigenen Unwissen leidet Carol als an der Brillanz des Professors. Sie ist schlicht gelb vor Neid auf ein so auffällig demonstriertes Lebensglück, so nah und doch so unerreichbar. Sie denunziert den Professor bei dem Gremium der Universität mit dem Ziel, diese Selbstbehaglichkeit zu brechen.

Unterstützung erfährt sie durch eine nicht näher spezifizierte Gruppe, die ihr die Sicherheit eines heiligen Kampfes gibt, eines eingeschränkt feministischen Weltbildes und dessen bürokratischen Jargon.

Das Drama spielt sich vorwiegend auf der Ebene der semiotischen Dekodierung ab. Die gönnerhafte Hilfsbereitschaft des Professors wird zum »sexistischen Machtspiel« und sein Angebot, Nachhilfe zu erteilen, zur »Diktatur des männlichen weißen Kulturkanons«. Als er die Studentin schließlich wütend am Arm ergreift, wird daraus ein »Vergewaltigungsversuch«.

Carol erlebt ihre Macht, und es ist, im letzten Akt, die verschanzte Macht eines Schauprozeß-Terrors. Der Professor soll abschwören. Er soll Selbstkritik üben. Nur wenn er einer Liste halbseidener feministischer Kampfliteratur zustimmt, die die Gruppe vorlegt, eine Literatur-Liste, auf der sein eigenes Standardwerk fehlt, ist Carol bereit, die Anklage zurückzuziehen.

Das Publikum erlebt die mörderische Konsequenz Carols aus der Sicht ihres Opfers. So haarsträubend ist Carols Feminismus, daß allabendlich nach der Vorstellung Trauben von Besuchern vor dem Theater stehen und diskutieren – und oft ähneln sich die Debatten.

Er macht seiner Wut über die »Carols dieser Welt« Luft, sie kritisiert »einen absurden Schmarren«. Er sagt: »Das ist der feministische Faschismus.« Sie sagt: »Das war doch nur die misogyne Tirade eines männlichen Dramatikers, dem die Felle davonschwimmen. So was gibt's doch in Wirklichkeit gar nicht.«

Jede Haltung ist möglich nach diesem Abend – sogar die politisch korrekte. Sie blieb dem Kritiker der *New York Times* vorbehalten. Er schrieb von einer Frau, die »den Schlußstrich zieht und sich wehrt und gewinnt«. Na bitte!

# Anhang

Anhang

# Nachweis

*Der lange Abschied*, in:
Spiegel 37/1993
*Die Krönung der Baby-
boomer*, in: Spiegel 30/1992
unter dem Titel: *Raus hier,
besser machen*
*Der Konkurs der politischen
Kultur*, in: Spiegel 40/1992
unter dem Titel: *Unsere
politische Kultur ist zerstört*
*Es war wie ein heiliger Krieg*,
in: Spiegel 47/1992
*Moral als Investition*, in:
Spiegel 31/1993
*Showdown in Nashville*, in:
Spiegel 27/1993
*Im Canyon der Kristalle*, in:
Spiegel 43/1992
*Armee im Schatten*, in:
Spiegel 52/1992 unter dem
Titel: *Eine Geisterarmee
des Irrsinns*
*Die größte Show auf Erden*,
in: Spiegel 31/1992
*Feldherr im Bilderkrieg*, in:
Spiegel 39/1993
*Nicht den Frieden, sondern
das Schwert*, in:
Spiegel 20/1992
*Das Recht als Seifenoper*, in:
Spiegel 9/1993

*Was, wenn der Messias stirbt?*
in: Spiegel 18/1992
*Das Blut und die Demokratie*,
in: Spiegel 21/1993
*Die Maske des Aufstands*, in:
Spiegel 48/1992
*Die Spur der Königsmörder*,
in: Spiegel 51/1991
*Im Zeichen der Fledermaus*,
in: Spiegel 43/1989
*Aufstand im Kinderzimmer*,
in: Spiegel 27/1992
*Lügen für die Wahrheit*, in:
Spiegel 21/1992
*Das Herz der Dinge*, in:
Spiegel 28/1992
*Spiel von Liebe und Erlösung*,
in: Spiegel 19/1993
*Wer nicht kämpft, ist tot*, in:
Spiegel 52/1992
*Das Ende der Unschuld*, in:
Spiegel 1/1992
*Ein Kraftwerk für Verdi*, in:
Spiegel 43/1993
*Betriebsausflug nach Gaga-
land*, in: Spiegel 25/1992
*Die Kunst des Verlierens*, in:
Spiegel 19/1991
*Herzschmerz einer Litfaß-
säule*, in:
Spiegel 21/1989

*Die Abendröte des Westens,*
in: Spiegel 36/1992
*Tod in New York,* in: Spiegel
26/1993
*Klarheit der Träume,* in:
Spiegel 41/1992

*Malerei als Schauprozeß,* in:
Spiegel 15/1993 unter dem
Titel: *Kunst als Schau-*
*prozeß*

# Buchveröffentlichungen

*Der Traum vom Sieg.* Essays zur Ästhetik des Sports. Hamburg
   1986
*Palais Abrund.* Porträts und Reportagen aus den achtziger
   Jahren. Berlin 1990
*Palasthotel Zimmer 6101.* Reporter im rasenden Deutschland.
   Hamburg 1991
*Das Selbstmord-Tabu.* Von der Seelenlosigkeit des SED-Staa-
   tes. Reinbek 1992
*Bill Clinton.* Vom Vorbild zum Verlierer? (Co-Autor) Mün-
   chen 1993

# Buchveröffentlichungen

# Christoph Neidhart
## *Nach dem Kollaps*
### *Die ehemaligen Sowjetrepubliken*
Reportagen
Mit einem Anhang mit Daten und Zahlen
zu den neuen Staaten, einem Literaturverzeichnis
sowie einer Übersichtskarte

Nach dem Zusammenbruch des Sowjetimperiums die 15 neuen Länder im Portrait: Litauische Friedhöfe · Ukrainische Denkmäler · Aserbeidschanische Gärten · Estnische Lieder · Tadschikische Eröffnungen · Moldawische Hochzeiten · Armenische Seufzer · Kirgisische Jurten · Lettische Wolken · Weißrussische Krankheiten · Turkmenische Wüsten · Georgische Trinksprüche · Usbekische Moscheen · Kasachische Steppen · Moskauer Küchentische · Russische Ränder.
Christoph Neidhart hat den historischen Augenblick genutzt. Er beschreibt die ehemaligen Sowjetrepubliken sozusagen in ›statu nascendi‹. In seinen Portraits kommt zugleich das schwer lastende Sowjeterbe und das künftige Gesicht dieser neu entstandenen Staaten zum Ausdruck.

»Neidharts Sprache zeichnet sich durch einen unverbrauchten Ton aus. Historische und wirtschaftliche Daten setzt er überlegt und wohldosiert ein.«
*Süddeutsche Zeitung, München*

»*Nach dem Kollaps* ist ein Buch, das in unangestrengtem, lockerem Ton Filmhaft-Lebendiges mit Informativem verquickt, zu Nonstop-Lektüre verführt und den Leser kaum merken läßt, welche Fülle an fundiertem Sachwissen er dabei angeboten bekommt.«
*Deutsches Allgemeines Sonntagsblatt, Hamburg*

»Dieser Reportagenband kann gar nicht warm genug empfohlen werden. Eine unerhörte Vielfalt der Kulturen tut sich auf, von der der Westen immer noch nichts ahnt.« *Rheinischer Merkur, Bonn*

## Niklaus Meienberg
## im Diogenes Verlag

### Heimsuchungen
*Ein ausschweifendes Lesebuch*

Ein Lesebuch über Landschaften und Städte, über Dichter und Politiker, über Gott und die Welt – Heimsuchungen im wahrsten und doppelten Sinne des Wortes.

»Seine Sprache schafft eine neue Stufe der Beteiligung. Präzise ist sie und klar, zurückhaltend, trocken (nie vernebelnd), schön.« *Süddeutsche Zeitung, München*

»Er ist weit differenzierter und intelligenter als seine Kritiker. Aber es ist auch unfair, ihn mit gehetzten und unter Druck stehenden Journalisten zu vergleichen. Denn er gehörte ja schon immer einer andern Kategorie an: der der Schriftsteller.«
*Margrit Sprecher/Die Weltwoche, Zürich*

### Zunder
*Überfälle, Übergriffe, Überbleibsel*

Die Ideologien sind zertrümmert, Gewißheiten verdampft. Der Reisende Meienberg war seit 1991 widersprüchlichsten Eindrücken ausgesetzt. Seine Reportagen handeln u.a. von der triumphalen Siegesparade in Washington (nach dem Golfkrieg), dem ethnischen Wahn in Karabach und der Angst im Strudel der Ereignisse von Algier.

»Für mich ist Meienberg vor allem ein großer Prosaautor. Wo diese Prosa schließlich erschienen ist, das ist gleichgültig. Das ist ähnlich wie bei Heine. Heinrich Heine hat einen großen Teil seines Werks für Zeitungen geschrieben. Das gehört heute zur verbindlichen deutschen Prosa.«
*Peter von Matt/SonntagsZeitung, Zürich*